# Nederlands voor buitenlanders

KU-440-571

# De Delftse methode

Onder redactie van
A.G. Sciarone

# Nederlands voor buitenlanders

**Herziene editie**

**F. Montens**
**A.G. Sciarone**

**Boom**
**Amsterdam Meppel**

© A.G. Sciarone, 1991, 1992, 1994

Niets uit deze uitgave mag worden verveelvoudigd
en/of openbaar gemaakt door middel van druk,
fotocopie, microfilm of op welke andere wijze ook
zonder voorafgaande schriftelijke toestemming van de
uitgever; *no part of this book may be reproduced in any way
whatsoever without the written permission of the publisher.*

Verzorging omslag Marjo Starink, Amsterdam
Illustraties Paul Pennock, Amsterdam
Druk Boompers drukkerijen bv, Meppel

CIP-GEGEVENS KONINKLIJKE BIBLIOTHEEK, DEN HAAG

Montens, F.

Nederlands voor buitenlanders : de Delftse methode /
F. Montens, A.G. Sciarone. – Amsterdam (etc.) : Boom
1e dr.: 1984.
ISBN 90 6009 516 2
NUGI 942
Trefw.: Nederlandse taal voor buitenlanders.

# Inhoud

# Voorwoord

*Nederlands voor Buitenlanders, De Delftse Methode* werd eind 1984 voor het eerst uitgebracht en mocht zich terstond in een grote belangstelling verheugen. Dankzij de natuurlijke principes die aan de Delftse Methode ten grondslag liggen bleek dat cursisten, ongeacht hun vooropleiding, aanmerkelijk sneller Nederlands leerden dan vroeger mogelijk was. Ondertussen heeft de ervaring geleerd dat het Delftse materiaal niet alleen in een intensieve opzet, maar ook in situaties waar men over minder tijd beschikt, tot zeer goede resultaten leidt.

Het spreekt voor zich dat lesmateriaal altijd voor verbetering vatbaar blijft. We hebben geprobeerd in deze nieuwe uitgave een aantal verbeteringen aan te brengen. Allereerst heeft de *grammatica* een nieuwe vorm gekregen om de bruikbaarheid voor niet grammaticaal onderlegde cursisten te verhogen. De compactheid en manier waarop van de grammatica gebruik moet worden gemaakt, zijn onveranderd gebleven. Ook de *teksten* hebben een revisie ondergaan. Een aantal dat te weinig aanleiding gaf tot conversatie is vervangen en teksten met een wat schematisch karakter zijn iets meer 'uitgeschreven'. De belangrijkste wijziging hebben de *oefeningen* ondergaan. De afgelopen jaren hebben we veel onderzoek gedaan naar het effect van oefeningen en de wijze waarop cursisten studeren. Hieruit is gebleken dat veel cursisten oefeningen oppervlakkig maken en grote moeite hebben dit zelfstandig te doen bij gebrek aan een goede beheersing van het tekstmateriaal. Om deze reden begint de oefenpagina nu met een aantal vragen om de cursist ertoe te brengen vooral de tekst goed te bestuderen. Deze vragen kunnen bovendien als opstap dienen tot verdere vragen en een aanknopingspunt zijn voor conversatie. Vervolgens belichten we een aantal grammaticale vormen. Dit kan het gebruik van de compacte grammatica vóórin het boek vergemakkelijken. De contextuele invuloefening is korter geworden en gemakkelijker gemaakt. Om raden, in plaats van systematisch werken, zoveel mogelijk te beperken, worden regelmatig de eerste letters van de oplossing gegeven. De opzet van de Delftse Methode is verder ongewijzigd gebleven. Voor een uitvoerige bespreking van onze methode verwijzen we naar: A.G. Sciarone, F. Montens, *Hoe leer je een taal: De Delftse Methode* (Boom, Meppel/Amsterdam 1988) en naar de nieuwe en sterk uitgebreide docentenhandleiding van L. Heerkens en F. Lo Cascio, *Handleiding bij De Delftse Methode* (Boom, Meppel/Amsterdam 1991). We geven hier in het kort de belangrijkste punten weer.

De Delftse methode om een vreemde of tweede taal te leren is een zogenaamde 'natuurmethode', omdat zij dicht staat bij de manier waarop mensen hun moedertaal leren. De overeenkomsten, en niet de verschillen, tussen het leren van de moedertaal en een tweede taal worden als uitgangspunt genomen.

Dat het leren van een taal een natuurlijke activiteit is, wil echter niet zeggen dat men een taal kan leren zonder er moeite voor te doen. Net zoals kinderen die leren praten daar heel intensief mee bezig zijn, verlangt ook de Delftse methode van de cursist een behoorlijke inspanning. Die inspanning blijft overigens niet onbeloond: uit onderzoek is gebleken dat men met de Delftse methode ten minste twee maal sneller een vreemde taal kan leren dan met gangbare methoden.

## Opbouw van het cursusmateriaal

Een aantal principes van het leren van de moedertaal is terug te vinden in het lesmateriaal.

■ Vanaf het begin van de cursus wordt alle belangrijke grammatica gebruikt. Ook bij moedertaalverwerving wordt alle grammatica tegelijkertijd aangeboden. In de meeste taalmethoden daarentegen wordt de grammatica stap voor stap en met een opklimmende moeilijkheidsgraad aangeboden.

- Er wordt geen grammaticale terminologie gebruikt. In plaats van expliciet de grammatica te onderwijzen wordt de taalsystematiek zoveel mogelijk uitgelegd door middel van patronen en voorbeelden.

- In korte tijd moeten veel woorden (waaronder de 1200 meest frequent gebruikte) geleerd worden, met als doel dat er al snel over veel onderwerpen in de vreemde taal geconverseerd kan worden.

- In de cursus vormen teksten, en niet een verzameling grammaticale regels en woordenlijsten, het materiaal waarmee de taal geleerd wordt. Die teksten dienen bovendien als uitgangspunt voor conversatie in de les.

- Het oefenmateriaal is samenhangend en gevarieerd in plaats van oefeningen die bestaan uit onsamenhangende zinnen en gericht zijn op één grammaticaal probleem.

- Het materiaal is zo geconstrueerd dat de cursisten de meeste werkzaamheden zelfstandig kunnen uitvoeren: nieuwe teksten bestuderen, vergeten woorden opzoeken, met behulp van de gatenversies nagaan of zij de teksten voldoende kennen, grammaticale problemen opzoeken bij het maken van de oefeningen. Dit maakt de methode geschikt voor zelfwerkzaamheid.

## Instructies voor de gebruiker

1. Luister naar de cassette, terwijl u de tekst meeleest in het boek: Lees de tekst nog een keer, en kijk of u de betekenis van alle woorden kent. Woorden in cursief zijn nieuw voor u: de vertaling ervan vindt u op de rechterpagina. De andere woorden hebt u al geleerd. Als u ze bent vergeten, zoek hun betekenis dan op met behulp van de index achterin het boek.[1]

2. Lees en beluister de tekst zo vaak als nodig is om hem helemaal te begrijpen. Stel uzelf vragen zowel over de grammatica als over de betekenis van de woorden en zinnen.

3. Het luisteren naar de cassettes zal uw uitspraak en luistervaardigheid verbeteren. Luister een of twee keer naar elke tekst zonder in het boek mee te lezen. Er zijn pauzes tussen de zinnen in het luistermateriaal, zodat u de tekst kunt naspreken.

4. Als u dit allemaal gedaan hebt, sla dan de bladzijde om. Probeer de gaten in de gatenversie in te vullen zonder naar de vorige bladzijde te kijken. Schrijf de antwoorden niet in uw boek! Deze bladzijde moet u in de les kunnen oplezen zonder aarzelingen. Het is daarom belangrijk om de tekst eerst goed te leren en dan pas de gatenversie te gaan oefenen.

5. Pas als u de gatenversie goed kunt lezen, gaat u door naar de oefeningen. Gebruik de tekst, de grammatica, de woordenlijsten en de index om de problemen op te lossen.

6. Probeer steeds zoveel mogelijk oude teksten te herhalen.

De snelheid waarmee u het materiaal kunt doorwerken hangt slechts af van de beschikbare tijd. Globaal moet u rekenen op drie uur per tekst, inclusief de oefening die daarbij hoort.

## PC (MS-DOS operating systeem)

Hebt u een PC, dan wordt Nederlands leren nog gemakkelijker. Voor PC-gebruikers is een diskette ontwikkeld waarop twee programma's staan:

1. TEKST:  Hiermee kunt u de teksten uit het boek gemakkelijker bestuderen. Zodra u een woord tegenkomt waarvan u de betekenis niet (meer) kent, drukt u op ENTER, waarna de vertaling verschijnt. Van woorden die u al eerder bent tegengekomen en waarvan u de betekenis bent vergeten, verschijnt ook de context waarin dat woord voor de eerste keer is gebruikt. U verliest geen tijd meer met het opzoeken van woorden. Bovendien weet u steeds of een woord voor de eerste keer wordt gebruikt of dat u een woord bent vergeten, zonder dat vergeten woorden u hinderen bij het leren van een nieuwe tekst.

Met hetzelfde programma kunt u vervolgens controleren of u

een tekst voldoende hebt geleerd. Het programma maakt voor u een gatentekst van hetzelfde type als in het cursusboek. U ziet onmiddellijk of u een goed of fout woord hebt ingevuld. Kent u de tekst nog onvoldoende, dan kunt u, na eerst de tekst nog eens goed bestudeerd te hebben, een nieuwe gatentekst maken die verschilt van de eerder gemaakte gatentekst.

2. OEFEN: Hiermee kunt u de oefeningen maken uit het cursusboek. Elk antwoord dat u geeft wordt door het programma gecontroleerd. Wanneer u een fout maakt, verschijnt een venster waarin uitleg wordt gegeven over de fout, voorbeelden worden gegeven uit de teksten of waarin verwijzingen staan naar de grammatica. Onderaan het scherm staat op welke F-toets u moet drukken om grammaticale informatie op uw scherm te plaatsen die eventueel nodig is om een goed antwoord te geven. Met de F10-toets hebt u bovendien altijd toegang tot alle grammaticale onderwerpen, uit het cursusboek. Met de pijltjestoetsen ( ↑ ↓ ) loopt u door de onderwerpen en door op ENTER te drukken verschijnt de door u gekozen grammaticale informatie op het scherm.

Op de insteekkaart bij dit boek staat hoe u de diskette kunt bestellen. U moet dan natuurlijk ook aangeven naar welke taal het programma de onbekende woorden vertaalt. Op dit ogenblik kunt u kiezen uit de volgende talen: *Arabisch, *Chinees, Duits, Engels, Frans, *Hongaars, Indonesisch, Italiaans, *Joegoslavisch, *Perzisch, *Portugees, Spaans en *Turks.

Voor talen met een * moet uw PC beschikken over een VGA-kaart en -monitor. PC's van het type 286 beschikken hier meestal over, PC's van het type 386 en 486 altijd.

## Ten slotte

Deze herziening zou niet mogelijk zijn geweest zonder de vele op- en aanmerkingen die ik heb gekregen van talloze gebruikers en collega's zowel in als buiten Nederland. Ik ben hen daarvoor zeer erkentelijk. In het bijzonder wil ik Alied Blom en Lidwien Heerkens danken voor hun belangrijke bijdrage aan de vorm die de grammatica heeft gekregen alsmede voor de vele verbeteringen in de teksten en oefeningen. Veel dank ook aan Piet Meijer wiens onderzoek naar het effect van oefeningen en het oefengedrag van cursisten bijzonder waardevol is geweest voor de vorm die het oefenmateriaal heeft gekregen.

Al deze bijdragen waren temeer belangrijk nu ik de steun van mijn medeauteur Frans Montens heb moeten missen. De plannen voor een herziening hebben we nog samen besproken. Helaas is hij veel te jong overleden. Aan zijn nagedachtenis draag ik deze herziene uitgave op.

A.G. Sciarone

---

1. In het boek zijn vertalingen van Engels, Frans, Turks, Indonesisch en Arabisch opgenomen. Lijsten van vertalingen in andere talen kunt u bestellen bij Uitgeverij Boom, tel. 05220-57012.

# Grammatica

# 1. 1 stoel, 2 stoelen

| | | | | |
|---|---|---|---|---|
| stoel | stoel**en** | *maar:* | sta**d** | steden |
| boek | boek**en** | | lid | leden |
| ta**fel** | tafel**s** | | moeilijkh**eid** | moeilijkh**eden** |
| jong**en** | jongen**s** | | kind | kind**eren** |
| kam**er** | kamer**s** | | blad | blad**eren** |
| meis**je** | meisje**s** | | broer | broer**s** |
| situa**tie** | situatie**s** | | | |
| fo**to** | foto'**s** | | | |

# 2. de, het

| **de** | stoel | **het** | boek | de | stoelen, boeken |
|---|---|---|---|---|---|
| die | tafel | dat | woord | die | tafels, woorden |
| deze | jongen | dit | meisje | deze | jongens, meisjes |
| onze | klas | ons | land | onze | klassen, landen |
| welke | les? | welk | stukje? | welke | lessen, stukjes? |
| elke | leraar | elk | kind | alle | leraren, kinderen |
| iedere | stad | ieder | dorp | alle | steden, dorpen |

| | |
|---|---|
| Het is | een kleine stad. |
| Het zijn | kleine steden. |
| Dit/Dat is | Greta. |
| Dit/Dat zijn | onze vrienden. |

# 3. spelling

| | | | |
|---|---|---|---|
| man | ma**nn**en | ta**a**l | talen |
| les | le**ss**en | he**e**l | hele |
| stop | sto**pp**en | gr**oo**t | groter |
| druk | dru**kk**e | d**uu**rt | duren |
| zit | zi**tt**en | | |

| f | v | s | z | | *maar:* | |
|---|---|---|---|---|---|---|
| gee**f** | ge**v**en | lee**s** | le**z**en | | men**s** | men**s**en |
| brie**f** | brie**v**en | gren**s** | gren**z**en | | wen**s** | wen**s**en |
| geloo**f** | gelo**v**en | talloo**s** | tallo**z**e | | kan**s** | kan**s**en |
| | | | | | ei**s** | ei**s**en |
| | | | | | Europe**es** | Europe**s**e |

## 4. groot, grote ———————————————————

| De/een stad is | groot. | | de | grote stad |
|---|---|---|---|---|
| | | | een | grote stad |
| Het/een dorp is | klein. | | het | kleine dorp |
| | | *maar:* | **een** | **klein dorp** |
| | | | | |
| (De) steden zijn | groot. | | (de) | grote steden |
| (De) dorpen zijn | klein. | | (de) | kleine dorpen |

## 5. groot, groter, grootst ———————————————————

| De stad is groot. | Breda is grot**er** dan Delft. | Leiden is **het** groot**st**(e). |
|---|---|---|
| De grote stad | Een grot**ere** stad | De groot**ste** stad |
| Het kleine dorp | Een klein**er** dorp | Het klein**ste** dorp |
| | | |
| groot | grot**er** | groot**st** |

| *maar:* | | |
|---|---|---|
| veel | meer | meest |
| weinig | minder | minst |
| goed | beter | best |
| duur | duur**d**er | duurst |
| graag | liever | liefst |
| dichtbij | dicht**er**bij | dicht**st**bij |

15

# 6. zijn

| | | | | | |
|---|---|---|---|---|---|
| ik | **ben** | | ik | | |
| | **ben** | jij/je (?) | jij/je | | |
| | | | u | | |
| jij/je | **bent** | | hij | **was** | |
| u | | | zij/ze | | |
| | | | het/'t | | |
| | | | men | | |
| hij | | | | | |
| zij/ze | **is** | | wij/we | | |
| het/'t | | | jullie | **waren** | |
| men | | | zij/ze | | |
| wij/we | | | | | |
| jullie | **zijn** | | ik | ben | **geweest** |
| zij/ze | | | jullie | zijn | |

# 7. hebben

| | | | | | |
|---|---|---|---|---|---|
| ik | **heb** | | ik | | |
| | **heb** | jij/je (?) | jij/je | | |
| | | | u | | |
| jij/je | **hebt** | | hij | **had** | |
| u | | | zij/ze | | |
| | | | het/'t | | |
| | | | men | | |
| u | | | | | |
| hij | | | | | |
| zij/ze | **heeft** | | wij/we | | |
| het/'t | | | jullie | **hadden** | |
| men | | | zij/ze | | |
| wij/we | | | | | |
| jullie | **hebben** | | ik | heb | **gehad** |
| zij/ze | | | jullie | hebben | |

# 8. leren, werken

| ik | **leer** | | ik | | |
| | **leer** jij/je (?) | | jij/je | | |
| | | | u | | |
| | | | hij | **leerde, werkte** | |
| jij/je | | | zij/ze | | |
| u | | | het/'t | | |
| hij | **leert** | | men | | |
| zij/ze | | | | | |
| het/'t | | | wij/we | | |
| men | | | jullie | **leerden, werkten** | |
| | | | zij/ze | | |
| wij/we | | | | | |
| jullie | **leren** | | ik | heb | **geleerd** |
| zij/ze | | | jullie | hebben | **gewerkt** |

leerde(n), geleer**d**, *maar:*

| **'t** | **k** | o | **f** | **s** | **ch** | i | **p** |
|---|---|---|---|---|---|---|---|
| praa**tte** | wer**kte** | | stra**fte** | mis**te** | la**chte** | | sto**pte** |
| gepraa**t** | gewer**kt** | | gestra**ft** | gemis**t** | geko**cht** | | gesto**pt** |
| | | le**v**en | rei**z**en | | | | |
| | | lee**fde** | rei**sde** | | | | |
| | | gelee**fd** | gerei**sd** | | | | |

# 9. geleerd, maar betaald

leren    ik heb **ge**leerd

*maar:*

| **be**talen | ik heb **be**taald | **ont**dekken | ik heb **ont**dekt |
|---|---|---|---|
| **er**varen | ik heb **er**varen | **ver**tellen | ik heb **ver**teld |
| **her**halen | ik heb **her**haald | **ge**beuren | het is **ge**beurd |

## 10. hebben of zijn?

Hij **heeft** geleerd, hij **heeft** gewerkt

*maar:*
Hij **is** gekomen, gegaan, geweest, gebleven, gevallen, geworden,
begonnen, veranderd, gestorven, toegenomen, ...

Hij **heeft** gefietst.   *ook:* Hij **is** naar huis gefietst.

## 11. worden en zijn

Iedereen viert Nieuwjaar:              Nieuwjaar **wordt** overal gevierd.
Er belt iemand:                        er **wordt** gebeld.

Men heeft de woorden vertaald:         de woorden **zijn** vertaald. *(geworden)*
De dokter heeft me behandeld:          ik **ben** behandeld door de dokter.

## 12. onregelmatige werkwoorden

| | | | | | | |
|---|---|---|---|---|---|---|
| bedenken | bedacht | bedacht | buigen | boog | gebogen |
| bedragen | bedroeg | bedragen | denken | dacht | gedacht |
| beginnen | begon | is begonnen | doen | deed | gedaan |
| begrijpen | begreep | begrepen | dragen | droeg | gedragen |
| bekijken | bekeek | bekeken | drinken | dronk | gedronken |
| besluiten | besloot | besloten | dwingen | dwong | gedwongen |
| bespreken | besprak | besproken | eten | at | gegeten |
| bestaan | bestond | bestaan | gaan | ging | is gegaan |
| betreffen | betrof | betroffen | gelden | gold | gegolden |
| bevinden | bevond | bevonden | genieten | genoot | genoten |
| bewegen | bewoog | bewogen | geven | gaf | gegeven |
| bewijzen | bewees | bewezen | hangen | hing | gehangen |
| bezitten | bezat | bezeten | helpen | hielp | geholpen |
| bezoeken | bezocht | bezocht | heten | heette | geheten |
| bieden | bood | geboden | hoeven | hoefde | gehoeven |
| binden | bond | gebonden | kiezen | koos | gekozen |
| blijken | bleek | is gebleken | kijken | keek | gekeken |
| blijven | bleef | is gebleven | klinken | klonk | geklonken |
| breken | brak | gebroken | komen | kwam | is gekomen |
| brengen | bracht | gebracht | kopen | kocht | gekocht |

*all ij verbs*

| | | | |
|---|---|---|---|
| krijgen | kreeg | | gekregen |
| kunnen | kon/konden | | gekund |
| lachen | lachte | | gelachen |
| laten | liet | | gelaten |
| lezen | las | | gelezen |
| liggen | lag | | gelegen |
| lijken | leek | | geleken |
| lopen | liep | | gelopen |
| moeten | moest | | gemoeten |
| mogen | mocht | | gemogen |
| nemen | nam | | genomen |
| onderwijzen | onderwees | | onderwezen |
| ontbijten | ontbeet | | ontbeten |
| ontbreken | ontbrak | | ontbroken |
| onthouden | onthield | | onthouden |
| ontstaan | ontstond | is | ontstaan |
| ontvangen | ontving | | ontvangen |
| optreden | trad op | is | opgetreden |
| plegen | placht | | gepleegd |
| rijden | reed | | gereden |
| roepen | riep | | geroepen |
| schenken | schonk | | geschonken |
| scheppen | schiep | | geschapen |
| schieten | schoot | | geschoten |
| schijnen | scheen | | geschenen |
| schrijven | schreef | | geschreven |
| schrikken | schrok | is | geschrokken |
| schuiven | schoof | | geschoven |
| slaan | sloeg | | geslagen |
| slapen | sliep | | geslapen |
| sluiten | sloot | | gesloten |
| spreken | sprak | | gesproken |
| staan | stond | | gestaan |
| steken | stak | | gestoken |

| | | | |
|---|---|---|---|
| sterven | stierf | is | gestorven |
| stijgen | steeg | is | gestegen |
| strijden | streed | | gestreden |
| treffen | trof | | getroffen |
| trekken | trok | | getrokken |
| vallen | viel | is | gevallen |
| verbieden | verbood | | verboden |
| verbinden | verbond | | verbonden |
| verdwijnen | verdween | is | verdwenen |
| vergelijken | vergeleek | | vergeleken |
| vergeten | vergat | | vergeten |
| verkopen | verkocht | | verkocht |
| verlaten | verliet | | verlaten |
| verliezen | verloor | | verloren |
| verschijnen | verscheen | is | verschenen |
| verstaan | verstond | | verstaan |
| vertrekken | vertrok | is | vertrokken |
| vliegen | vloog | | gevlogen |
| voorkómen | voorkwám | | voorkómen |
| vóórkomen | kwam vóór | is | vóórgekomen |
| voorzien | voorzag | | voorzien |
| vragen | vroeg | | gevraagd |
| wassen | waste | | gewassen |
| weten | wist | | geweten |
| wijzen | wees | | gewezen |
| winnen | won | | gewonnen |
| worden | werd | is | geworden |
| zeggen | zei/zeiden | | gezegd |
| zien | zag | | gezien |
| zingen | zong | | gezongen |
| zitten | zat | | gezeten |
| zoeken | zocht | | gezocht |
| zullen | zou/zouden | | |
| zwijgen | zweeg | | gezwegen |

## 13. kan + komen

*onder te*

Hij kan (moet/mag/wil/zal) komen.　　　Hij heeft kunnen (...) komen.

Hij komt (gaat/blijft) eten.　　　Hij is komen (...) eten.

Ik laat (hoor/zie) hem komen.　　　Ik heb hem laten (...) komen.

Hij zit (staat/ligt/loopt) te denken.　　　Hij heeft zitten (...) denken.

Hij probeert te helpen.　　　Hij heeft geprobeerd te helpen.

*enz.*

## 14. woordvolgorde

|  | **2** |  |
|---|---|---|
| Ik | kom | morgen. |
| Morgen | kom | ik. |
| Wanneer | kom | jij? |
| In dat geval | komen | we morgen. |
| Als het regent, | kom | ik niet. |

**1**

Kom je morgen niet?
Kom dan overmorgen!


## 15. woordvolgorde: hebben ... gewoond

| | | |
|---|---|---|
| Jullie | **hebben** eerst ergens anders | **gewoond.** |
| Wanneer | **ben** je naar Nederland | **gekomen?** |
| Het Chinees | **wordt** als een moeilijke taal | **beschouwd.** |
| Nieuwe woorden | **zijn** schuin | **gedrukt.** |

| | | |
|---|---|---|
| | **Wil** je snel Nederlands | **leren?** |
| Ik | **laat** me door de dokter | **onderzoeken.** |

| | | |
|---|---|---|
| Ik | **probeer** op tijd | **te komen.** |
| Ze | **durven** eerst nog niet | **te praten.** |

*ook:*

| | | |
|---|---|---|
| Jullie | hebben gestudeerd | **in** een ander land. |
| Het Chinees | wordt beschouwd | **als** een moeilijke taal. |
| Ik | laat me onderzoeken | **door** de dokter. |

## 16. woordvolgorde: omdat ... wonen

| | | |
|---|---|---|
| We leren Nederlands | **omdat** we in Nederland | **wonen**. |
| Dat betekent | **dat** jullie straks klaar | **zijn**. |
| Ik verlies geen tijd | **als** ik met de trein | **ga**. |
| Ze vroeg | **of** ik al een baan | **had**. |
| Soms legt hij uit | **wat** een woord | **betekent**. |
| Zo weet je | **waar** de woorden | **staan**. |
| Er zijn treinen | **die** pas in Den Haag | **stoppen**. |

**2**          *ook:*          **2**

Ik kom morgen **want** ik **kom** vandaag niet.
Ik kom morgen **maar** ik **kom** overmorgen niet.
Ik kom morgen **en** ik **kom** overmorgen ook.

## 17. woordvolgorde: omdat - daarom

**2**

**Omdat** ik hier **woon** **leer** ik Nederlands.
**Daarom**

**Nadat** we gelezen **hadden** **hebben** we een gesprek **gevoerd**.
**Daarna**

**Doordat** de bevolking **groeit** **zijn** er problemen **ontstaan**.
**Daardoor**

**Toen** de les afgelopen **was** **gingen** we koffie **drinken**.
**Toen**

## 18. nà-denken

| | | | | |
|---|---|---|---|---|
| Ik **denk** goed **nà**. | | | Ik **kom** snel | **terùg**. |

| | | | | |
|---|---|---|---|---|
| Je moet goed | **nàdenken**. | | Ik zal snel | **terùgkomen**. |
| Als je goed | **nàdenkt** ... | | Als je snel | **terùgkomt** ... |
| Ik heb goed | **nàge**dacht. | | Ik ben snel | **terùg**gekomen. |
| Probeer goed | **nà** te **denken**. | | Probeer snel | **terùg** te **komen**. |

## 19. ik - mij - mijn

| Ik heet X. | Men noemt mij/me X. | Mijn/m'n naam is X. |
|---|---|---|
| Jij/je/u | jou/je/u | Jouw/je/uw |
| Hij | hem/'m | Zijn/z'n |
| Zij/ze | haar/d'r | Haar/d'r |
| Het/'t | het/'t | Zijn/z'n |
| Men | --- | --- |
| Wij/we heten X. | ons | Onze (Ons adres) |
| Jullie | jullie | Jullie |
| Zij/ze | hen/hun/ze | Hun |

## 20. zich herinneren

| Ik | herinner | mij/me. | Wij/we | | ons. |
|---|---|---|---|---|---|
| Jij/je | herinnert | je. | Jullie | herinneren | jullie/je. |
| Hij/zij/u | herinnert | **zich**. | Zij/ze | | **zich**. |

## 21. de trein = hij

| | |
|---|---|
| **De trein** is al aangekomen: | **Hij** is al aangekomen. |
| **Het boek** bevat 200 bladzijden: | **Het** bevat 200 bladzijden. |
| **De bladeren** worden bruin: | **Ze** zullen gauw op de grond vallen. |
| | |
| Ik lees **de krant** 's avonds: | Ik lees **hem** 's avonds. |
| Ik koop **het boek** in de winkel: | Ik koop **het** in de winkel. |
| Ik ken **de straten** allemaal: | Ik ken **ze** allemaal. |
| | |
| Ik denk **aan mijn moeder/vader**: | Ik denk **aan haar/hem**. |
| | |
| Ik lees **in de krant**: | Ik lees **erin**. |
| Ik lees graag **in de krant**: | Ik lees **er** graag **in**. |
| | |
| Je moet **voor deze les** wel werken: | Je moet **hiervoor** wel werken. |
| | Je moet **hier** wel **voor** werken. |
| | |
| **Aan die tafel** eten we altijd: | **Daaraan** eten we altijd. |
| | **Daar** eten we altijd **aan**. |
| | |
| Met wie spreek ik? **Met Jansen?** | Ja, **daar** spreekt u **mee**. |

## 22. die - dat - waar - wie

| | |
|---|---|
| De direkte trein: | De trein **die** niet overal stopt. |
| Het onbekende woord: | Het woord **dat** je niet kent. |
| Teksten met veel nieuwe woorden: | Teksten **die** veel nieuwe woorden bevatten. |
| | |
| Een land met veel inwoners: | Een land **waar** veel mensen wonen. |
| | |
| De eettafel | De tafel **waaraan** we altijd eten. |
| | De tafel **waar** we altijd **aan** eten. |
| | |
| Onze Engelse docent | De docent **van wie** we Engels leren. |
| | De docent **waarvan** we Engels leren. |
| | De docent **waar** we Engels **van** leren. |
| | |
| Een kortingkaart | Een kaart **waarmee** je korting krijgt. |
| | Een kaart **waar** je korting **mee** krijgt. |

## 23. er

Ze gaan naar **Indonesië**:          Ze blijven **er** drie weken.
Iedereen is **aanwezig/in de klas**:          Iedereen is **er**.

**Er** was een interessant programma op de televisie.
**Er** zijn veel treinen uit Rotterdam. Elk uur vertrekt **er** een trein.
Wat gebeurt **er** als de conducteur niet langskomt?
Hoeveel leerlingen zitten **er** in de klas?
Is **er** hier een café in de buurt?
**Er** wordt gebeld! Is **er** iemand?


## 24. niet - geen

Ik praat.                          Ik praat **niet**.
Ik koop dit boek.                  Ik koop dit boek **niet**.
Ik heb gepraat.                    Ik heb **niet** gepraat.
Ik wil praten.                     Ik wil **niet** praten.
Het huis is mooi.                  Het huis is **niet** mooi.
Ik woon in Leiden.                 Ik woon **niet** in Leiden.

Ik heb **een** (mooi) **boek**.          Ik heb **geen** (mooi) boek.
Ik heb (mooie) **boeken**.          Ik heb **geen** (mooie) boeken.
Hij spreekt **Turks**.             Hij spreekt **geen** Turks, maar **wel** Frans.
Is er nu nog **tijd**?             Er is nu **geen** tijd meer, maar straks **wel**

# Teksten

# 1

## Ik heet ...

1   Ik heet *Jan. Mijn naam is* Jan. Ik *ben de leraar (lerares)*. Ik *geef jullie les.* Jullie
    *krijgen nu Nederlandse* les. *Wij zitten in* de *klas.* We zitten *op een stoel en aan* een
    *tafel. Heeft iedereen* een *boek? Hoeveel leerlingen (cursisten, studenten)* zitten *er* in
    de klas? *Vijftien: tien jongens (mannen)* en *vijf meisjes (vrouwen).*
5   *Hoe* heet *jij?* Hoe heet *u?*
    – Ik heet *Anita.*
    *Dag* Anita!
    – Dag *meneer (mevrouw)!*
    *Uit welk land kom* jij (*= je*)? Uit welk land *komt* u?
10  – Ik kom uit ... (*Marokko, Turkije, Iran, enz.*)
    Ik kom uit *Nederland.* Jullie *komen niet* uit Nederland. Ik *woon* in Nederland.
    *Waar wonen* jullie?
    – Wij wonen nu *ook* in Nederland.
    Waar woon jij? Waar *woont* u?
15  – Ik woon nu in Nederland.
    In *welke stad* en in welke *straat?*

| | | | | | |
|---|---|---|---|---|---|
| 1 | ik | I | je | ben | saya | أنا |
| 2 | heet | am called | m'appelle | adım | bernama | أُدعَى |
| 3 | Jan | John | Jean | Jan | Jan | بوحَنا، حَنا |
| 4 | mijn | my | mon | benim | -saya | ي |
| 5 | naam | name | nom | ad, isim | nama | إسم |
| 6 | is | is | est | -dir, -dır | adalah | – |
| 7 | ben | am | suis | -im, -ım | adalah | – |
| 8 | de | the | le, la | - | si | الـ |
| 9 | leraar | teacher | professeur | öğretmen (erkek) | guru (pria) | معلّم، أستاذ |
| 10 | lerares | teacher | professeur femme | öğretmen (kadın) | guru (wanita) | معلّمة |
| 11 | geef | give | donne | veriyorum | memberi | أعطي |
| 12 | jullie | you | vous | siz(e) | kalian | أنتم، أنتنّ |
| 13 | les | lesson | leçon | ders | pelajaran | أمثولة، درس |
| 14 | krijgen | are getting | recevez | alıyorsunuz | -mendapat | تتلقّون |
| 15 | nu | now | maintenant | şimdi | sekarang | الآن |
| 16 | Nederlandse | Dutch | de néerlandais | Hollanda'ca | bahasa Belanda | هولندية |

| | Dutch | English | French | Turkish | Indonesian | Arabic |
|---|---|---|---|---|---|---|
| 17 | wij | we | nous | biz | kita | نحن |
| 18 | zitten | are sitting | sommes (assis) | oturuyoruz | duduk | نجلس |
| 19 | in | in | dans | içinde | di dalam | في |
| 20 | klas | classroom | classe | sınıf | kelas | صفّ |
| 21 | we | we | nous | biz | kita | نحن |
| 22 | op | on | sur | üzerinde | di atas | على |
| 23 | een | a | une | bir | sebuah | ــ |
| 24 | stoel | chair | chaise | iskemle | kursi | كرسي |
| 25 | en | and | et | ve | dan | و |
| 26 | aan | at | à | kenarında | pada | إلى |
| 27 | tafel | table | table | masa | meja | طاولة |
| 28 | heeft | has | a | sahiptir | -memiliki | يوجدمع |
| 29 | iedereen | everyone | tout le monde | herkes | masing-masing | الجميع |
| 30 | boek | book | livre | kitap | buku | كتاب |
| 31 | hoeveel | how many | combien | kaç | berapa | كم |
| 32 | leerlingen | pupils | élèves | öğrenciler | siswa-siswa | طلّاب |
| 33 | cursisten | students | élèves | öğrenciler | kursis-kursis | تلاميذ |
| 34 | studenten | students | étudiants | talebeler | mahasiswa-mahasiswa | تلدميذ، طلّدب |
| 35 | er | there | y | orada | ——— | هنالك |
| 36 | vijftien | fifteen | quinze | onbeş | limabelas | خمسة عشر |
| 37 | tien | ten | dix | on | sepuluh | عشرة |
| 38 | jongens | boys | garçons | oğlanlar | anak-anak laki-laki | فتيان، شباب |
| 39 | mannen | men | hommes | erkekler | pria-pria | رجال |
| 40 | vijf | five | cinq | beş | lima | خمسة، خمس |
| 41 | meisjes | girls | filles | kızlar | anak-anak perempuan | فتيات |
| 42 | vrouwen | women | femmes | kadınlar | wanita-wanita | نساء، (إمرأت) |
| 43 | hoe | how | comment | nasıl | bagaimana | كيف؟ |
| 44 | jij | you | tu | sen | kamu | أنتَ، أنتِ |
| 45 | u | you | vous | Siz | Anda | أنتَ، أنتِ |
| 46 | Anita | Anita | Anita | Anita | Anita | أنيتا |
| 47 | dag | hello | bonjour | merhaba | dah | مرحباً، السلام عليكِ |
| 48 | meneer | Mr. | monsieur | bay | tuan | سيِّد |
| 49 | mevrouw | Mrs. | madame | bayan | nyonya | سيِّدة متزوّجة |
| 50 | uit | from | de | -den, -dan | dari | من |
| 51 | welk | which | quel | hangi | -mana | أيّ، أيّة |
| 52 | land | country | pays | ülke | negeri | بَلَد |
| 53 | kom | come | viens | geliyorsun | -datang | تأتي |
| 54 | je | you | tu | sen | kamu | أنتَ، أنتِ |
| 55 | komt | come | venez | geliyorsunuz | -datang | تأتي |
| 56 | Marokko | Marocco | le Maroc | Fas | negeri Maroko | المغرب |
| 57 | Turkije | Turkey | la Turquie | Türkiye | negeri Turki | تركِّيا |
| 58 | Iran | Iran | l'Iran | İran | negeri Iran | إيران |
| 59 | enz | etc. | etc | vs | dsb. | إلخ . . . |
| 60 | Nederland | The Netherlands | les Pays-Bas | Hollanda | negeri Belanda | هولندا |
| 61 | komen | come | venez | gel(m)iyorsunuz | -datang | تأتون |
| 62 | niet | not | ne...pas | değil | tidak | لا |
| 63 | woon | live | habite | oturuyorum | tinggal | أسكن |
| 64 | waar | where | où | nerede | -di mana | أين |
| 65 | wonen | live | habitez | oturuyorsunuz | tinggal | تَسكنون |
| 66 | ook | also | aussi | -de, -da | juga | أيضاً، كذلك |
| 67 | woont | live | habitez | oturuyorsunuz | tinggal | تَسكنُ |
| 68 | welke | which | quelle | hangi | mana | أيّ، أيّة |
| 69 | stad | town | ville | şehir | kota | مدينة |
| 70 | straat | street | rue | sokak | jalan | شارع |

## Ik heet ...

Ik heet Jan. Mijn naam is Jan. _____ ben de leraar. Ik geef jullie les. _____ krijgen nu Nederlandse les. Wij zitten in _____ klas. We zitten op een stoel en _____ een tafel. Heeft iedereen een boek? Hoeveel _____ zitten er in de klas? Vijftien: tien _____ en vijf meisjes.

Hoe heet jij? Hoe _____ u?

– Ik heet Anita.

Dag Anita!

– Dag _____ !

Uit welk land kom jij? Uit welk _____ komt u?

– Ik kom uit ...

Ik kom _____ Nederland. Jullie komen niet uit Nederland. Ik _____ in Nederland. Waar wonen jullie?

– Wij wonen _____ ook in Nederland.

Waar woon jij? Waar _____ u?

– Ik woon nu in Nederland.

In _____ stad en in welke straat?

28

## Geef antwoord:

a. Hoe heet je (u)? Ik _____ _____. Mijn _____ is _____.
b. Uit welk land kom jij (komt u)? Ik _____ uit _____.
c. In welk land woon je (woont u)? Ik _____ in Nederland.
d. Waar wonen jullie? Wij _____ nu in Nederland.

## Grammatica:

**Ik kom** uit Nederland.
Uit welk land **kom jij (komt u)**? Uit Spanje.
**Jij (u) komt** niet uit Nederland.
Uit welk land **komt Anita**? **Zij (ze) komt** ook uit Spanje.
Uit welk land **komen jullie**?
**Wij komen** uit Egypte.
**Anita en Sheila komen** (**Ze komen**) uit Egypte.

**Jij komt** uit Egypte – **Kom jij** uit Egypte?

## Vul in of aan:

■ Uit welk land kom jij? (Uit welk land k _____ u?) Ik k _____ uit ....
(Marokko, Turkije, Italië, ...) Uit welk land k _____ de leraar (lerares)? De leraar k _____ uit Nederland.

■ In welk land woont de leraar? De leraar w _____ in Nederland. In welk
land w _____ jij? (w _____ u?) Ik w _____ ook in Nederland. Iedereen
w _____ nu in Nederland. Wij w _____ nu in Nederland.

■ Ik woon nu _____ Nederland. Ik kom _____ Marokko (Indonesië,...).
_____ welke stad woont u? _____ welke straat?

# 2

**hoe heet u?**

## Ik *leer Nederlands*

1    *Waarom leren* jullie Nederlands?
     – *Omdat* we in Nederland wonen. In Nederland *spreekt men* Nederlands. In
     Nederland spreekt iedereen Nederlands.
     – *Spreek* jij *al* een *beetje* Nederlands?
5    *Nee*, ik *ken nog geen* Nederlands. Ik *ga* nu Nederlands leren.
     – *Wie kent* al een beetje Nederlands? *Niemand?*
     Ik! Ik ken al *een paar woorden, maar* niet *veel*.
     – Hoe heet jij? *Wat is jouw* (= *je*) naam? Hoe heet u? Wat is *uw* naam?
     *Anwar*. Mijn naam is Anwar.
10   – Hoe *oud* ben je (*bent* u)? *Wanneer* ben je (bent u) *geboren?* Wat is je (uw)
     *leeftijd?*
     *Twintig* (20). Ik ben twintig *jaar*.
     – Hoe *lang* woon jij (woont u) al in Nederland?
     *Twee maanden.*
15   – *O, daarom* ken jij al een beetje Nederlands. Daarom *begrijp* je (*versta* je) al
     een beetje Nederlands. Woon je (Woont u) *ver weg?*
     Nee, ik woon *dichtbij* (= *vlak bij*).
     – Kom je (Komt u) *lopend, per* (= *met* de) *fiets of* per *auto?* En wie komt met
     de *trein?*

30

| | Dutch | English | French | Turkish | Indonesian | Arabic |
|----|---------|----------------|-------------------------------|---------------------|----------------|---------|
| 71 | leer | learn | apprends | öğreniyorum | belajar | أتعلّم |
| 72 | Nederlands | Dutch | néerlandais | Hollanda'ca | bahasa Belanda | الهولندية |
| 73 | waarom | why | pourquoi | niçin, neden | mengapa | لماذا |
| 74 | leren | learn | apprenez | öğreniyorsunuz | belajar | تتعلّمون |
| 75 | omdat | because | parce que | çünkü | karena | لأنّ |
| 76 | spreekt | speaks | parle | konuşur | -berbicara | يتكلّم |
| 77 | men | people | on | insan | orang | الناس |
| 78 | spreek | speak | parles | konuşuyor musun | -berbicara | تتكلّم، تتكلّمين |
| 79 | al | already | déjà | şimdiden | sudah | قبل الآن |
| 80 | beetje | a little bit | peu | biraz | sedikit | قليل |
| 81 | nee | no | non | hayır | tidak | لا |
| 82 | ken | know | connais | bil(m)iyorum | -mengenal | أعرف |
| 83 | nog | yet | encore | daha | masih | حتى الآن |
| 84 | geen | no | pas de | -m..., değil | tidak | لا ... أيّ |
| 85 | ga | am going to | vais | -ceğim, -cağım | hendak | أذهب |
| 86 | wie | who | qui | kim | siapa | من |
| 87 | kent | knows | connaît | biliyor | mengenal | يعرف |
| 88 | niemand | nobody | ne...personne | hiçkimse | tak seorang pun | لا أحد |
| 89 | een paar | a few | quelques | birkaç | beberapa | بضعة، بضع |
| 90 | woorden | words | mots | kelimeler | kata-kata | كلمات |
| 91 | maar | but | mais | fakat | tetapi | ولكن |
| 92 | veel | many | beaucoup | çok | banyak | كثير |
| 93 | wat | what | quel | ne | apa | ما، ماذا |
| 94 | jouw | your | ton | senin | -mu | ك |
| 95 | je | your | ton | senin | -mu | ك |
| 96 | uw | your | votre | Sizin | -Anda | ك |
| 97 | Anwar | Anwar | Anwar | Anwar | Anwar | أنور |
| 98 | oud | old | vieux (=quel âge) | yaşında | umur | عُمر |
| 99 | bent | are | es | -siniz, -sınız | adalah | - |
| 100 | wanneer | when | quand | ne zaman | kapan | متى |
| 101 | geboren | born | né | doğdun | lahir | وُلدت |
| 102 | leeftijd | age | âge | yaş | umur | السَّن |
| 103 | twintig | twenty | vingt | yirmi | duapuluh | عشرون |
| 104 | jaar | year(-s old) | année | sene, yıl | tahun | سنة |
| 105 | lang | long | longtemps (=depuis quand) | kadar | lama | طويل |
| 106 | twee | two | deux | iki | dua | إثنين |
| 107 | maanden | months | mois | aylar | bulan-bulan | أشهر |
| 108 | o | oh | o | ha | oh | آه |
| 109 | daarom | therefore | c'est pourquoi | onun için | karena itu | لهذا |
| 110 | begrijp | understand | comprends | anlıyorsun | mengerti | تفهم |
| 111 | versta | understand | comprends | anlıyorsun | mengerti | تفهم |
| 112 | ver | far | loin | uzak | jauh | بعيد بعيداً |
| 113 | weg | away | éloigné | (ver -) uzak | dari sini | طريق |
| 114 | dichtbij | nearby | près de, proche | yakında | dekat | قريباً من |
| 115 | vlak bij | nearby | tout près de, à côté | yakında | dekat | قريباً من |
| 116 | lopend | walking, by feet | en marchant, à pied | yürüyerek | berjalan kaki | سيراً على الأقدام |
| 117 | per | by | par | ile | menumpang | بـ |
| 118 | met | with | avec | ile | dengan | مع |
| 119 | fiets | bike | vélo | bisiklet | sepeda | درّاجة |
| 120 | of | or | ou | veya, yahut | atau | أو |
| 121 | auto | car | voiture | otomobil | mobil | سيارة |
| 122 | trein | train | train | tren | kereta api | قطار |

## Ik leer Nederlands

Waarom leren _____ Nederlands?
– Omdat we in Nederland wonen. In _____ spreekt men Nederlands. In Nederland spreekt iedereen _____.
– Spreek jij al een beetje Nederlands?
Nee, _____ ken nog geen Nederlands. Ik ga nu _____ leren.
– Wie kent al een beetje Nederlands? _____?
Ik! Ik ken al een paar woorden, _____ niet veel.
– Hoe heet jij? Wat is _____ naam? Hoe heet u? Wat is uw _____?
Anwar. Mijn naam is Anwar.
– Hoe oud _____ je? Wanneer ben je geboren? Wat is _____ leeftijd?
Twintig. Ik ben twintig jaar.
– Hoe _____ woon jij al in Nederland?
Twee maanden.
– _____, daarom ken jij al een beetje Nederlands. _____ begrijp je al een beetje Nederlands. Woon _____ ver weg?
Nee, ik woon dichtbij.
– Kom _____ lopend, per fiets of per auto? En _____ komt met de trein?

hoe heet u?

## Geef antwoord:

a. Hoe oud bent u? Ik ben _____ _____.

b. Wanneer bent u geboren? In _____.

c. Hoe lang woont u nu in Nederland? ....

d. Spreekt u al een beetje Nederlands? Ja, ik _____ al ....; nee, ik _____ nog ....

e. Hoe komt u naar de les? Met de _____.

## Vul aan:

■ Wij w _____ nu in Nederland. Wij spr _____ nog geen Nederlands. Wij k _____ nog geen Nederlands. Wij l _____ Nederlands. Wij kr _____ Nederlandse les. Wie k _____ al een beetje Nederlands? Ik, ik k _____ al een beetje Nederlands. Anita k _____ ook al een beetje Nederlands. Wij w _____ al een paar maanden in Nederland. Daarom begr _____ we al een beetje Nederlands.

■ Jij woont nu in Nederland. W _____ jij al lang in Nederland? Nee, ik woon nog n—— lang in Nederland. W _____ u al lang in Nederland? Ja, en ik ver _____ ook al een beetje Nederlands. Waarom l _____ jij Nederlands? Ik leer Nederlands, om _____ ik nu in Nederland woon. Ik woon nu in Nederland. D _____ leer ik Nederlands.

## Nederlands is *gemakkelijk*

1    Ik spreek *langzaam*. Ik spreek *heel* (= *zeer*) langzaam. Ik spreek niet *snel* (=
     *vlug*), *want* jullie *begrijpen* (*verstaan*) nog geen Nederlands. Jullie *kennen* nog
     geen Nederlands. Jullie *gaan* nu Nederlands leren. Jullie *moeten luisteren*
     *naar* de leraar.
5    Is Nederlands een *moeilijke taal*?
     – Nee, Nederlands is een *gemakkelijke* taal. Ik *vind* Nederlands gemakke-
     lijk. *Alle talen zijn trouwens* gemakkelijk: *kleine kinderen spreken immers* een taal
     al *goed*!
     Is *rekenen* ook gemakkelijk?
10   – Nee, rekenen is *moeilijk*. Kleine kinderen *kunnen wel praten* (= spreken),
     maar niet rekenen.
     Op *dit moment* (= *ogenblik*) spreken jullie nog geen Nederlands. Maar *over*
     een paar *weken* spreken jullie al een beetje Nederlands.

| | Dutch | English | French | Turkish | Indonesian | Arabic |
|---|---|---|---|---|---|---|
| 123 | gemakkelijk | easy | facile | kolay | mudah | سَهْلَة |
| 124 | langzaam | slowly | lentement | yavaş | perlahan-lahan | بطيئاً |
| 125 | heel | very | très | çok | sangat | جداً، كثيراً |
| 126 | zeer | very | très | çok | sangat | جداً، كثيراً |
| 127 | snel | fast | rapidement, vite | hızlı | cepat | بسرعة سريعاً |
| 128 | vlug | quickly | rapidement, vite | sürratli | cepat | بسرعة سريعاً |
| 129 | want | because, for | car | çünkü | karena | لأن |
| 130 | begrijpen | understand | comprenez | anl(am)ıyorsunuz | mengerti | تفهمون |
| 131 | verstaan | understand | comprenez | anl(am)ıyorsunuz | mengerti | تفهمون |
| 132 | kennen | know | connaissez | bil(m)iyorsunuz | mengenal | تعرفون |
| 133 | gaan | are going to | allez | -ceksiniz | akan | سـ ( تتعلمون ) |
| 134 | moeten | have to | devez | mecbursunuz | harus | يجب عليكم |
| 135 | luisteren naar | listen to | écouter | dinlemek | mendengarkan | تستمعون إلى |
| 136 | moeilijke | difficult | difficile | zor | -yang sulit | صعبة |
| 137 | taal | language | langue | dil, lisan | bahasa | لغة |
| 138 | gemakkelijke | easy | facile | kolay | -yang mudah | سهلة |
| 139 | vind | find | trouve | buluyorum | berpendapat | أجِدُ |
| 140 | alle | all | toutes les | bütün | semua | كل – جميع |
| 141 | talen | languages | langues | lisanlar | bahasa-bahasa | لغات |
| 142 | zijn | are | sont | -dirler, -dırlar | adalah | – |
| 143 | trouwens | actually | d'ailleurs | zaten | karena sesungguhnya | مع ذلك |
| 144 | kleine | small | petits | küçük | -yang kecil | صغار |
| 145 | kinderen | children | enfants | çocuklar | anak-anak | أولاد، اطفال |
| 146 | spreken | speak | parlent | konuşurlar | berbicara | يتكلمون |
| 147 | immers | ...don't they | en effet | zira | karena sesungguhnya | للواقع، حقاً |
| 148 | goed | well | bien | iyi | baik | حسن، جيّد |
| 149 | rekenen | arithmetic | calculer | hesap yapmak | berhitung | الحساب |
| 150 | moeilijk | difficult | difficile | zor | sulit | صعب |
| 151 | kunnen | are able to | savent | -bilirler | dapat | يستطيعون |
| 152 | wel | - | bien, si | pekala | -lah | جيداً |
| 153 | praten | talk | parler | konuşmak | berbicara | يتكلمون |
| 154 | dit | this | ce | bu | -ini | هذا، هذه |
| 155 | moment | moment | moment | an | saat | اللحظة |
| 156 | ogenblik | moment | moment | saniye | saat | اللحظة |
| 157 | over | in | dans,d'ici | sonra | melampaui | بعد |
| 158 | weken | weeks | semaines | haftalar | minggu-minggu | أسابيع |

35

## Nederlands is gemakkelijk

Ik spreek langzaam. _____ spreek heel langzaam. Ik spreek niet snel, _____ jullie begrijpen nog geen Nederlands. Jullie kennen _____ geen Nederlands. Jullie gaan nu Nederlands leren. _____ moeten luisteren naar de leraar.

Is Nederlands _____ moeilijke taal?

– Nee, Nederlands is een gemakkelijke _____. Ik vind Nederlands gemakkelijk. Alle talen zijn _____ gemakkelijk: kleine kinderen spreken immers _____ taal al goed!

Is rekenen ook gemakkelijk?

– Nee, rekenen _____ moeilijk. Kleine kinderen kunnen wel praten, maar _____ rekenen.

Op dit moment spreken jullie nog _____ Nederlands. Maar over een paar weken spreken _____ al een beetje Nederlands.

## Geef antwoord:

a. Waarom spreekt de leraar langzaam? Omdat ....
b. Vind jij Nederlands een moeilijke taal?
c. Vind jij rekenen moeilijk?
d. Spreken kleine kinderen uit Nederland Nederlands? Ja, ze ....
e. Krijgen kleine kinderen Nederlandse les?

## Grammatica:

Ik spreek **geen Nederlands**.
Nederlands is **geen** moeilijke taal.
Ik heb **geen kinderen**.
Anita **komt niet** uit Nederland.
Zij vindt Nederlands **niet moeilijk**.

Hoe lang woon jij in Nederland? Een **week**? Twee **weken**? Een maand? Twee maand**en**? Hoeveel jong**ens** en meis**jes** zitten in jouw klas? Eén jong**en** en één meis**je**.

## Vul in of aan:

■ Spreekt de leraar snel? Nee, hij spreekt _____ snel. Versta jij al Nederlands? Nee, ik begrijp nog _____ Nederlands. Woon jij al lang in Nederland? Nee, ik woon nog _____ lang in Nederland. Vind jij Nederlands moeilijk? Nee, ik vind Nederlands _____ moeilijk. Ik vind Nederlands _____ moeilijke taal. Kleine kinderen krijgen _____ les, maar spreken wel goed Nederlands!

■ Nederlands is een gemakkelijke t_____. Alle t_____ zijn trouwens gemakkelijk: kleine k_____ spreken immers goed hun taal. Hoeveel l_____ zitten in je klas? Vijftien: tien j_____ en vijf m_____. Hoeveel cursisten zitten in uw klas? Vijftien: vijf m_____ en tien vr_____.

37

# 4

## *Het groene* boek

1    In de les *gebruiken* we een boek. Het boek heet: 'Nederlands *voor buitenlanders*'. De *kleur van* het boek is *groen*. We *noemen* dit boek daarom ook wel: het 'groene boek'. Het *bevat ruim tweehonderd* (200) *bladzijden*. Het is *dus* een *vrij dik* boek.

5    Het groene boek *bestaat uit*:
        een *grammatica*
        *teksten* en *oefeningen*
        een *alfabetische lijst* woorden
    In de grammatica *staat* hoe je een *woord* in de *juiste vorm moet zetten*. In het

10    Nederlands *zeggen* we *bij voorbeeld*:
        een boek – twee *boeken*
        een tafel – een paar *tafels*
    Je (U) *vindt* ook in de grammatica *dat* we zeggen: ik 'leer', jij '*leert*', wij 'leren', *enzovoort*. *Kijk* dus in je (uw) grammatica. *Daar* vind je (vindt u) *al de-*

15    *ze vormen*.
        Woorden zijn *belangrijk*. Jullie leren *elke dag* veel *nieuwe* woorden. De nieuwe woorden zijn *schuin gedrukt*. De *betekenis* van een *nieuw* woord vind je (vindt u) in de *woordenlijst naast* deze *bladzijde*. Alle woorden *hebben* daar een *nummer*. *Achter* in het boek is een lijst met alle woorden en *hun nummers*.

20    Zo *weet* je (u) waar de betekenis van *elk* (= *ieder*) woord staat. Leer de teksten goed, *dan* ken je ook snel veel woorden. En dan kunnen we snel Nederlands met *elkaar* spreken.

| 159 | het | the | le | - | itu | الـ |
| 160 | groene | green | vert | yeşil | yang hijau | أخضر |
| 161 | gebruiken | use | utilisons | kullanıyoruz | memakai | نستعمل |
| 162 | voor | for | pour | için | untuk | لـ |
| 163 | buitenlanders | foreigners | étrangers | yabancılar | orang asing | أجانب |
| 164 | kleur | colour | couleur | renk | warna | لون |

| | | | | | | |
|---|---|---|---|---|---|---|
| 165 | van | of | de | -in, -ın | dari | – (لون الكتاب) |
| 166 | groen | green | verte | yeşil | hijau | أخضر |
| 167 | noemen | call | appelons | adlandırıyoruz | menanai | نسمّي |
| 168 | bevat | contains | contient | içerir | memuat | يحتوي |
| 169 | ruim | over, more than | plus de | biraz fazla | -lebih | أكثر من |
| 170 | honderd | hundred | cent | yüz | -ratus | مائة، مئة |
| 171 | bladzijden | pages | pages | sayfalar | halaman | صفحات |
| 172 | dus | therefore | donc | yani | jadi | إذن |
| 173 | vrij | rather | assez | oldukça | cukup | لا بأس، كفاية |
| 174 | dik | thick | épais | kalın | tebal | سميك |
| 175 | bestaat uit | consists of | se compose de | den oluşur | terdiri dari | يتكوّن من |
| 176 | grammatica | grammar | grammaire | dilbilgisi | tatabahasa | قواعد |
| 177 | teksten | texts | textes | metinler | textes teks-teks | نصوص |
| 178 | oefeningen | exercises | exercices | alıştırmalar | latihan-latihan | تمارين |
| 179 | alfabetische | alphabetical | alphabétique | alfabetik | -menurut abjad | أبجدية |
| 180 | lijst | list | liste | liste | daftar | لائحة |
| 181 | staat | is written | se trouve | vardır | tertulis | يوجد |
| 182 | woord | word | mot | kelime | kata | كلمة |
| 183 | juiste | right | correcte, bonne | doğru | -yang tepat | صحيح |
| 184 | vorm | form | forme | şekil | bentuk | شكل |
| 185 | moet | must | dois | (kullana)bileceğin | harus | يجب عليك (أن) |
| 186 | zetten | put | mettre | kullana(bileceğin) | meletakkan | تضع |
| 187 | zeggen | say | disons | söyleriz | mengatakan | نقول |
| 188 | bijvoorbeeld | for example | par exemple | örneğin | misalnya | مثلا |
| 189 | boeken | books | livres | kitaplar | buku-buku | كتب |
| 190 | tafels | tables | tables | masalar | meja-meja | طاولات |
| 191 | vindt | find | trouves | bulursun(uz) | menemukan | تجد |
| 192 | dat | that | que | ki | bahwa | أنّ، بأنّ |
| 193 | leert | learn | apprends | öğreniyorsun | belajar | يتعلّم |
| 194 | enzovoort | etcetera | etcetera | vesaire | dansebagainya | إلى آخره |
| 195 | kijk | look | regarde | bak | lihat | أنظُر |
| 196 | daar | there | là | orada | di sana | هناك |
| 197 | al | all | tous | bütün | semua | كلّ |
| 198 | deze | these | ces | bu | -ini | هذه |
| 199 | vormen | forms | formes | şekiller | bentuk-bentuk | الأشكال |
| 200 | belangrijk | important | importants | önemli | penting | مهمّة |
| 201 | elke | every | chaque | her | tiap | كلّ |
| 202 | dag | day | jour | dün | hari | يوم، نهار |
| 203 | nieuwe | new | nouveaux | yeni | yang baru | جدد |
| 204 | schuin | in italics | en italiques | eğri | -miring | بطريقة منحرفة |
| 205 | gedrukt | printed | imprimés | basılmış | dicetak | مطبوعة |
| 206 | betekenis | meaning | signification | anlam | arti | معنى |
| 207 | nieuw | new | nouveau | yeni | baru | جديد |
| 208 | woordenlijst | wordlist | liste de mots | kelime listesi | daftar kata-kata | لائحة الكلمات |
| 209 | naast | next to | à côté de | yanında | di sebelah | جانب |
| 210 | bladzijde | page | page | sayfa | halaman | صفحة |
| 211 | hebben | have | ont | sahiptirler | mempunyai | عندهم |
| 212 | nummer | number | numéro | numara | nomor | رقم |
| 213 | achter | at the back | au fond, derrière | arkasında | di belakang | وراء |
| 214 | hun | their | leurs | onların | -mereka | هم، هنّ |
| 215 | nummers | numbers | numéros | numaralar | nomor-nomor | أرقام |
| 216 | zo | in this way | de cette façon | böylece | demikianlah | هكذا |
| 217 | weet | know | sais | bilirsin(iz) | mengetahui | تعرف |
| 218 | elk | each | chaque | her | tiap | كلّ |
| 219 | ieder | each | chaque | her | tiap | كلّ |
| 220 | dan | then | alors | o zaman | maka | إذن |
| 221 | elkaar | each other | les uns les autres | birbirimizi | bersama-sama | بعضنا البعض |

## Het groene boek

In de les _____ we een boek. Het boek heet: 'Nederlands _____ buitenlanders'. De kleur van het boek is _____. We noemen dit boek daarom
ook wel: _____ 'groene boek'. Het bevat ruim twee'honderd _____. Het is
dus een vrij dik boek. _____ groene boek bestaat uit:

- een grammatica
- teksten _____ oefeningen
- een alfabetische lijst woorden

In de _____ staat hoe je een woord in de _____ vorm moet zetten. In het
Nederlands zeggen _____ bij voorbeeld:

een boek – twee boeken
een tafel – _____ paar tafels

Je vindt ook in de _____ dat we zeggen: ik 'leer', jij 'leert', _____ 'leren',
enzovoort. Kijk dus in je grammatica. _____ vind je al deze vormen.

Woorden zijn _____. Jullie leren elke dag veel nieuwe woorden. _____
nieuwe woorden zijn schuin gedrukt. De betekenis _____ een nieuw
woord vind je in de _____ naast deze bladzijde. Alle woorden hebben
daar _____ nummer. Achter in het boek is een _____ met alle woorden en
hun nummers. Zo _____ je waar de betekenis van elk woord _____. Leer
de teksten goed, dan leer je _____ snel veel woorden. En dan kunnen we
_____ Nederlands met elkaar spreken.

## Vul in of aan:

■ De leraar spreekt langzaam, om _____ wij nog geen Nederlands verstaan. Wij beg _____ nog geen Nederlands. D_____ spreekt de leraar niet snel. Luisteren jullie goed n _____ de leraar? Ja, iedereen l_____ goed, want wie goed luistert, l _____ snel een taal. Wij l_____ dus goed naar de leraar.

■ Hoe heet jouw Nederlandse boek? Mijn boek heet: Nederlands _____ buitenlanders. De kleur _____ mijn boek is groen. Mijn boek bestaat _____ teksten, oefeningen, een grammatica en een woordenlijst. Wat staat _____ de grammatica? Daar staat hoe je een woord _____ de juiste vorm moet zetten.

## Grammatica:

Ik heet Jan. **Mijn** naam is Jan.
Wat is **jouw** (**uw**) naam? Anne.
Zij heet Anne. **Haar** naam is Anne.
En hoe heet hij? **Zijn** naam is Eric.
Hoe heet **jullie** lerares?
**Onze** lerares heet Anne. Anne is de lerares van Anita en Sheila.
**Hun** lerares heet Anne.

## Vul in of aan:

Hoe heet je? Wat is _____ naam? Hoe heet u? Wat is _____ naam? _____ naam is Sheila (Anita,...). Hoe heet die jongen? Ik weet niet _____ hij heet. Ik ken _____ naam niet. Hoe oud is Sheila? Wat is _____ leeftijd? Ze is twintig jaar. O, dat is _____ oud. Hoe heet jullie leraar? _____ leraar heet Jan. _____ naam is Jan. Hoe heet jullie lerares? _____ lerares heet Anne. _____ naam is Anne.

# 5

## De Nederlandse les

1   De leraar (lerares) *geeft les*. Iedereen *zwijgt, behalve* de leraar. De leerlingen luisteren met *aandacht* naar de *docent(e)*. *Ze proberen (doen een poging)* te begrijpen *wat hij (zij) zegt. Soms* (= *Af en toe) vraagt* de leraar: 'Begrijpen jullie wat ik *zeg?*' Soms *legt* hij *uit* wat een woord *betekent*, maar *meestal* is *dat*
5   niet *nodig*. Iedereen heeft *namelijk* (immers) een boek: naast elk nieuw woord staat de *vertaling*. Iedereen heeft *natuurlijk* ook *papier* en een *pen om* te *schrijven*.

De leraar *leest* een *stukje tekst*. Iedereen *hoort* hoe je de woorden moet *uitspreken. Na* een paar (= *enkele/enige) regels* vraagt hij: 'Wie *wil* een stukje *le-*
10   *zen?*' Niemand geeft *antwoord* (niemand *antwoordt*). Veel cursisten zijn *bang* dat ze *fouten maken*. Ze *durven* nog niet te praten. Dat weet de leraar. Hij *herhaalt* daarom *zijn vraag* en *voegt eraan toe*: 'Het *geeft niet als* je fouten *maakt*. Dat is heel *normaal*.'

| 222 | geeft les | teaches | enseigne | ders veriyor | mengajar | يعطي دروساً |
| 223 | zwijgt | is silent | se tait | susuyor | diam | يسكت |
| 224 | behalve | except for | sauf | -den başka | kecuali | إلّا |
| 225 | aandacht | attention | attention | ilgi | perhatian | إنتباه |
| 226 | docent(e) | teacher | professeur(m/f) | doçent | dosen (wanita) | مُعلّم (معلّمة) |
| 227 | ze | they | ils, elles | onlar | mereka | هم، (هنّ) |
| 228 | proberen | try | essaient | çalişiyorlar | mencoba | يحاولون |
| 229 | doen een poging | make an attempt | font un effort | deniyorlar | berusaha | يحاولون |
| 230 | te | to | -, pour | -e, -a | untuk | أن |
| 231 | wat | what | ce que | ne | apa | ما، ماذا |
| 232 | hij | he | il | o | dia (pria) | هو |
| 233 | zij | she | elle | o | dia (wanita) | هي |
| 234 | zegt | says | dit | dediğini | berkata | يقول، تقول |
| 235 | soms | sometimes | parfois | bazen | kadang-kadang | أحياناً |
| 236 | af en toe | now and then | de temps en temps | ara sıra | kadang-kadang | أحياناً |
| 237 | vraagt | asks | demande | soruyor | bertanya | يسأل |
| 238 | zeg | am saying | dis | söylediğimi | berkata | أقول |
| 239 | legt uit | explains | explique | açıklıyor | menerangkan | يفسّر |
| 240 | betekent | means | signifie | anlama geldiğini | berarti | تعني |
| 241 | meestal | most of the time | le plus souvent | çoğu zaman | beasanya | في أغلب الأحيان |
| 242 | dat | that | cela | o | itu | ذلك |
| 243 | nodig | necessary | nécessaire, besoin | lazım | perlu | ضروري |
| 244 | namelijk | namely | c'est que | zira | karena sesungguhnya | في الواقع |
| 245 | vertaling | translation | traduction | tercüme | terjemahan | ترجمة |
| 246 | natuurlijk | of course | naturellement | gayet tabi | tentunya | من الطبيعي |
| 247 | papier | paper | du papier | kağıt | kertas | ورق |
| 248 | pen | pen | plume | kalem | pena | قلم |
| 249 | om | in order | pour | için | untuk | لكي |
| 250 | schrijven | write | écrire | yazmak | menulis | يكتب |
| 251 | leest | is reading | lit | okuyor | membaca | يقرأ |
| 252 | stukje | part of | une petite partie de | parça | bagian kecil | قطعة صغيرة |
| 253 | tekst | text | texte | metin | texte teks | نص |
| 254 | hoort | hears | entend | duyuyor | mendengar | يسمع |
| 255 | uitspreken | pronounce | prononcer | telaffuz etmek | mengucapkan | تلفظ |
| 256 | na | after | après | -dan sonra | setelah | بعد |
| 257 | enkele | a few | quelques | birkaç | beberapa | بضعة |
| 258 | enige | a few | quelques | birkaç | beberapa | بضعة |
| 259 | regels | lines | lignes | satırlar | kalimat-kalimat | قواعد |
| 260 | wil | wants | veut | istiyor | mau | يريد |
| 261 | lezen | read | lire | okumak | membaca | يقرأ |
| 262 | antwoord | answer | réponse | cevap | jawaban | جواب |
| 263 | antwoordt | answers | répond | cevap ver(m)iyor | menjawab | يجيب |
| 264 | bang | afraid | peur | korkuyorlar | takut | خائفون |
| 265 | fouten | mistakes | fautes | yalnışlar | -kesalahan-kesalahan | أغلاط |
| 266 | maken | make | fassent | yapmak | membuat | يرتكبون |
| 267 | durven | dare | osent | cesater ed(em)iyorlar | berani | يجرؤون |
| 268 | herhaalt | repeats | répète | tekrarlıyor | mengulangi | يعيد |
| 269 | zijn | his | sa | onun | -nya (pria) | (سؤال) هُ |
| 270 | vraag | question | question | soru(sunu) | pertanyaan | سؤال |
| 271 | voegt toe | adds | ajoute | ekliyor | menambahkan | يزيد على |
| 272 | eraan | to it | y | -e, -a | padanya | على هذا |
| 273 | geeft niet | doesn't matter | ne fait rien | fark etmez | tidak apa-apa | لا يؤثر |
| 274 | als | if | quand, si | eğer | kalau | عندما، إذ |
| 275 | maakt | make | fais | yaparsan | membuat | ترتكب |
| 276 | normaal | normal | normal | normal | normal | عادي، طبيعي |

43

Anwar *begint* te lezen. *Daarna krijgt iemand anders* een *beurt*. Als de tekst
15 *klaar* is, *stelt* de leraar een *aantal vragen*:

Luisteren jullie *regelmatig* naar het *bandje* (= de *cassette*)?
Hoeveel *uur* hebben jullie aan Nederlands *besteed*?
*Vinden* jullie Nederlands moeilijk of gemakkelijk (*eenvoudig*)?
20 *Onthouden* jullie alle woorden?
Wat moet je *doen* als je een woord *vergeet*?

De leraar *praat* (= *voert* een *gesprek*) met zijn leerlingen. Als de les is *afgelo-*
*pen*, is iedereen *tevreden*. Iedereen heeft een *fijn* (= *prettig*) *gevoel*: we kunnen
25 al een *klein gesprekje* met elkaar *voeren*!

| | | | | | |
|---|---|---|---|---|---|
| 277 | begint | begins | commence | başlıyor | mulai | يبدأ |
| 278 | daarna | then | après cela | ondan sonra | kemudian | بعد ذلك |
| 279 | krijgt | gets | reçoit | alıyor | -mendapat | يحصل |
| 280 | iemand | somebody | quelqu'un | biri | seorang | أحد |
| 281 | anders | else | d'autre | başka | lain | آخر |
| 282 | beurt | turn | tour | sıra | giliran | دور |
| 283 | klaar | finished | fini | bitti | selesai | منتهي |
| 284 | stelt | asks | pose | soruyor | mangajukan | يضع |
| 285 | aantal | (een -) some | nombre de | adet | jumlah | عدد من |
| 286 | vragen | questions | questions | sorular | pertanyaan-perpatnyaan | أسئلة |
| 287 | regelmatig | regularly | régulièrement | düzenli | teratur | باستمرار |
| 288 | bandje | tape | bande | bant | pita | شريط مسجل |
| 289 | cassette | tape | cassette | kaset | kaset | شريط مسجل |
| 290 | uur | hour(s) | heures | saat | jam | ساعة |
| 291 | besteed | spent | consacré | harcadınız | menggunakan | صرفتم |
| 292 | vinden | find | trouvez | buluyor musunuz | berpendapat | تجدون |
| 293 | eenvoudig | easy | simple | kolay | sederhana | بسيطة |
| 294 | onthouden | remember | retenir | akılda tutuyor mu-sunuz | mengingat | تحفظون |
| 295 | doen | do | faire | yapmak | melakukan | تعمل |
| 296 | vergeet | forget | oublies | unutursan | lupa | تنسى |
| 297 | praat | talks | parle | konuşuyor | berbicara | يتكلم |
| 298 | voert | holds | mène | yapıyor | melakukan | يقوم (بـ) |
| 299 | gesprek | conversation | conversation | konuşma | pembicaraan | محادثة |
| 300 | afgelopen | finished | finie | bittiğinde | berakhir | منتهية |
| 301 | tevreden | pleased | content | memnun | puas | مبسوط (ة) |
| 302 | fijn | nice | bon | iyi, hoş | -senang | حَسَن (إحساس ممتع) |
| 303 | prettig | pleasant | agréable | hoş, iyi | -senang | ممتع |
| 304 | gevoel | feeling | sentiment | his | perasaan | إحساس، شعور |
| 305 | klein | small | petite | küçük | -kecil | صغير (ة) |
| 306 | gesprekje | conversation | conversation | konuşma | pembicaraan | محادثة صغيرة |
| 307 | voeren | hold/have | mener | yapmak | melakukan | نقوم بـ |

44

## De Nederlandse les

De leraar geeft _____. Iedereen zwijgt, behalve de leraar. De leerlingen _____ met aandacht naar de docent. Ze proberen _____ begrijpen wat hij zegt. Soms vraagt de _____: 'Begrijpen jullie wat ik zeg?' Soms legt _____ uit wat een woord betekent, maar meestal _____ dat niet nodig. Iedereen heeft namelijk een _____: naast elk nieuw woord staat de vertaling. _____ heeft natuurlijk ook papier en een pen _____ te schrijven.

De leraar leest een stukje _____. Iedereen hoort hoe je de woorden moet _____. Na een paar regels vraagt hij: 'Wie _____ een stukje lezen?' Niemand geeft antwoord. Veel _____ zijn bang dat ze fouten maken. Ze _____ nog niet te praten. Dat weet de _____. Hij herhaalt daarom zijn vraag en voegt _____ toe: 'Het geeft niet als je fouten _____. Dat is heel normaal.'

45

Anwar begint te _____. Daarna krijgt iemand anders een beurt. Als _____ tekst klaar is, stelt de leraar een _____ vragen:

- Luisteren jullie regelmatig naar het bandje?
- _____ uur hebben jullie aan Nederlands besteed?
- Vinden _____ Nederlands moeilijk of gemakkelijk?
- Onthouden jullie alle _____?
- Wat moet je doen als je een _____ vergeet?

De leraar praat met zijn leerlingen. _____ de les is afgelopen, is iedereen tevreden. _____ heeft een fijn gevoel: we kunnen al _____ klein gesprekje met elkaar voeren!

## Geef antwoord:

a. Bent u bang om fouten te maken? Waarom?
b. Krijgt u vaak een beurt?
c. Hoeveel tijd besteedt u aan een nieuwe tekst?
e. Herhaalt u regelmatig een paar oude teksten?
f. Waarom is het belangrijk oude teksten te herhalen?
g. Praat u regelmatig met Nederlanders?

## Vul in of aan:

■ Ik z _____ in de klas. Ik zwijg. Iedereen _____, want de lerares sp _____. Iedereen luistert m _____ aandacht n _____ de lerares. Wij pr _____ Nederlands te leren. Beg _____ je wat de lerares zegt? Meestal wel, behalve wanneer ze veel nieuwe woorden gebr _____.

■ De lerares stelt een vraag. N _____ geeft antwoord. Ied _____ is bang dat hij fouten m _____. Zijn kleine kinderen ook bang d _____ ze fouten maken? Nee, kleine kinderen zijn _____ bang. Ze proberen veel te praten. Meestal begrijpt niemand wat ze z _____. Maar ze leren wel sn _____ Nederlands!

■ Hoeveel leerlingen zitten in j _____ klas? In _____ klas zitten tien leerlingen. Hoeveel leerlingen zitten in de klas van Anne? In _____ klas zitten vijftien l _____. En in de klas van Anwar en Sheila? Ik weet niet hoeveel leerlingen er in _____ klas zitten.

# 6

## *Hoe laat* begint de les?

1    Hoe laat begint de les?
– *Om negen (9)* uur.
*'s Ochtends* (= In de *ochtend*) of *'s avonds* (= in de *avond*)?
– 's Ochtends. Dat is *tamelijk* (= *nogal*, vrij) *vroeg*. De les begint om *precies*
5    negen uur. Kom *op tijd*! *Probeer* op tijd te komen. Kom niet te laat! Probeer
*nooit te* laat te komen.
    De les *duurt ongeveer één* uur. Dat betekent dat jullie om tien uur klaar
zijn. De les *eindigt* dus om tien uur. *'s Middags* krijgen (hebben) jullie *weer*
les. *Die* les begint om *drie* uur en eindigt (*houdt op*) om *vier* uur.
10    Jullie krijgen dus twee *keer* (= *maal*) per dag les: twee keer één uur, dus
*in totaal* twee uur. *Morgen* en *overmorgen* krijgen jullie ook les.
– Hoeveel *dagen* per *week* hebben we les?
Vijf dagen. Jullie krijgen elke (= *iedere*) dag les, behalve in het *weekend*.
Van *maandag tot en met (t/m) vrijdag* hebben jullie elke dag les. *Alleen zater-*
15    *dag* en *zondag* krijgen jullie geen les. Dan ben (= *heb*) ik vrij; dan *werk* ik
niet.
– Krijgt iedereen elke dag les?
Nee, niet iedereen. *Mensen die werken* hebben meestal *weinig* tijd.
*Zulke* mensen krijgen *vaak* (= *dikwijls*) *maar* één keer per week, of *hoogstens*
20    twee keer per week les. *Bovendien vinden* die *lessen* meestal 's avonds *plaats*.

| 308 | hoe laat | at what time | à quelle heure | saat kaçta | pukul berapa | متى |
| 309 | om | at | à | -da | pada | ـ |
| 310 | negen | nine | neuf | dokuz | sembilan | تسعة |
| 311 | 's ochtends | in the morning | le matin | sabahları | pagi hari | في الصّباح |
| 312 | ochtend | morning | matin | sabah | pagi | صباح |
| 313 | 's avonds | at night | le soir | akşamları | malam hari | في المساء |
| 314 | avond | evening | soir | akşam | malam | مساء |
| 315 | tamelijk | rather | assez | oldukça | agak | كفاية |
| 316 | nogal | rather | assez | oldukça | agak | كفاية |
| 317 | vroeg | early | de bonne heure | erken | pagi | باكر |
| 318 | precies | exactly | exactement | tam | persis | بالتحديد |
| 319 | op tijd | in time | à temps | zamanında | tepat pada waktunya | وقت |
| 320 | probeer | try | essaie | çalış | berusaha | حاول |
| 321 | nooit | never | ne...jamais | hiçbir zaman | tak sekalipun | لا . . . أبداً |
| 322 | te | too | trop | fazla | terlalu | أن |
| 323 | duurt | lasts | dure | sürer | berlangsung | تدوم |
| 324 | ongeveer | approximately | environ | takriben | kira-kira | تقريبا |
| 325 | één | one | une | bir | satu | واحدة |
| 326 | eindigt | finishes | finit | biter | berakhir | تنتهي |
| 327 | 's middags | in the afternoon | l'après-midi | öğlenleri | siang hari | فترة بعد الظهر |
| 328 | weer | again | de nouveau | tekrar | lagi | من جديد |
| 329 | die | that | cette | o | itu | هذه |
| 330 | drie | three | trois | üç | tiga | ثلاثة |
| 331 | houdt op | finishes | finit | biter | berhenti | تنتهي |
| 332 | vier | four | quatre | dört | empat | أربعة |
| 333 | keer | times | fois | defa | kali | مرّة |
| 334 | maal | times | fois | defa | kali | مرّة |
| 335 | in totaal | in total | en total | toplam olarak | sejumlah | مجموع |
| 336 | morgen | tomorrow | demain | yarın | besok | غدا |
| 337 | overmorgen | the day after tomorrow | après-demain | öbür gün | lusa | بعد الغد |
| 338 | dagen | days | jours | günler | hari-hari | أيّام |
| 339 | week | week | semaine | hafta | minggu | أسبوع |
| 340 | iedere | every | chaque | her | tiap | كل |
| 341 | weekend | weekend | weekend | hafta sonu | akhir pekan | عطلة الأسبوع |
| 342 | maandag | Monday | lundi | pazartesi | hari Senin | الإثنين |
| 343 | tot en met | up to and including | jusqu'avec | -e, -a kadar | sampai dengan | حتى ومع |
| 344 | t/m | up to and including | jusqu'avec | -e, -a kadar | s/d | حتى ومع |
| 345 | vrijdag | Friday | vendredi | cuma | hari Jumat | الجمعة |
| 346 | alleen | only | seulement | sadece | hanya | فقط |
| 347 | zaterdag | Saturday | samedi | cumartesi | hari Sabtu | السبت |
| 348 | zondag | Sunday | dimanche | pazar | hari Minggu | الأحد |
| 349 | heb | have | ai | -im | ada | عند ( ي ) |
| 350 | werk | work | travaille | çalış(m)ıyorum | bekerja | أعمل، أشتغل |
| 351 | mensen | people | gens | kişiler | orang-orang | الأناس، الناس |
| 352 | die | who | qui | -n | yang | الذين |
| 353 | werken | work | travaillent | çalışan | bekerja | يعملون |
| 354 | weinig | little | peu de | az | sedikit | قليل من . . . |
| 355 | zulke | such | de telles | böyle | demikian | مثل، هؤلاء |
| 356 | vaak | often | souvent | sık sık | sering | غالباً |
| 357 | dikwijls | often | souvent | ekseriyetle | acapkali | غالباً |
| 358 | maar | only | seulement | sadece | hanya | فقط |
| 359 | hoogstens | at most | au maximum | azami | sebanyak-banyaknya | على الأكثر |
| 360 | bovendien | furthermore | en plus | ayrıca | lagipula | زد على ذلك |
| 361 | vinden plaats | take place | ont lieu | veriliyor | diadakan | يحصلون |
| 362 | lessen | classes | leçons,cours | dersler | pelajaran-pelajaran | دروس |

## Hoe laat begint de les

Hoe laat _____ de les?

– Om negen uur.

's Ochtends _____ 's avonds?

– 's Ochtends. Dat is tamelijk _____. De les begint om precies negen uur.

_____ op tijd! Probeer op tijd te komen. _____ niet te laat! Probeer nooit te laat _____ komen.

De les duurt ongeveer één uur. _____ betekent dat jullie om tien uur klaar _____. De les eindigt dus om tien uur. '_____ Middags krijgen jullie weer les. Die les _____ om drie uur en eindigt om vier _____ .

Jullie krijgen dus twee keer per dag _____: twee keer één uur, dus in totaal _____ uur. Morgen en overmorgen krijgen jullie ook _____ .

– Hoeveel dagen per week hebben we les?

_____ dagen. Jullie krijgen elke dag les, behalve _____ het weekend. Van maandag tot en met _____ hebben jullie elke dag les. Alleen zaterdag _____ zondag krijgen jullie geen les. Dan ben _____ vrij, dan werk ik niet.

– Krijgt iedereen _____ dag les?

Nee, niet iedereen. Mensen die _____ hebben meestal weinig tijd. Zulke mensen krijgen _____ maar één keer per week, of hoogstens _____ keer per week les. Bovendien vinden die _____ meestal 's avonds plaats.

ouaïe .... dat is drie strippen goedemorgen! les zes ....

## Geef antwoord:

a. Krijg je 's ochtends, 's middags of 's avonds les?
b. Hoe lang duren je lessen?
c. Moet je ook in het weekend leren? Leg uit waarom.
d. Waar vinden de lessen plaats?

## Vul in of aan:

■ Hoeveel k _____ per week heb je les? Ik heb elke dag les, b _____ in het weekend. Waarom krijg je _____ les in het weekend? O _____ de leraar dan niet werkt. Jij w _____ dus ook niet in het weekend? Jawel, ik moet ook in het weekend w _____; Nederlands is _____ moeilijk, maar het vraagt wel veel tijd.

■ Hoe laat b _____ de les? Hoe laat b _____ de lessen? Meestal al om negen uur. B _____ je altijd op tijd? Meestal wel, maar af en _____ kom ik _____ laat. W _____ zegt de leraar dan? Hij zegt: probeer op tijd te k _____. K _____ nooit te laat! Hoe lang d _____ de les? Hoe lang d _____ de lessen? Ongeveer één uur, maar soms ook twee _____ .

# 7

## Het is *vandaag* ...

1   Welke (= *Wat voor*) dag is het vandaag?
    Het is vandaag *dinsdag*, de *tweede* dag van de week. *Gisteren was* het maan-
    dag, de *eerste* dag van de week en morgen is het *woensdag*. En overmorgen is
    het *donderdag*. Een week *telt* (= heeft, bevat) *zeven* dagen: maandag, dins-
5   dag, woensdag, donderdag, vrijdag, zaterdag en zondag. Zondag is de
    *laatste* dag van de week. Zaterdag en zondag noemen we ook wel het week-
    end. In het weekend zijn (hebben) de *meeste* mensen *vrij*. In het weekend
    werken we meestal niet. We hebben dan tijd om *boodschappen te doen, vrien-
    den* en *familie* te *bezoeken, aan sport* te *doen* en *allerlei andere dingen* die we *leuk*
10  vinden.
        Op zaterdag zijn de meeste *winkels open*. Wie in een *winkel werkt*, werkt
    dus (daarom) meestal op zaterdag. Zulke mensen krijgen op een andere
    dag vrij, bij voorbeeld op maandag.
    Is zondag *bij* jullie ook de laatste dag van de week?
15
    Een jaar telt *twaalf* maanden: *januari, februari, maart, april, mei, juni, juli, au-
    gustus, september, oktober, november* en *december*. We kunnen het jaar ook *verde-
    len* in vier *perioden*: de *lente* (= het *voorjaar*), de *zomer*, de *herfst* (= het *najaar*)
    en *ten slotte* de *winter*. Zulke perioden van ongeveer drie maanden noemen
20  we *seizoenen*.

| | | | | | | |
|---|---|---|---|---|---|---|
| 363 | vandaag | today | aujourd'hui | bugün | hari ini | اليوم |
| 364 | wat voor | what | quel | hangi | -apa | أيّ |
| 365 | dinsdag | Tuesday | mardi | salı | hari Selasa | الثلاثاء |
| 366 | tweede | second | deuxième | ikinci | kedua | الثاني |
| 367 | gisteren | yesterday | hier | dün | kemarin | البارحة، الأمس |
| 368 | was | was | était | idi | adalah | كان |
| 369 | eerste | first | premier | birinci | pertama | الأوّل |
| 370 | woensdag | Wednesday | mercredi | çarşamba | hari Rabu | الأربعاء |
| 371 | donderdag | Thursday | jeudi | perşembe | hari Kamis | الخميس |
| 372 | telt | has | compte | çeker | terdiri dari | يحتوي على |
| 373 | zeven | seven | sept | yedi | tujuh | سبعة |
| 374 | laatste | last | dernier | sonuncu | terakhir | الأخير |
| 375 | meeste | most | plupart de | çoğu | kebanyakan | أكثرّية |
| 376 | vrij | free | libre | tatil, serbest | libur | عطلة |
| 377 | boodschappen doen | do their shopping | faire des courses | alış veriş yapmak | berbelanja | نشتري الحاجّيات |
| 378 | vrienden | friends | des amis | arkadaşlar | teman-teman | أصدقاء |
| 379 | familie | relatives | famille, des parents | aile | famili | عائلة |
| 380 | bezoeken | visit | visiter | ziyaret etmek | mengunjungi | نزور |
| 381 | aan sport doen | take part in sports | faire du sport | spor yapmak | berolahraga | كي نمارس الرياضة |
| 382 | allerlei | all sorts of | toutes sortes de | birçok | segala macam | متنوّعة |
| 383 | andere | other | autres | başka | -yang lain | أخرى |
| 384 | dingen | things | choses | şeyler | hal-hal | أشياء |
| 385 | leuk | enjoyable | drôle | hoş | menyenangkan | متع، رائع |
| 386 | winkels | shops | magasins | dükkanlar | toko-toko | دكاكين |
| 387 | open | open | ouverts | açık | buka | مفتوحة |
| 388 | winkel | shop | magasin | dükkan | toko | دكّان |
| 389 | werkt | works | travaille | çalışan | bekerja | يعمل |
| 390 | bij | with | chez | -de, -da | di tempat | عند |
| 391 | twaalf | twelve | douze | oniki | duabelas | إثني عشرة |
| 392 | januari | January | janvier | ocak | Januari | كانون الثاني |
| 393 | februari | February | février | şubat | Februari | شباط |
| 394 | maart | March | mars | mart | Maret | آذار |
| 395 | april | April | avril | nisan | April | نيسان |
| 396 | mei | May | mai | mayıs | Mei | آيّار |
| 397 | juni | June | juin | haziran | Juni | حزيران |
| 398 | juli | July | juillet | temmuz | Juli | تموز |
| 399 | augustus | August | août | ağustos | Agustus | آب |
| 400 | september | September | septembre | eylül | September | أيلول |
| 401 | oktober | October | octobre | ekim | Oktober | تشرين الأوّل |
| 402 | november | November | novembre | kasım | November | تشرين الثاني |
| 403 | december | December | décembre | aralık | Desember | كانون الأوّل |
| 404 | verdelen | divide | diviser | bölmek | membagi | نقسّم – نجزّء |
| 405 | perioden | periods | périodes | dönemler | periode-periode | فترات |
| 406 | lente | spring | printemps | ilkbahar | musin semi | الربيع |
| 407 | voorjaar | spring | printemps | ilkbahar | musim semi | الربيع |
| 408 | zomer | summer | été | yaz | musim panas | الصيف |
| 409 | herfst | autumn | automne | sonbahar | musim gugur | الخريف |
| 410 | najaar | autumn | automne | sonbahar | musim gugur | الخريف |
| 411 | tenslotte | finally | finalement | sonunda | akhirnya | أخيراً |
| 412 | winter | winter | hiver | kış | musim dingin | الشتاء |
| 413 | seizoenen | seasons | saisons | mevsimler | musim-musim | فصول |

In Nederland is het *weer* elk *seizoen* anders: in de winter is het *koud* en in de zomer *warm* (als je 20 *graden tenminste* warm *noemt*). Januari en februari zijn *wintermaanden*. De winter begint op 21 december en eindigt *pas* op 21 maart, de eerste dag van de lente. Juli en augustus zijn twee *echte zomer-*

25 *maanden*. De zomer begint op 21 juni en *loopt* tot 21 september. Van wan- neer tot wanneer loopt de lente? En de herfst? Dat *kun* je (*kunt* u) nu *zelf vaststellen* met de *gegevens* over de winter en de zomer. Probeer *maar eens*!

| | | | | | | |
|---|---|---|---|---|---|---|
| 414 | weer | weather | temps | hava | cuaca | طقس |
| 415 | seizoen | season | saison | mevsim | musim | فصل |
| 416 | koud | cold | froid | soğuk | dingin | بَرْد(ة) |
| 417 | warm | warm | chaud | sıcak | panas | دَفْء(ة) |
| 418 | graden | degrees | degrés | derece | derajat | درجات ( ٢٠ درجة ) |
| 419 | tenminste | at least | au moins | yani | sekurang-kurangnya | على الأقل |
| 420 | noemt | call | appelles | adlandırırsan | menyebut | يُسمّي |
| 421 | wintermaanden | winter months | mois d'hiver | kış ayları | bulan-bulan musim din-gin | أشهر شتاء |
| 422 | eenentwintig | twenty-one | vingt et un | yirmibir | duapuluhsatu | واحد وعشرُون |
| 423 | pas | only | seulement | ancak | baru | توّه |
| 424 | echte | real | vrais | hakiki | -benar-benar | حقيقيين، للحقيقة ، حقّاً |
| 425 | zomermaanden | summer months | mois d'été | yaz ayları | bulan-bulan musim panas | أشهر صيف |
| 426 | loopt | runs | va | sürer | berlangsung | يمتدّ |
| 427 | kun | can | peux | -bilirsin | dapat | تستطيع |
| 428 | kunt | can | pouvez | -bilirsiniz | dapat | تستطيع ( للإحترام ) |
| 429 | zelf | yourself | toi-même, vous-même | kendin(iz) | -sendiri | بنفسك |
| 430 | vaststellen | decide | établir | tespit etmek | menentukan | تُحدّد |
| 431 | gegevens | data, information | données | veriler | keterangan-keterangan | معطيات |
| 432 | maar | - | - | haydi | saja | ولو |
| 433 | eens | - | une fois | bir defa | satu kali | مرّة |

54

EM p24 2vb
p 7/8
p 10

# Het is vandaag ...

Welke dag is _____ vandaag?

Het is vandaag dinsdag, de tweede _____ van de week. Gisteren was het maandag, _____ eerste dag van de week en morgen _____ het woensdag. En overmorgen is het donderdag. _____ week telt zeven dagen: maandag, dinsdag, woensdag, _____, vrijdag, zaterdag en zondag. Zondag is de _____ dag van de week. Zaterdag en zondag _____ we ook wel het weekend. In het _____ zijn de meeste mensen vrij. In het _____ werken we meestal niet. We hebben dan _____ om boodschappen te doen, vrienden en familie _____ bezoeken, aan sport te doen en allerlei _____ dingen die we leuk vinden.

Op zaterdag zijn de meeste winkels open. _____ in een winkel werkt, werkt dus meestal _____ zaterdag. Zulke mensen krijgen op een andere _____ vrij, bij voorbeeld op maandag. Is zondag bij jullie ook de laatste dag van de week?

Een jaar telt _____ maanden: januari, februari, maart, april, mei, juni, _____, augustus, september, oktober, november en december. We _____ het jaar ook verdelen in vier perioden: _____ lente, de zomer, de herfst en ten slotte _____ winter. Zulke periodes van ongeveer drie maanden _____ we seizoenen.

In Nederland is het weer _____ seizoen anders: in de winter is het _____ en in de zomer warm. Januari en _____ zijn wintermaanden. De winter begint op 21 _____ en eindigt pas op 21 maart, de _____ dag van de lente. Juli en augustus _____ twee echte zomermaanden. De zomer begint op _____ juni en loopt tot 21 september. Van _____ tot wanneer loopt de lente? En de _____? Dat kun je nu zelf vaststellen met _____ gegevens over de winter en de zomer. _____ maar eens!

## Geef antwoord:

a. Welke dag is het vandaag? Het is _____ _____ .
b. Welke maand is het? Het is _____ .
c. Op welke dagen heb je vrij? Op _____ en _____ .
d. Wat is de laatste dag van de week?
e. Wat is de eerste maand van het jaar?
f. In welke maand begint de lente?
f. In welke maand eindigt de winter?

## Grammatica:

Vandaag **is** het maandag.
**Gisteren was** het zondag.
Vandaag **is** het koud.
**Gisteren was** het ook koud.

## Vul in of aan:

Een jaar telt twaalf _____ . De _____ maand is januari. De laatste maand is _____ . Een maand telt dertig (30) of eenendertig _____ . December en januari t_____ 31 dagen. In december en januari is het w _____ . In de winter is het meestal k _____ . Wanneer is het warm in Nederland? In de z _____ , dus in juni, _____ en _____ . In welke p_____ van het jaar is het warm in jouw land? In _____ land is het altijd warm? Is het vandaag warm? Nee, vandaag is het koud. Gisteren _____ het warm.

# 8

## Hoe laat *vertrekt* de trein?

1   *Hallo*! Dag! *Goedemorgen* (*Goedemiddag*, *Goedenavond*)!
   Hoe laat is het?
   – *Bijna* negen uur.
   *Oké*. Dan *wachten* we nog *even* tot (= *totdat*) het negen uur is.
5   Goed, het is nu negen uur. Iedereen is *er* (= is *aanwezig*), behalve Anita.
   Alleen (= *Slechts*) Anita *ontbreekt*. *Misschien* heeft *ze* de *bus* of de trein *gemist*.
   Weet iemand waar ze woont? Woont ze ver van *hier*?
   – Ik *geloof* in Rotterdam.
   Dan *zal* ze wel *gauw* komen. Er zijn immers veel *treinen* uit Rotterdam die
10  hier *stoppen*. Wie weet hoe laat de treinen uit Rotterdam *vertrekken*?
   – Ik. Ik kom ook uit Rotterdam. Elk *kwartier* vertrekt er een trein uit Rot-
   terdam *richting* Den Haag/Amsterdam. Bij voorbeeld: *kwart voor* negen,
   negen uur, kwart *over* negen, *half* tien enzovoort (= enz.).
   *Stopt* de trein ook *tussen* Rotterdam en Den Haag?
15  – *Ja, sommige* treinen stoppen bij elk *station*, maar er zijn ook treinen die
   pas in Den Haag stoppen.
   Hoe lang *doet* de trein *over* de *afstand* Rotterdam-Den Haag?
   - Een *directe* trein (een *zogenaamde intercity*) *zestien* (16) *minuten* en een trein
   die wel stopt (een *stoptrein*) tussen de *achttien* (18) en *tweeëntwintig* (22) mi-
20  nuten. Er zijn namelijk treinen die bij alle *stations* stoppen en treinen die
   slechts bij enkele stations stoppen. De trein van één *minuut* over half *acht*
   (zeven uur *eenendertig*) *komt* in Den Haag *aan* om tien voor acht (zeven uur
   *vijftig*). De trein die *veertien* voor acht (zeven uur *zesenveertig*) vertrekt,
   komt aan om vijf over acht (acht uur vijf).
25  - Hoeveel *kilometer bedraagt* de afstand Rotterdam-Den Haag?
   Tweeëntwintig *km*.

| 434 | vertrekt | leaves | part | kalkıyor | berangkat | يرحل |
| 435 | hallo | hello | hallô | merhaba | halo | مرحباً |
| 436 | goedemorgen | good morning | bonjour | Günaydın | selamat pagi | صباح الخير |
| 437 | goedemiddag | good afternoon | bonjour | Tünaydın | selamat sore | سلام فترة الظهر |
| 438 | goedenavond | good evening | bonsoir | Iyi akşamlar | selamat malam | مساء الخير |
| 439 | bijna | almost | presque | hemen hemen | hampir | تقريباً |
| 440 | oké | okay | d'accord | tamam | baiklah | حسناً |
| 441 | wachten | (will) wait | attendons | bekleriz | menunggu | ننتظر |
| 442 | even | for a moment | un moment | biraz | sebentar | لحظة |
| 443 | totdat | until | jusque | kadar | sampai | إلى أن |
| 444 | er | here | y | mevcut | hadir | هنا |
| 445 | aanwezig | present | présent | mevcut | hadir | حاضر |
| 446 | slechts | only | seulement | sadece | hanya | فقط |
| 447 | ontbreekt | is missing | manque, n'est pas là | eksik | kurang | غائبة |
| 448 | misschien | perhaps | peut-être | belki | mungkin | ربّما |
| 449 | ze | she | elle | o | dia (wanita) | هي |
| 450 | bus | bus | bus | otobüs | bis | حافلة عمومية |
| 451 | gemist | missed | manqué | kaçırdı | ketinggalan | فاتها |
| 452 | hier | here | ici | buradan | sini | هنا |
| 453 | geloof | believe | crois | sanırım | kira | أعتقد |
| 454 | zal | will | = futur | -cek, -cak | akan | سـ (تأتي) |
| 455 | gauw | soon | rapidement, bientôt | çabuk, yakında | cepat | بسرعة |
| 456 | treinen | trains | trains | trenler | kereta-kereta api | قطارات |
| 457 | stoppen | stop | s'arrêtent | duran | berhenti | يتوقفون |
| 458 | vertrekken | leave | partent | kalkarlar | berangkat | يغادرون - يرحلون |
| 459 | kwartier | quarter of an hour | quart d'heure | çeyrek | seperempat jam | ربع ساعة |
| 460 | richting | (in the) direction (of) | direction | yönünde | ke arah | إتجاه |
| 461 | kwart | quarter | quart | çeyrek | -seperampat | ربع |
| 462 | voor | to | avant | kala | kurang | قبل ، إلّا |
| 463 | over | past | après | geçe | lewat | و |
| 464 | half | half | demi | yarım, buçuk | (- tien) setengah (-se-puluh) | نصف |
| 465 | stopt | stops | s'arrête | durur mu | berhenti | يتوقف |
| 466 | tussen | between | entre | arasında | di antara | بين |
| 467 | ja | yes | oui | evet | ya | أجل، نعم |
| 468 | sommige | some | quelques | bazı | beberapa | بعض |
| 469 | station | station | gare | istasyon | stasiun | محطة |
| 470 | doet over | is taking | met | katediyor | makan waktu | يقطع (مسافة) |
| 471 | afstand | distance | distance | mesafe | jarak | مسافة |
| 472 | direkte | direct | direct | direkt | yang langsung | رأساً - مباشرةً |
| 473 | zogenaamde | so-called | soi-disant | denilen | yaitu | مدعى |
| 474 | intercity | intercity | intercity | eksprestren | kereta api cepat | قطار سريعٌ |
| 475 | zestien | sixteen | seize | onaltı | enambelas | ستة عشر |
| 476 | minuten | minutes | minutes | dakikalar | menit-menit | دقائق |
| 477 | stoptrein | slow train | omnibus | "dilenci treni" | kereta api biasa | قطار بطيء |
| 478 | achttien | eightteen | dix-huit | onsekiz | delapanbelas | ثمانية عشر |
| 479 | tweeëntwintig | twenty-two | vingt-deux | yirmiiki | duapuluhdua | إثنتي وعشرون |
| 480 | stations | stations | gares | istasyonlar | stasiun-stasiun | محطات |
| 481 | minuut | minute | minute | dakika | menit | دقيقة |
| 482 | acht | eight | huit | sekiz | delapan | ثمانية |
| 483 | eenendertig | thirty-one | trente et un | otuzbir | tigupuluhsatu | واحد وثلاثون |
| 484 | komt ... aan | arrives | arrive | -e(-a) ... varır | tiba | يصل |
| 485 | vijftig | fifty | cinquante | elli | limapuluh | خمسون |
| 486 | veertien | fourteen | quatorze | ondört | empatbelas | أربعة عشر |
| 487 | zesenveertig | forty-six | quarante-six | kırkaltı | empatpuluhenam | ستة وأربعون |
| 488 | kilometer | kilometre | kilomètre | kilometre | kilometer | كيلومتراً |
| 489 | bedraagt | amounts to | s'élève à | çeker | banyaknya | تقدّر |
| 490 | km | km | km | km | km | ك م - كم |

## Hoe laat vertrekt de trein

Hallo! Dag! Goedemorgen!

Hoe laat _____ het?

– Bijna negen uur.

Oké. Dan wachten _____ nog even tot het negen uur is.

_____, het is nu negen uur. Iedereen is _____, behalve Anita. Alleen Anita ontbreekt. Misschien heeft _____ de bus of de trein gemist. Weet _____ waar ze woont? Woont ze ver van _____?

– Ik geloof in Rotterdam.

Dan zal ze _____ gauw komen. Er zijn immers veel treinen _____ Rotterdam die hier stoppen. Wie weet hoe _____ de treinen uit Rotterdam vertrekken?

– Ik. Ik _____ ook uit Rotterdam. Elk kwartier vertrekt er _____ trein uit Rotterdam richting Den Haag/Amsterdam. Bij voorbeeld: _____ voor negen, negen uur, kwart over negen, _____ tien enzovoort.

Stopt de trein ook tussen _____ en Den Haag?

– Ja, sommige treinen stoppen _____ elk station, maar er zijn ook treinen _____ pas in Den Haag stoppen.

Hoe lang _____ de trein over de afstand Rotterdam-Den _____?

– Een directe trein zestien minuten en een _____ die wel stopt tussen de achttien en _____ minuten. Er zijn namelijk treinen die bij _____ stations stoppen en treinen die slechts bij _____ stations stoppen. De trein van één minuut _____ half acht komt in Den Haag aan _____ tien voor acht. De trein die veertien _____ acht vertrekt, komt aan om vijf over _____ .

– Hoeveel kilometer bedraagt de afstand Rotterdam-Den _____?

Tweeëntwintig km.

## Geef antwoord:

a. Hoe laat is het? het is ....
b. Hoe laat begint de les?
c. Hoe laat vertrek je van huis?
d. Hoe kom je naar de les?
e. Hoeveel kilometer bedraagt de afstand van je huis naar de les?
f. Hoe lang doe je over die afstand?

## Vul in of aan:

◼ Hoe laat v _____ de trein naar Amsterdam? De treinen in de richting A'dam v _____ twee keer per uur. Hoe laat v _____ u van huis? Om kwart _____ acht. En jij, Anita, hoe laat v _____ jij? Ik vertrek om h _____ negen. Ik woon namelijk vlakbij.

◼ Anne w _____ in Rotterdam. Zij kr _____ les in Den Haag. Ze neemt de trein die om één m _____ over acht vertrekt. Hoe lang doet de trein o _____ de afstand Rotterdam – Den Haag? Zestien m _____. Hoe laat k _____ haar trein in Den Haag _____? Om acht uur zeventien (8.17). Soms is h _____ trein een paar minuten _____ laat. Er zijn veel treinen d _____ een paar minuten te laat zijn.

61

# 9

## Naar de *politie*

1    Heeft iedereen de teksten goed *geleerd*? Jij ook Anita? Je was gisteren niet aanwezig. Ik heb *je* gisteren gemist. Waar was je? Waar ben je *geweest*?
- Ik was bij de politie. Ik ben bij de politie geweest. Ik *moest* mijn *visum in orde* maken.

5    Duurt dat een *hele* dag? Heeft dat een hele dag *geduurd*?
- Het was *erg druk* bij de politie. Ik moest lang wachten. Ik heb een paar uur *gewacht voordat* ik aan de beurt was. Ik woon in Rotterdam. Er wonen veel buitenlanders in Rotterdam en daarom (= om die *reden*) is het meestal erg druk bij de politie.

10   - En is het *gelukt* met je visum?
Ja, ik heb (= *bezit*) nu een visum voor één jaar. Ik heb een visum voor één jaar *gekregen*. Ik *hoef* pas over een jaar *terug* te komen.
- Waar woon je in Rotterdam?
In de *Tooropstraat*, een vrij *rustige* (= een niet *zo drukke*) straat. Dat is in het

15   *centrum*, vlakbij het station. Dat is erg *praktisch*. Er zijn *overal* winkels in de *buurt* en ik *verlies* geen tijd als ik met de trein *ergens heen* (= *naar toe*) ga.
- Wonen je *ouders* ook in Rotterdam?
Nee, mijn ouders wonen niet in Nederland.
- Hoe woon je in Rotterdam? Heb je een *heel huis* of alleen een *kamer* of mis-

20   schien een paar *kamers*? Woon je *alleen*, of *samen* met andere mensen?
Ik woon op kamers. Ik heb een kamer waar ik woon en *slaap*, en een *keuken*. Een *eigen* keuken is erg fijn (prettig): ik *kan* dan zelf mijn *eten klaar maken*. Bovendien is dat *goedkoper dan steeds* (= *telkens*) *buiten* (= *buitenshuis*, in een *restaurant*) eten.

| | | | | | |
|---|---|---|---|---|---|
| 491 | politie | police | police | polis(e) | polisi | شرطة |
| 492 | geleerd | learned | appris | öğrendi mi | mempelajari | تعلّم |
| 493 | je | you | te | sen(i) | kamu | ك |
| 494 | geweest | been | été | idin | berada | كنت |
| 495 | moest | had to | devais | -meliydim | harus | وجب على |
| 496 | visum | visa | visa | vize | visa | مؤشرة دخول |
| 497 | in orde | in order | en ordre | düzen(e) | beres | على مايرام |
| 498 | hele | whole | toute la, entière | bütün | seluruh | كامل |
| 499 | geduurd | lasted | duré | sürdü | makan waktu | دام |
| 500 | erg | very | très | çok | sangat | جداً - كثيراً |
| 501 | druk | busy | animé, encombré | kalabalık | ramai | مزدحم (ة) |
| 502 | gewacht | waited | attendu | bekledim | menunggu | إنتظرت |
| 503 | voordat | before | avant que | -den, -dan önce | sebelum | قبل أن |
| 504 | reden | reason | raison | sebep, neden | penyebab | أسباب |
| 505 | gelukt | succeeded in | réussi | iyi sonuçlandı mı | berhasil | نجحت |
| 506 | bezit | possess | possède | sahibim | memiliki | أملك |
| 507 | gekregen | got | reçu, obtenu | aldım | mendapatkan | حصلت |
| 508 | hoef | need to | ai à, dois | gerekli | perlu | أحتاج |
| 509 | terug | (-komen) come back | - komen=revenir | geri | lagi | أرجع |
| 510 | Tooropstraat | Toorop Street | rue Toorop | Tooropstraat | jalan Toorop | إسم شارع |
| 511 | rustige | quiet | tranquille, calme | sakin | yang tenang | هادئ (ة) |
| 512 | zo | so | tellement | kadar | begitu | كثير - جدّ |
| 513 | drukke | busy | animée | kalabalık | yang rami | مزدحم |
| 514 | centrum | centre | centre | merkez(de) | pusat | وسط المدينة |
| 515 | praktisch | practical | pratique | pratik | praktis | عملي |
| 516 | overal | everywhere | partout | her yerde | di mana-mana | في كلّ مكان |
| 517 | buurt | neighbourhood | quartier | çevre(de) | dekat | الجوار - حيّ سكني |
| 518 | verlies | lose | perds | kaybetmiyorum | kehilangan | أضيع |
| 519 | ergens | somewhere | quelque part | bir yer | sesuatu tempat | مكان ما |
| 520 | heen | - | vers | -e, -a | ke | نحو |
| 521 | naar toe | - | vers | -e, -a | ke | نحو |
| 522 | ouders | parents | parents | ebeveynler | orangtua | أهل |
| 523 | heel | complete | entière | bütün | seluruh | كامل |
| 524 | huis | house | maison | ev | rumah | منزل |
| 525 | kamer | room | chambre | oda | kamar | غرفة |
| 526 | kamers | rooms | chambres | odalar | kamar-kamar | غرف |
| 527 | alleen | alone | seul | yalnız | sendiri | لوحدك |
| 528 | samen | together | ensemble | beraber | bersama-sama | سويّة |
| 529 | slaap | sleep | dors | uyuduğum | tidur | أنام |
| 530 | keuken | kitchen | cuisine | mutfak | dapur | مطبخ |
| 531 | eigen | of my own | propre, privée | kendi | sendiri | خاصّ (بـ) |
| 532 | kan | can | peux | -bilirim | bisa | أستطيع |
| 533 | eten | meal | repas | yemek | makanan | أكل |
| 534 | klaar maken | prepare | préparer | hazırlamak | memasak | أحضرُ (أستطيع أن أحضرَ) |
| 535 | goedkoper | cheaper | meilleur marché | daha ucuz | lebih murah | أرخص |
| 536 | dan | than | que | e-, -a nispeten | daripada | من |
| 537 | steeds | each time | toujours | her zaman | terus-menerus | دائماً |
| 538 | telkens | each time | chaque fois | daima | tiap kali | كل مرّة، دائماً |
| 539 | buiten | outside | dehors | dışarıda | di luar | خارجاً |
| 540 | buitenshuis | outdoors | hors de la maison | ev dışında | di luar rumah | خارج المنزل |
| 541 | restaurant | restaurant | restaurant | lokanta | rumah makan | مطعم |

63

## Naar de politie

Heeft iedereen de teksten goed _____? Jij ook Anita? Je was gisteren niet _____. Ik heb je gisteren gemist. Waar was _____? Waar ben je geweest?
– Ik was bij _____ politie. Ik ben bij de politie geweest. _____ moest mijn visum in orde maken.
Duurt _____ een hele dag? Heeft dat een hele _____ geduurd?
– Het was erg druk bij de _____. Ik moest lang wachten. Ik heb een _____ uur gewacht voordat ik aan de beurt _____. Ik woon in Rotterdam. Er wonen veel _____ in Rotterdam en daarom is het meestal _____ druk bij de politie.
– En is het _____ met je visum?
Ja, ik heb nu _____ visum voor één jaar. Ik heb een _____ voor één jaar gekregen. Ik hoef pas _____ een jaar terug te komen.
– Waar woon _____ in Rotterdam?
In de Tooropstraat, een vrij _____ straat. Dat is in het centrum, vlakbij _____ station. Dat is erg praktisch. Er zijn _____ winkels in de buurt en ik verlies _____ tijd als ik met de trein ergens _____ ga.
– Wonen je ouders ook in Rotterdam?
_____, mijn ouders wonen niet in Nederland.
– Hoe _____ je in Rotterdam? Heb je een heel _____ of alleen een kamer of misschien een _____ kamers? Woon je alleen, of samen met _____ mensen?
Ik woon op kamers. Ik heb _____ kamer waar ik woon en slaap, en _____ keuken. Een eigen keuken is erg fijn: _____ kan dan zelf mijn eten klaar maken. _____ is dat goedkoper dan steeds buiten eten.

CM p 27/28
l7
Wat heb je in
het weekend gedaan?

## Geef antwoord:

a. Ben je wel eens bij de politie geweest? Waarom?
b. Moet je lang wachten bij de politie?
c. Uit welke landen komen de meeste buitenlanders?

---

### Grammatica:

**Leer** jij elke dag jouw les? **Heb** jij ook gisteren jouw les **geleerd**?
De leraar **woont** nu in Delft. Vroeger **heeft** hij in Amsterdam **ge-woond**.
Hoe lang **duurt** de les? Hoe lang **heeft** de les **geduurd**?
Hoe lang **duren** de lessen? Hoelang **hebben** de lessen **geduurd**?
Ik **mis** vandaag Anwar. Gisteren **heb** ik Anita **gemist**.
Het **lukt** Nederlands te leren. Het **is** ook Anne **gelukt**.
De mensen **wachten** op de trein. Ze **hebben** lang op de trein **ge-wacht**.

---

## Vul in of aan:

Dag Anwar! Waar w _____ je gisteren? Ik heb je in de les gem _____. Ik ben bij de politie gew _____. Ik moest m _____ visum in orde maken. Moet je vaak _____ visum in orde maken? Ja, één keer per drie m _____. Moest je lang wachten of was je snel aan de b _____? Nee, er waren veel mensen. Ik moest erg lang wachten. Ik heb bijna drie uur gew _____. Anne was er ook samen met _____ ouders. Zij moesten allemaal h _____ visum in orde laten maken. Heeft iedereen een visum nodig? Nee, wie uit Europa komt, heeft _____ visum nodig.

65

# 10

## Nederland is klein

1   Nederland is een klein land. Nederland telt ruim veertien (14) *miljoen in-*
    *woners.* Dat betekent dat er *gemiddeld* ongeveer 400 mensen per $km^2$ (*vier-*
    *kante* kilometer) wonen. Nederland heeft een zeer (= *uiterst*) *dichte bevol-*
    *king.* Er is bijna geen *ander* land in de *wereld* (= op *aarde*) waar *zoveel* men-
5   sen per $km^2$ wonen. In *Frankrijk* wonen slechts 100 mensen per $km^2$ en in
    *Duitsland* 120. Vaak *denkt* men in *Europa* dat *Afrika* en *Azië* een *dichtere* be-
    volking hebben. Die *opvatting* (= Die *mening*, Dat *idee*) *blijkt verkeerd* (= niet
    *juist*) te zijn. *Neem* bijvoorbeeld *Indonesië* met *zesentachtig* (86) inwoners per
    $km^2$ of *Egypte* met ongeveer 50 inwoners per $km^2$! Er zijn natuurlijk wel *be-*
10  *paalde gebieden* (*delen*) in die *landen* met *bijzonder* veel inwoners. Op *Java* telt
    men bij voorbeeld ruim 750 inwoners per $km^2$.
       In Nederland woont bijna iedereen in een *dorp* of in een stad. Veel men-
    sen werken in de stad, maar wonen in een dorp. Het is moeilijk in een *grote*
    stad een goed huis te vinden. Een goed huis (= Een *goede woning*) is
15  meestal uiterst (= heel) *duur.* Wie kan dat *betalen*?

    Ik woon in Amsterdam. Dat is een grote stad. Er zijn in Nederland *overi-*
    *gens* maar weinig *echt* grote *steden.* Amsterdam is de *grootste* stad met nog
    *lang geen* miljoen inwoners. Rotterdam en Den Haag zijn al een *stuk kleiner.*
20  *Utrecht*, een *zogenaamd* grote stad, telt *minder* dan *driehonderdduizend*
    (300.000) inwoners!
       Als we Nederland op dit *punt* (= in dit *opzicht*) *vergelijken* met andere
    landen, dan kunnen we *wellicht* (= misschien) *stellen* (zeggen) dat Neder-
    land geen echt (= *werkelijk*) grote steden kent.
25

| # | Dutch | English | French | Turkish | Indonesian | Arabic |
|---|---|---|---|---|---|---|
| 542 | miljoen | million | million | milyon | -juta | مليون |
| 543 | inwoners | inhabitants | habitants | mukimler | penduduk | سكّان |
| 544 | gemiddeld | on average | en moyenne | ortalama | rata-rata | معدّلاً |
| 545 | km$^2$ | km$^2$ | km$^2$ | km$^2$ | km$^2$ | ك.م٢ |
| 546 | vierkante | square | carré | kare | persegi | مربع |
| 547 | uiterst | extremely | extrêmement | çok | sangat | بدون حدود |
| 548 | dichte | dense | dense | yoğun | yang padat | كثيفة |
| 549 | bevolking | population | population | nüfus | penduduk | كثافة سكّانية |
| 550 | ander | other | autre | başka | lain | آخر |
| 551 | wereld | world | monde | dünya | dunia | عالم |
| 552 | aarde | earth | terre | yeryüzü | bumi | أرض، تربة |
| 553 | zoveel | so many | tant de | bu kadar çok | begitu banyak | كثير من |
| 554 | Frankrijk | France | France | Fransa | negeri Perancis | فرنسا |
| 555 | Duitsland | Germany | Allemagne | Almanya | negeri Jerman | ألمانيا |
| 556 | denkt | thinks | pense | düşünür | berpikir | يفكّر، بعتقد |
| 557 | Europa | Europe | Europe | Avrupa | Eropa | أوروبا |
| 558 | Afrika | Africa | Afrique | Afrika | Afrika | أفريقيا |
| 559 | Azië | Asia | Asie | Asya | Asia | آسيا |
| 560 | dichtere | more dense | plus dense | daha yoğun | yang lebih padat | أكثف |
| 561 | opvatting | opinion | idée,conception | görüş | pandangan | وجهة نظر |
| 562 | mening | opinion | opinion | düşünce | pendapat | رأي |
| 563 | idee | idea | idée | fikir | pikiran | فكرة |
| 564 | blijkt | appears | se révèle | belli oluyor | ternyata | تبدو |
| 565 | verkeerd | wrong | incorrecte | yalnış | salah | خطأً |
| 566 | juist | right | correcte | doğru | benar | صحيح |
| 567 | neem | take | prends | al | ambillah | خذ |
| 568 | Indonesië | Indonesia | Indonésie | İndonezya | Indonesia | إندونيسيا |
| 569 | zesentachtig | eighty-six | quatre-vingt-six | seksenaltı | delapanpuluhenam | ستة وثمانون |
| 570 | Egypte | Egypt | Egypte | Mısır | negeri Mesir | مصر |
| 571 | bepaalde | certain | certaines | belirli | tertentu | محدّد (ة) |
| 572 | gebieden | regions | régions | bölgeler | daerah-daerah | مناطق |
| 573 | delen | parts | parties | kısımlar | bagian-bagian | أجزاء، أقسام |
| 574 | landen | countries | pays | ülkeler | negara-negara | بلاد |
| 575 | bijzonder | very, particularly | particulièrement | çok | luarbiasa | مميّز، خاص |
| 576 | Java | Java | Java | Java | Jawa | جافا |
| 577 | dorp | village | village | köy | dusun | قرية، ضيعة |
| 578 | grote | big | grande | büyük | yang besar | كبيرة |
| 579 | goede | good | bonne | iyi | -yang baik | جيّد |
| 580 | woning | house | demeure | konut | tempat tinggal | مسكن |
| 581 | duur | expensive | chère | pahalı | mahal | غال |
| 582 | betalen | pay | payer | ödemek | membayar | دفع، أدّى |
| 583 | overigens | anyway | d'ailleurs | aslında | dalam pada itu | فضلاً عن ذلك |
| 584 | echt | really | vraiment | gerçekten | benar-benar | حقيقي (ة)، حقّاً |
| 585 | steden | cities | villes | şehirler | kota-kota | مدن |
| 586 | grootste | biggest | la plus grande | en büyük | terbesar | أكبر |
| 587 | lang geen | nowhere near | loin de | -dan az | jauh kurang dari | لايتعدّى |
| 588 | stuk | (a) lot | beaucoup | parça | agak | قطعة |
| 589 | kleiner | smaller | plus petite | daha küçük | lebih kecil | أصغر |
| 590 | Utrecht | Utrecht | Utrecht | Utrecht | kota Utrecht | أوترخت |
| 591 | zogenaamd | so-called | soi-disant | sözümona | yang katanya | مايُدعى |
| 592 | minder | less | moins de | daha az | kurang | أقل |
| 593 | driehonderd | three hundred | trois cents | üçyüz | tigaratus- | ثلاث مائة |
| 594 | duizend | thousand | mille | bin | -ribu | ألف |
| 595 | punt· | (on that) point | point | bakım(dan) | hal | نقطة |
| 596 | opzicht | (in this) respect | égard | açı(dan) | hal | نحْو |
| 597 | vergelijken | compare | comparer | kıyaslarsak | membandingkan | نقارن |
| 598 | wellicht | perhaps | peut-être | belki | barangkali | ربّما |
| 599 | stellen | say | poser, affirmer | diyebiliriz | mengatakan | نطرح، نعرض |
| 600 | werkelijk | really | vraiment | aslında | benar-benar | حقيقي |

## Nederland is klein

_____ is een klein land. Nederland telt ruim _____ miljoen inwoners. Dat betekent dat er gemiddeld _____ 400 mensen per km$^2$ wonen. Nederland heeft _____ zeer dichte bevolking. Er is bijna geen _____ land in de wereld waar zoveel mensen _____ km$^2$ wonen. In Frankrijk wonen slechts 100 _____ per km$^2$ en in Duitsland 120. Vaak _____ men in Europa dat Afrika en Azië _____ dichtere bevolking hebben. Die opvatting blijkt verkeerd _____ zijn. Neem bij voorbeeld Indonesië met zesentachtig inwoners per km$^2$ _____ Egypte met ongeveer 50 inwoners per km$^2$! _____ zijn natuurlijk wel bepaalde gebieden in die _____ met bijzonder veel inwoners. Op Java telt _____ bij voorbeeld ruim 750 inwoners per km$^2$.

In _____ woont bijna iedereen in een dorp of _____ een stad. Veel mensen werken in de _____, maar wonen in een dorp. Het is _____ in een grote stad een goed huis _____ vinden. Een goed huis is meestal uiterst _____. Wie kan dat betalen?

Ik woon in _____. Dat is een grote stad. Er zijn _____ Nederland overigens maar weinig echt grote steden. _____ is de grootste stad met nog lang _____ miljoen inwoners. Rotterdam en Den Haag zijn _____ een stuk kleiner. Utrecht, een zogenaamd grote _____, telt minder dan driehonderdduizend inwoners!

Als _____ Nederland op dit punt vergelijken met andere _____, dan kunnen we wellicht stellen dat Nederland _____ echt grote steden kent.

## Geef antwoord:

a. Hoeveel inwoners heeft jouw land ongeveer?
b. Hoeveel mensen zijn dat per vierkante kilometer?
c. Welk land heeft een dichtere bevolking: Nederland of jouw land?
d. Vind jij dat er in Nederland teveel mensen wonen?

## Grammatica:

**De** stad. Amsterdam is een **grote** stad. Deze stad is erg **groot**.
**Het** land. China is **een groot** land. Er wonen veel mensen in dit **grote** land. China en Rusland zijn **grote** land**en**.
**De** woning. We wonen in een **kleine** woning.
**Het** dorp. We wonen in **een klein** dorp. Wonen jullie al lang in dit **kleine** dorp? Veel mensen wonen in **kleine** dorp**en**.

## Vul in of aan:

■ Wonen jullie in de stad of in een dorp? Ik _____ in de stad, in Amsterdam. Amsterdam is een gr_____ stad. Amsterdam is tamelijk gr_____. Het is de gr_____ stad van Nederland. Maar als we Amsterdam ver_____ met steden als Parijs, Rome of Jakarta, is Amsterdam _____ groot. Vergeleken met Jakarta is Amsterdam _____ grote stad. Misschien vindt men in Jakarta Amsterdam zelfs kl_____.

■ Wie w_____ nog meer in Amsterdam? Annette en haar vriendin Milou. Hebben zij altijd in A'dam _____? Nee, ze hebben eerst in een k_____ dorp gewoond vlakbij A'dam. Wonen _____ ouders ook in Nederland? Nee, hun ouders wonen _____ in Nederland.

# 11

## Thuis

1   Jan *woonde vroeger* (= *eerst*) in de stad. Jan heeft vroeger in de stad *gewoond*. Nu woont hij in een dorp, in een rustige, *stille* straat. Hij *kon* daar een *ruime* woning krijgen met een grote *tuin* voor en achter het huis. In de stad is dat *praktisch* (= bijna, *vrijwel*) *onmogelijk*, behalve wanneer je *over* veel *geld be-*
5   *schikt*.
    – Hoeveel kamers heeft uw huis?
    Vijf: *beneden* een grote *woonkamer* en *boven* vier *slaapkamers*. *Via* de *trap* ga je *omhoog* (= naar boven). *Uiteraard* (Natuurlijk) is er ook een keuken. Die is ook *redelijk* (= vrij) *groot*. *Midden* in de keuken staat een tafel. *Daaraan* eten
10  we. *Verder* hebben we ook nog veel *ruimte* in de *gang*. Daar *staan* de *fietsen* en *hangen onze jassen*. Ja, we zijn heel tevreden met onze woning (= *ons* huis).
    – Is het niet ver van uw werk?
    De afstand tot mijn werk bedraagt ongeveer vijftien kilometer. Dat is niet zo ver. Ik ga meestal (= bijna *altijd*) met de trein. Dat *kost* ongeveer *dertig*
15  minuten. Mijn *vrouw gebruikt liever* de auto.
    – *Hebt* u ook kinderen?
    Ja, mijn kinderen zitten op *school* in ons dorp. Het is vlakbij ons huis: op de *hoek* aan het *eind(e)* van onze straat. We hebben ook een *hond*. Onze kinde-ren *houden van dieren*.
20  – Werkt uw vrouw?
    Ja, maar niet de hele dag. Ze werkt *halve* dagen.
    – Komen uw kinderen *tussen de middag* thuis om te eten?
    Soms, maar meestal *blijven* ze op school samen met een aantal (met *ver-schillende/verscheidene*, *diverse*/allerlei) andere kinderen. Ze kunnen dan met
25  elkaar *spelen*. Dat vinden ze leuk.

| | | | | | | |
|---|---|---|---|---|---|---|
| 601 | thuis | at home | à la maison | evde | di rumah | في المنزل |
| 602 | woonde | lived | demeurait | oturuyordu | tinggal | عاش (كان يعيش) |
| 603 | vroeger | formerly | autrefois | önceleri | dulu | سابقا |
| 604 | eerst | at first | avant, d'abord | ilk önce | dulu | أوّلًا |
| 605 | gewoond | lived | habité | oturmuştu | tinggal | عاش |
| 606 | stille | quiet | calme | sakin | yang tenang | هادئ |
| 607 | kon | was able to | pouvait | -bildi | dapat | إستطاع |
| 608 | ruime | large, roomy | large, spacieuse | büyük | yang luas | فسيح ، واسع |
| 609 | tuin | garden | jardin | bahçe | kebun | حديقة |
| 610 | praktisch | almost | presque | neredeyse | hampir-hampir | تقريبا |
| 611 | vrijwel | almost | presque | hemen hemen | hampir-hampir | تقريبا |
| 612 | onmogelijk | impossible | impossible | imkansız | tak mungkin | مستحيل |
| 613 | geld | money | de l'argent | para | -uang | مال |
| 614 | beschikt over | have at your disposal | dispose de | -a sahipsen | memiliki | متوفر |
| 615 | beneden | downstairs | en bas | aşağıda | di bawah | في الأسفل |
| 616 | woonkamer | livingroom | salle de séjour | oturma odası | kamar tamu | غرفة جلوس |
| 617 | boven | upstairs | en haut | yukarıda | di atas | فوق |
| 618 | slaapkamers | bedrooms | chambres à coucher | yatak odaları | kamar-kamar tidur | غرف نوم |
| 619 | via | via | via, par | ile | melalui | عن طريق ، عبر |
| 620 | trap | stairs | escalier | merdiven | tangga | درج |
| 621 | omhoog | upstairs | en haut | yukarıya | ke atas | إلى أعلى |
| 622 | uiteraard | of course | naturellement | gayettabi | tentunya | بالطبع ، طبعا |
| 623 | redelijk | fairly | assez | oldukça | lumayan | لا بأس ب |
| 624 | groot | big | grande | büyük | besar | كبير |
| 625 | midden | in the middle of | au milieu | ortasında | tengah-tengah | وسط |
| 626 | daaraan | at it | à elle | orada | padanya | على تلك |
| 627 | verder | further | en plus | ayrıca | selanjutnya | تبعا |
| 628 | ruimte | space | espace | yer | tempat | فضاء ، فسحة |
| 629 | gang | hall | couloir | sofa, hol | lorong | ممشى ، ممر |
| 630 | staan | are/stand | se trouvent | duruyorlar | terletak | تقف |
| 631 | fietsen | bikes | bicyclettes | bisikletler | sepeda-sepeda | دراجات |
| 632 | hangen | hang | pendent | asılıdırlar | tergantung | مُعَلَّقَة |
| 633 | onze | our | nos | bizim | -kami | نا |
| 634 | jassen | coats | manteaux | ceketlerimiz | jas-jas | معاطف |
| 635 | ons | our | notre | bizim | kami | نا |
| 636 | altijd | always | toujours | herzaman | selalu | دائما |
| 637 | kost | takes | coûte, prend | çeker | membutuhkan | يبلغ ، يساوي |
| 638 | dertig | thirty | trente | otuz | tigapuluh | ثلاثون |
| 639 | vrouw | wife | femme | eşim | isteri | زوجة |
| 640 | gebruikt | uses | emploie | kullanır | -memakai | تفضل أن تستعمل |
| 641 | liever | preferably | plutôt, préfère | daha ziyade | lebih suka | — |
| 642 | hebt | have | avez | var mı | mempunyai | عند (عندك ؟) |
| 643 | school | school | école | okul | sekolah | مدرسة |
| 644 | hoek | corner | coin | köşe | sudut | قرنة ، زاوية |
| 645 | eind | end | bout | son(unda) | ujung | نهاية |
| 646 | hond | dog | chien | köpek | anjing | كلب |
| 647 | houden van | love | aiment | severler | menyukai | يحبون |
| 648 | dieren | animals | animaux | hayvanlar(ı) | binatang-binatang | حيوانات |
| 649 | halve | (-dagen) part-time | demies | yarım | setengah | نصف |
| 650 | tussen de middag | at lunch time | à midi | öğleyin | siang hari | عند الظهر |
| 651 | blijven | stay | restent | kalırlar | tinggal | يبقون |
| 652 | verschillende | several | différents | çeşitli | berbagai | مختلفون |
| 653 | verscheidene | several | plusieurs | değişik | berbagai | مختلفون |
| 654 | diverse | several | divers | başka | berbagai | متنوّعون |
| 655 | spelen | play | jouer | oynamak | bermain | يلعبون |

71

– Hoe laat komt u thuis?

*Tegen zessen* (= *zes* uur). We gaan dan meestal (= vrijwel altijd) *direct* (= *meteen/onmiddellijk*) aan tafel. *Rond* die tijd hebben we *allemaal flinke honger*.

30 Jan *kijkt* uit het *raam*. Hij kijkt naar de tuin. Er staan veel *bloemen* in de tuin: *rode, gele* en *witte* bloemen. Hij denkt: 'Wat *prachtig* (= *mooi*) al die verschillende *kleuren*'. Natuurlijk staan er ook *bomen* in hun tuin en ook *wat groente*. Het is nu herfst. De *bladeren* zijn nog groen. Het zal *niet* lang *meer duren of* de bladeren *worden bruin*. Daarna *zullen* ze *spoedig* (= gauw) op de
35 grond *vallen*.

| | | | | | | |
|---|---|---|---|---|---|---|
| 656 | tegen | towards | vers | -e, -a doğru | menjelang- | قَبالة |
| 657 | zessen | six | six heures | altı(ya) | pukul enam | الساعة السادسة |
| 658 | zes | six | six | altı | enam | ستّ، ستّة |
| 659 | direct | immediately | directement | direkt | langsung | مباشرة |
| 660 | meteen | at once | tout de suite | derhal | segera | فوراً |
| 661 | onmiddellijk | at once | immédiatement | hemen | segera | رأسًا |
| 662 | rond | around | vers | -e, -a doğru | sekitar | حوالي |
| 663 | allemaal | all | tous | hepimiz | semua | كلّنا |
| 664 | flinke | considerable | beaucoup, très | oldukça | sangat | شديد |
| 665 | honger | hunger | faim | aç(lık) | lapar | جوع |
| 666 | kijkt | is looking | regarde | bakıyor | memandang | ينظر |
| 667 | raam | window | fenêtre | pencere | jendela | نافذة |
| 668 | bloemen | flowers | fleurs | çiçekler | bunga-bunga | أزهار |
| 669 | rode | red | rouges | kırmızı | yang merah | حمراء |
| 670 | gele | yellow | jaunes | sarı | yang kuning | صفراء |
| 671 | witte | white | blanches | beyaz | yang putih | بيضاء |
| 672 | prachtig | wonderful | magnifiques | şahane | bagus sekali | رائع |
| 673 | mooi | beautiful | belles | güzel | bagus | جميل |
| 674 | kleuren | colours | couleurs | renkler | warna-warna | ألوان |
| 675 | bomen | trees | arbres | ağaçlar | pohon-pohon | أشجار |
| 676 | wat | some | un peu de | biraz | beberapa | بعض |
| 677 | groente | vegetables | légumes | sebze | sayuran | خضار |
| 678 | bladeren | leaves | feuilles | yapraklar | daun-daun | أوراق |
| 679 | niet ... meer | not... anymore | ne...plus | -m ... daha, fazla | tidak lagi | لن (تدوم) أكثر |
| 680 | duren | last | durera | sür(m)e(ye)cek | berlangsung | دام (لن تدوم) |
| 681 | of | before | avant que | ve | maka | إذا |
| 682 | worden | turn | deviennent | olacaklar | menjadi | يصبحون |
| 683 | bruin | brown | brunes | kahverengi | coklat | أسمر |
| 684 | zullen | will | =futur | -cekler, -caklar | akan | سوف، س |
| 685 | spoedig | soon | bientôt | çabuk | segera | باقرب وقت |
| 686 | grond | ground | terre | yer(e) | tanah | أرض |
| 687 | vallen | fall | tomberont | düşmek | jatuh | يقعون |

72

## Thuis

Jan woonde vroeger _____ de stad. Jan heeft vroeger in de _____ gewoond. Nu woont hij in een dorp, _____ een rustige, stille straat. Hij kon daar _____ ruime woning krijgen met een grote tuin _____ en achter het huis. In de stad _____ dat praktisch onmogelijk, behalve wanneer je over _____ geld beschikt.

– Hoeveel kamers heeft uw huis?

_____: beneden een grote woonkamer en boven vier _____. Via de trap ga je omhoog. Uiteraard _____ er ook een keuken. Die is ook _____ groot. Midden in de keuken staat een _____. Daaraan eten we. Verder hebben we ook _____ veel ruimte in de gang. Daar staan _____ fietsen en hangen onze jassen. Ja, we _____ heel tevreden met onze woning.

– Is het _____ ver van uw werk?

De afstand tot _____ werk bedraagt ongeveer vijftien kilometer. Dat is _____ zo ver. Ik ga meestal met de _____. Dat kost ongeveer dertig minuten. Mijn vrouw _____ liever de auto.

– Hebt u ook kinderen?

_____, mijn kinderen zitten op school in ons _____. Het is vlakbij ons huis: op de _____ aan het eind van onze straat. We _____ ook een hond. Onze kinderen houden van _____.

– Werkt uw vrouw?

Ja, maar niet de _____ dag. Ze werkt halve dagen.

– Komen uw _____ tussen de middag thuis om te eten?

_____, maar meestal blijven ze op school samen _____ een aantal andere kinderen. Ze kunnen dan _____ elkaar spelen. Dat vinden ze leuk.

– Hoe _____ komt u thuis?

Tegen zessen. We gaan _____ meestal direct aan tafel. Rond die tijd _____ we allemaal flinke honger.

Jan kijkt uit _____ raam. Hij kijkt naar de tuin. Er _____ veel bloemen in: rode, gele en witte _____. Hij denkt: 'Wat prachtig al die verschillende _____'. Natuurlijk staan er ook bomen in hun _____ en ook wat groente. Het is nu _____. De bladeren zijn nog groen. Het zal _____ lang meer duren of de bladeren worden _____. Daarna zullen ze spoedig op de grond _____.

# Geef antwoord:

a. Waar heb je vroeger gewoond?
b. Had u daar een goede woning?
c. Hoeveel kamers had uw woning?
d. Met hoeveel personen was u thuis?

## Grammatica:

Jan **woont** nu in een dorp. Vroeger **heeft** hij in de stad **gewoond**.
Vroeger **woonde** hij in de stad.
Deze mensen **werken** nu in Nederland. Vroeger **hebben** ze in
Frankrijk **gewerkt**. Vroeger **werkten** ze in Frankrijk.

## Vul in of aan:

■ Hebt u kinderen? Ja, _____ vrouw en ik hebben drie kinderen: twee
j _____ en één m _____. Gaan _____ kinderen naar school? Ja, maar
t _____ de middag komen ze thuis. K _____ u ook tussen de middag
thuis? Nee, ik heb _____ tijd om naar huis te gaan. Vroeger w _____ we
in de stad vlakbij mijn werk.

■ Gisteren ben ik bij de politie ge _____. Ik m _____ naar de politie om
mijn visum in orde te maken. Ik k _____ dus niet naar de les. Ik heb de
les gem _____. Heb je wel de teksten _____? Ja, terwijl ik moest wachten, heb ik de nieuwe teksten _____.

# 12

## Een *probleem*

1   Ik leer Nederlands, *althans (dat wil zeggen)*: ik probeer Nederlands te leren.
    – En, *lukt het* al een beetje?
    Dat *ligt eraan*. Soms wel, maar soms lukt het niet zo goed. Er zijn af en toe
    (= *nu en dan*) teksten die erg veel nieuwe woorden *bevatten*.
5   – Wat is dan het probleem?
    Ik kan al die woorden niet onthouden. Als we veel nieuwe woorden moe-
    ten leren, *lopen* we *de kans* dat we ook veel woorden *vergeten*. De kans (Het
    *gevaar*) is groot dat ik veel woorden vergeet. *Laatst bleek* dat ik al heel wat
    woorden was vergeten. Mijn grote *angst* is dat ik woorden vergeet.
10  – Hoe leer je dan de woorden? *Doe* je dat met de woordenlijst?
    Soms wel, dan begrijp ik daarna de tekst *beter*.
    – Dat is verkeerd. Dat is geen goede *methode*. Zo (= Op die *manier*) heb je
    *waarschijnlijk* vroeger op school *Engels* geleerd. Ook *tegenwoordig gebeurt* dat
    nog dikwijls. Dat kost *teveel* tijd. Je kunt het *best als volgt* werken. Je leest
15  met aandacht de tekst. Je kunt natuurlijk ook naar de tekst luisteren op de
    cassette. *Zodra* je een woord *ziet* (of hoort) dat je niet kent, kijk je in de lijst
    wat *dat* woord betekent. *Daarvoor* is die lijst *bedoeld*! Waarschijnlijk moet je
    dit *proces* een paar keer *herhalen* totdat je de tekst *begrijpt zonder* naar de
    woordenlijst te *kijken*. Je kent dan niet alleen een aantal *losse* woorden,
20  maar je weet ook hoe je die woorden kunt gebruiken.

| | Dutch | English | French | Turkish | Indonesian | Arabic |
|---|---|---|---|---|---|---|
| 688 | probleem | problem | problème | sorun | persoalan | مشكلة |
| 689 | althans | at least | du moins | hiç olmazsa | setidak-tidaknya | على الأقلّ |
| 690 | dat wil zeggen | that is to say | ça veut dire | yani | maksudnya | هذا يعني |
| 691 | lukt | is going well | a ... du succès | oluyor mu | berhasil | تنجح |
| 692 | het | it | cela | o | itu | — |
| 693 | ligt eraan | depends | dépend | duruma bağli | tergantung | يتعلّق |
| 694 | nu en dan | now and then | de temps en temps | bazen | kadang kala | من وقت لوقت |
| 695 | bevatten | contain | contiennent | içeren | mengandung | يحتوون |
| 696 | lopen de kans | run the risk | risquons | olabilir | mungkin | يواجهون إحتمال |
| 697 | vergeten | forget | oublier | unutmak | lupa | نسي |
| 698 | gevaar | danger | danger | tehlike | bahaya | خطر |
| 699 | laatst | the other day | dernièrement | bir süre önce | belum lama | مؤخّراً |
| 700 | bleek | appeared | se trouvait, apparaissait | belli oldu | ternyata | بدى |
| | | | | | | |
| 701 | angst | fear | peur | korku | rasa takut | خوف |
| 702 | doe | do | fais | yapıyor(mu)sun | melakukan | تفعل |
| 703 | beter | better | mieux | daha iyi | lebih baik | أفضل |
| 704 | methode | method | méthode | metot | metode | طريقة |
| 705 | manier | way | manière | usul | cara | طريقة |
| 706 | waarschijnlijk | probably | probablement | muhtemelen | agaknya | من المحتمل |
| 707 | Engels | English | anglais | İngilizce | bahasa Inggris | الإنكليزية |
| 708 | tegenwoordig | nowadays | à présent | zamanımızda, şimdi | pada masa sekarang ini | حالياً |
| 709 | gebeurt | happens | arrive, se passe | oluyor | terjadi | يحصل |
| 710 | teveel | too much | trop de | çok fazla | terlalu banyak | كثير من |
| 711 | best | best | le mieux | en iyisi | terbaik | الأفضل |
| 712 | als volgt | as follows | comme suit | şöylece | sebagai berikut | كما يلي |
| 713 | zodra | as soon as | dès que | ...-er....-mez | begitu | حينما |
| 714 | ziet | see | voit | gördüğün | melihat | ترى |
| 715 | dat | that | ce | o | itu | ذلك |
| 716 | daarvoor | for that purpose | pour cela | onun için | untuk itu | من أجل هذا |
| 717 | bedoeld | meant | visé | yapılmıştır | dimaksudkan | مقصودة |
| 718 | proces | process | processus | süreç | proses | منحى |
| 719 | herhalen | repeat | répéter | tekrarlamak | mengulang | تعيد |
| 720 | begrijpt | understand | comprends | anlayana | mengerti | تفهم |
| 721 | zonder | without | sans | -maksızın | tanpa | دون |
| 722 | kijken | look(ing) | regarder | bakmak | melihat | (أن) تنظرَ |
| 723 | losse | separate | détachés | tek tek | yang lepas-lepas | مفردة |

## Een probleem

Ik leer Nederlands, althans: ik probeer Nederlands _____ leren.
– En, lukt het al een beetje?
_____ ligt eraan. Soms wel, maar soms lukt _____ niet zo goed. Er zijn af en _____ teksten die erg veel nieuwe woorden bevatten.
– _____ is dan het probleem?
Ik kan al _____ woorden niet onthouden. Als we veel nieuwe _____ moeten leren, lopen we de kans dat _____ ook veel woorden vergeten. De kans is _____ dat ik veel woorden vergeet. Laatst bleek _____ ik al heel wat woorden was vergeten. _____ grote angst is dat ik woorden vergeet.
– _____ leer je dan de woorden? Doe je _____ met de woordenlijst? Soms wel, dan begrijp _____ daarna de tekst beter.
– Dat is verkeerd. _____ is geen goede methode. Zo heb je _____ vroeger op school Engels geleerd. Ook tegenwoordig _____ dat nog dikwijls. Dat kost teveel tijd. _____ kunt het best als volgt werken. Je _____ met aandacht de tekst. Je kunt natuurlijk _____ naar de tekst luisteren op de cassette. _____ je een woord ziet dat je niet _____, kijk je in de lijst wat dat _____ betekent. Daarvoor is die lijst bedoeld! Waarschijnlijk _____ je dit proces een paar keer herhalen _____ je de tekst begrijpt zonder naar de _____ te kijken. Je kent dan niet alleen _____ aantal losse woorden, maar je weet ook _____ je die woorden kunt gebruiken.

## Grammatica:

Ik leer Nederlands. Ik heb al veel woorden **ge**leerd.
Hij werkt de hele dag. Hij heeft de hele dag **ge**werkt.
Wij **ver**geten veel woorden. Wij zijn veel woorden **ver**geten.
Anita **ont**houdt veel woorden. Zij heeft alle woorden **ont**houden.
Anwar **her**haalt elke dag een tekst. Anwar heeft elke dag een tekst
**her**haald.

## Vul in of aan:

Is Nederlands een moeilijke taal? Nee, Nederlands is ge ＿＿＿. Nederlands is ＿＿＿ moeilijke taal. Nederlands is ＿＿＿ moeilijk. Waarom lukt het veel mensen dan niet om Nederlands te leren? Omdat ze een taal op de verkeerde m ＿＿＿ leren. Ze leren bij voorbeeld een lijst ＿＿＿ woorden. Na een paar dagen blijkt dat ze veel woorden weer v ＿＿＿ zijn. Anita heeft als volgt Nederlands ＿＿＿: ze heeft elke dag een paar keer naar de cassette ＿＿＿. Zodra ze een woord niet begreep, k ＿＿＿ ze in de woordenlijst. Daarvoor is die lijst ＿＿＿. Verder herhaalde ze elke dag een paar oude teksten. Ze heeft elke dag een paar oude teksten ＿＿＿. Daardoor heeft ze bijna alle woorden ＿＿＿. Daardoor is ze bijna geen woorden ＿＿＿.

# 13

## De bevolking *groeit*

1   De bevolking op aarde *wordt* steeds *groter. Daardoor ontstaan problemen.* Waarom groeit de bevolking tegenwoordig *sneller* dan vroeger? Wie kan *mij* (= *me*) dat *uitleggen?* Wie kan dat *verklaren?* Wie kan voor dit *verschijnsel* een *verklaring geven? Worden* er tegenwoordig *meer* kinderen geboren dan
5   vroeger?

    Nee, er worden *eerder* minder kinderen geboren. Veel *gezinnen, vooral* in Europa, maar ook bij voorbeeld in *China,* hebben maar één of hoogstens twee kinderen. Nee, de *oorzaak* is dat er nu veel minder mensen *sterven.* Steeds minder mensen *gaan dood.* De bevolking *neemt toe (stijgt,* groeit) *door-*
10   *dat* de mensen *langer blijven leven.*

     *Hoe komt dat?* Dat heeft verschillende *oorzaken. In de eerste plaats* is de *medi-sche zorg* tegenwoordig veel beter dan vroeger. Je vindt overal *ziekenhuizen,* en er zijn ook veel meer *artsen* (= *dokters*) dan vroeger.

    · In de tweede plaats *beschikken* we tegenwoordig over *betere medicijnen* dan
15   vroeger. Vroeger *gingen* de mensen aan allerlei *ziekten dood, terwijl* ze nu vaak weer beter worden. *Dankzij wetenschappelijk onderzoek* (= dankzij de *wetenschap*) beschikken we nu over betere medicijnen dan vroeger. Dank-zij de *industrie* kunnen die medicijnen bovendien vrij (= redelijk, tamelijk) *goedkoop* worden *geproduceerd.*
20     In de *derde* plaats is er voor veel meer mensen *genoeg* te eten. *Helaas geldt* dit niet voor alle landen. In landen waar het *nauwelijks* of nooit *regent* of waar men *oorlog* voert, *lijden* mensen dikwijls honger.

| | Dutch | English | French | Turkish | Indonesian | Arabic |
|---|---|---|---|---|---|---|
| 724 | groeit | is growing | s'accroît, augmente | büyüyor | tumbuh | ترتفع |
| 725 | wordt | is becoming | devient | oluyor | menjadi | تصبح |
| 726 | groter | bigger | plus grande | daha büyük | lebih besar | أكبر |
| 727 | daardoor | that's why | à cause de cela | bundan dolayi | sebab itu | هذا السبب |
| 728 | ontstaan | arise | naissent | oluşuyor | terjadi | ينشأون |
| 729 | problemen | problems | problèmes | sorunlar | malasah-malasah | مشاكل |
| 730 | sneller | more quickly | plus vite | daha çabuk | lebih cepat | أسرع |
| 731 | mij | me | me | bana | saya | لي – ني |
| 732 | me | me | me | bana | saya | لي – ني |
| 733 | uitleggen | explain | expliquer | açıklıyabilir | menjelaskan | شرح |
| 734 | verklaren | explain | expliquer | açıklıyabilir | menerangkan | فسر |
| 735 | verschijnsel | phenomenon | phénomène | görüngü, araz | gejala | ظاهرة |
| 736 | verklaring | explanation | explication | açıklama | keterangan | تفسير |
| 737 | geven | give | donner | verebilir | memberi | يعطي |
| 738 | worden | are | sont | -uyorlar | menjadi | يصبحون |
| 739 | meer | more | plus d' | daha çok | lebi banyak | أكثر |
| 740 | eerder | rather | plutôt | daha ziyade | malahan | سابقاً |
| 741 | gezinnen | families | familles | aileler | keluarga-keluarga | عائلات |
| 742 | vooral | especially | surtout | özellikle | terutama | بالأخص |
| 743 | China | China | Chine | Çin | negeri Cina | الصّين |
| 744 | oorzaak | cause | cause | sebep | penyebab | سبب |
| 745 | sterven | die | meurent | ölüyor(lar) | meninggal | يتوفون |
| 746 | gaan dood | die | meurent | ölüyor(lar) | mati | يموتون |
| 747 | neemt toe | is growing | augmente | artıyor | makin banyak | ترتفع |
| 748 | stijgt | is increasing | augmente | yükseliyor | meningkat | ترتفع |
| 749 | doordat | because | parce que | -dan dolayı | karena | بسبب أنّ، لأنّ |
| 750 | langer | longer | plus longtemps | daha uzun | lebih lama | أطول |
| 751 | blijven | stay | continuent à | devam ediyorlar | tinggal | يبقون |
| 752 | leven | alive | vivre | yaşamaya | hidup | يعيشون |
| 753 | hoe komt dat | why is that? | comment cela se fait-il | Bunun sebebi nedir? | bagaimana itu terjadi | كيف يحصل هذا؟ |
| 754 | oorzaken | causes | causes | nedenler | penyebab-penyebab | أسباب |
| 755 | in de eerste plaats | in the first place | en premier lieu | ilk olarak | pertama | في الدرجة الأولى |
| 756 | medische | medical | médical | sağlık, tıbbi | medis | طبّي |
| 757 | zorg | care | soin | bakımı | pemeliharaan | عناية |
| 758 | ziekenhuizen | hospitals | hopitaux | hastahaneler | rumah-rumah sakit | مستشفيات |
| 759 | artsen | doctors | médecins | tabibler | dokter-dokter | أطبّاء |
| 760 | dokters | doctors | médecins | doktorlar | dokter-dokter | أطبّاء |
| 761 | beschikken over | have at our disposal | disposons de | sahibiz | mempunyai | نتوفّر على ... |
| 762 | betere | better | meilleurs | daha iyi | lebih baik | أفضل |
| 763 | medicijnen | medicin | médicaments | ilaçlar | obat-obatan | أدوية |
| 764 | gingen dood | died | mouraient | ölürlerdi | mati | كانوا يموتون |
| 765 | ziekten | illnesses | maladies | hastalıklar | panyakit-penyakit | أمراض |
| 766 | terwijl | while | tandis que | -iken | sedangkan | بينما |
| 767 | dankzij | thanks to | grâce à | şükür | berkat | شكراً لـ ... |
| 768 | wetenschappelijk | scientific | scientifique | bilimsel | ilmiah | علمي |
| 769 | onderzoek | research | examen | araştırma | penelitian | بحث |
| 770 | wetenschap | science | science | bilim | ilmu pengetahuan | علم |
| 771 | industrie | industry | industrie | indüstri | industri | صناعة |
| 772 | goedkoop | cheaply | bon marché | ucuz | murah | رخيص |
| 773 | geproduceerd | produced | produits | imal edilir | dibuat | مُنتجة |
| 774 | derde | third | troisième | üçüncü | ketiga | ثالث (ة) |
| 775 | genoeg | enough | assez | yeterli | cukup | كفاية |
| 776 | helaas | unfortunately | hélas | ne yazık ki | sayang | للأسف |
| 777 | geldt | applies | vaut | geçerli | berlaku | يصلح |
| 778 | nauwelijks | hardly | ne ... guère | hemen hemen hiç | hampir tidak | بالكاد |
| 779 | regent | rains | pleut | yağmur yağıyor | jatuh hujan | مُطر |
| 780 | oorlog | war | guerre | savaş | perang | حرب |
| 781 | lijden | suffer | souffrent, ont | çekmiyorlar (açlık) | (- honger) menderita (kelaparan) | يعانون من |

## De bevolking groeit

De bevolking _____ aarde wordt steeds groter. Daardoor ontstaan problemen. _____ groeit de bevolking tegenwoordig sneller dan vroeger? _____ kan mij dat uitleggen? Wie kan dat _____? Wie kan voor dit verschijnsel een verklaring _____? Worden er tegenwoordig meer kinderen geboren dan _____?

Nee, er worden eerder minder kinderen geboren. _____ gezinnen, vooral in Europa, maar ook bij voorbeeld _____ China, hebben maar één of hoogstens twee _____. Nee, de oorzaak is dat er nu _____ minder mensen sterven. Steeds minder mensen gaan _____. De bevolking neemt toe doordat de mensen _____ blijven leven.
Hoe komt dat?

Dat heeft _____ oorzaken. In de eerste plaats is de _____ zorg tegenwoordig veel beter dan vroeger. Je _____ overal ziekenhuizen, en er zijn ook veel _____ artsen dan vroeger.

In de tweede plaats _____ we tegenwoordig over betere medicijnen dan vroeger. _____ gingen de mensen aan allerlei ziekten dood, _____ ze nu vaak weer beter worden. Dankzij _____ onderzoek beschikken we nu over betere medicijnen _____ vroeger. Dankzij de industrie kunnen die medicijnen _____ vrij goedkoop worden geproduceerd.

In de derde _____ is er voor veel meer mensen genoeg _____ eten. Helaas geldt dit niet voor alle _____. In landen waar het nauwelijks of nooit _____ of waar men oorlog voert, lijden mensen _____ honger.

## Geef antwoord:

a. Worden er tegenwoordig meer kinderen geboren dan vroeger?

b. Waarom groeit de bevolking tegenwoordig sneller dan vroeger?

## Vul in of aan:

■ De bevolking op aarde wordt steeds groter. Sommige landen hebben een heel dichte bevolking. Nederland heeft bij voorbeeld een d _____ bevolking. Nederland heeft een veel d _____ bevolking dan Egypte of Marokko. Nederland heeft waarschijnlijk de d _____ bevolking van Europa. Er is _____ land in Europa met een dichtere bevolking dan Nederland! Ontstaan daardoor problemen? Heeft Nederland meer problemen _____ bij voorbeeld Frankrijk of Polen?

■ Vroeger w _____ de gezinnen vaak veel groter dan tegenwoordig. De bevolking groeide echter niet zo snel, _____ veel mensen vroeg stierven (dood gingen). Sheila komt uit een _____ gezin. _____ ouders hadden acht kinderen. Anwar komt uit een klein gezin: _____ vader was al vroeg gestorven. Hij m _____ daardoor al vroeg werken en _____ moeder helpen.

# 14

## De *TV*

1   Wat heb je gisteren *gedaan?*
    – Ik heb naar de TV *gekeken.*
    Was er een *interessant programma?*
    - Er was een *voetbalwedstrijd*: Nederland *tegen Engeland.*
5   Wie heeft *gewonnen?*
    – Nederland. Nederland is erg goed in *voetbal*. Nederland heeft een aantal
    zeer *sterke* en *bekende spelers. Eigenlijk gek* (= *merkwaardig*) voor *zo'n* klein
    land. Een aantal van *hen speelt* in het *buitenland.*
    – Waarom zijn ze naar het buitenland *vertrokken?* Waarom *gingen* ze *weg?*
10  Het *schijnt* dat je daar meer kunt *verdienen* dan in ons land. In het buiten-
    land, *zoals* in *Italië* of *Spanje*, kunnen ze sneller *rijk* worden dan in Neder-
    land.
    – Kijk je *graag* naar *sportprogramma's? Doe* je trouwens zelf ook *aan sport?*
    *Tennis* vind ik ook een *leuke* sport, althans (*d.w.z.*) om naar te kijken.
15  – Hoe *bedoel* je? Je *zou* niet zelf tennis *willen* spelen?
    Nee, als je de *bal* niet goed *slaat*, moet je *hem* zelf gaan *halen*, behalve na-
    tuurlijk als je een bekende *speler* bent. Maar ik ben *onbekend* (= niet *be-
    kend*). Je *loopt voortdurend* achter de bal aan *in plaats van* te spelen.

| 782 | tv | television | tv | televizyon | tv | تلفزيون |
| 783 | gedaan | done | fait | yaptın | melakukan | فعلتَ |
| 784 | gekeken | watched | regardé | baktın(mı) | melihat | نظرتَ |
| 785 | interessant | interesting | intéressant | ilginç | menarik | مشوّق |
| 786 | programma | programme | programme | program | acara | برنامج |
| 787 | voetbalwedstrijd | football match | match de football | futbol maçı | pertandingan sepakbola | مباراة كرة قدم |
| 788 | tegen | against | contre | karşı | melawan | ضدّ |
| 789 | Engeland | England | Angleterre | İngiltere | negeri Inggris | إنكلترا |
| 790 | gewonnen | won | gagné | kazandı | menang | ربح |
| 791 | voetbal | football | football | futbol | sepakbola | كرة القدم |
| 792 | sterke | strong | forts | kuvvetli | yang kuat | أقوياء |
| 793 | bekende | well-known | connus | meşhur | yang terkenal | معروفون |
| 794 | spelers | players | joueurs | oyuncular | pemain-pemain | لاعبون |
| 795 | eigenlijk | strictly speaking | au fond | aslında | sebenarnya | في العمق، على الأصحّ |
| 796 | gek | odd | étrange | garip | aneh | لافت |
| 797 | merkwaardig | curious | étrange | acaip | aneh | بارز |
| 798 | zo'n | such a | si | böyle bir | yang begitu | كـ |
| 799 | hen | them | eux | onların | mereka | هم |
| 800 | speelt | is playing | joue | oynuyor | bermain | يلعب |
| 801 | buitenland | abroad | étranger | yurt dışında | luar negeri | الخارج |
| 802 | vertrokken | left | partis | gittiler | berangkat | رحلوا |
| 803 | gingen ... weg | left | partaient | gittiler | pergi | تركوا |
| 804 | schijnt | seems | semble | görülüyor ki | nampaknya | يبدو |
| 805 | verdienen | earn | gagner | para kazanılıyor | berpenghasilan | يربحون |
| 806 | zoals | such as | comme | gibi | seperti | مثل، كـ |
| 807 | Italië | Italy | Italie | İtalya | negeri Italia | إيطاليا |
| 808 | Spanje | Spain | Espagne | İspanya | negeri Spanyol | إسبانيا |
| 809 | rijk | rich | riches | zengin | kaya | أغنياء |
| 810 | graag | with pleasure | aimes à, volontiers | zevkle | gemar | برنامج الرياضة |
| 811 | sportprogramma's | sport programmes | programmes sportifs | spor programları | acara olahraga | برنامج الرياضة |
| 812 | doe ... aan | take part in | fais, pratiques | yapıyor musun | melakukan | تمارس |
| 813 | sport | sports | sport | spor | olahraga | رياضة |
| 814 | tennis | tennis | tennis | tenis | tenis | كرة المضرب |
| 815 | leuke | nice | drôle, amusant | güzel, hoş | yang menyenangkan | لذيذ، ممتع |
| 816 | d.w.z. | that is to say | c'est-à-dire | yani | maksudnya | هذا يعني |
| 817 | bedoel | mean | veux-tu dire | demek istiyorsun | maksud | تعني |
| 818 | zou ... willen | would like | voudrais | istemez miydin | akan mau | تودّ |
| 819 | bal | ball | ballon | top | bola | كرة، طابة |
| 820 | slaat | hit | frappe, touche | vurmazsan | memukul | تقذف |
| 821 | hem | it | le | onu | dia | هـ، ها |
| 822 | halen | fetch | prendre, chercher | almak | mengambil | لمَّ، إلتقط |
| 823 | speler | player | joueur | oyuncu | pemain | لاعب |
| 824 | onbekend | unknown | inconnu | tanınmamış | tidak terkenal | غير معروف |
| 825 | bekend | known | connu | tanınmış | terkenal | معروف |
| 826 | loopt | run | marches | koşuyorsun | berjalan | تركض |
| 827 | voortdurend | continuously | tout le temps | sürekli | senantiasa | دائماً، باستمرار |
| 828 | in plaats van | instead of | au lieu de | yerine | sebagai pengganti | علواً عن، بدل أن |

## De TV

Wat heb je gisteren gedaan?

– Ik _____ naar de TV gekeken.

Was er een _____ programma?

– Er was een voetbalwedstrijd: Nederland tegen _____.

Wie heeft gewonnen?

– Nederland. Nederland is erg _____ in voetbal. Nederland heeft een aantal zeer _____ en bekende spelers. Eigenlijk gek voor zo' _____ klein land. Een aantal van hen speelt _____ het buitenland.

– Waarom zijn ze naar het _____ vertrokken? Waarom gingen ze weg?

Het schijnt _____ je daar meer kunt verdienen dan in _____ land. In het buitenland, zoals in Italië _____ Spanje, kunnen ze sneller rijk worden dan _____ Nederland.

– Kijk je graag naar sportprogramma's? _____ je trouwens zelf ook aan sport?

Tennis _____ ik ook een leuke sport, althans om _____ te kijken. - Hoe bedoel je? Je zou _____ zelf tennis willen spelen?

Nee, als je _____ bal niet goed slaat moet je hem _____ gaan halen, behalve natuurlijk als je een _____ speler bent. Maar ik ben onbekend. Je _____ voortdurend achter de bal aan in plaats _____ te spelen.

## Geef antwoord:

a. Hebben jullie een TV?
b. Hoeveel uur per dag kijken jullie TV?
c. Naar welke programma's kijk je graag?

---

## Grammatica:

Ik **woon** nu in Nederland.
Vroeger **woonde** ik in Frankrijk.
Vroeger heb ik in Frankrijk
**gewoond**.

Maar:

de trein **vertrekt** om 8 uur.
De trein **vertrok** om 8 uur.
De trein is om 8 uur
**vertrokken**.

Nederland **blijkt** sterker dan
Engeland.
Nederland **bleek** sterker.
Nederland is sterker **gebleken**.

Anita **gaat weg**.
Anita **ging weg.**
Anita is **weggegaan**.

Ik **kijk** graag TV.
Gisteren **keek** ik TV.
Gisteren heb ik TV **gekeken**.

Tennis **vind** ik leuk.
Tennis **vond** ik altijd leuk.
Tennis heb ik altijd leuk **gevonden**.

Wat **doen** we zondag?
Wat **deden** we gisteren?
Wat hebben jullie gisteren
**gedaan?** enz. enz.

---

## Vul in of aan:

Wat heb je gisteren _____? Ik heb naar de TV _____. Kijk je vaak _____
de TV? O ja, z _____ ik thuis kom, kijk ik TV. Wanneer ik thuiskom, zitten _____ vrouw en kind _____ al voor de TV. We _____ ook TV onder
het eten. Wat _____ er gisteren op de TV? Een voedbalwedstrijd uit Italië. Was het een l _____ wedstrijd? Ja, ik vond de wedstrijd wel l _____. Er
waren ook een paar Nederlandse spelers bij. Waarom zijn ze eigenlijk
naar Italië v _____? Omdat ze daar meer verdienen _____ in Nederland.
Na een paar jaar komen ze vaak weer terug _____ Nederland. Ze hebben
dan veel geld _____ .

# 15

## Familie

1   De ouders van *Henk* wonen in Nederland. Ze leven nog *allebei*. Ze zijn al oud. Henk is hun *oudste zoon*. Hij heeft nog twee *broers* en een *zus*. De ouders van Henk hebben dus vier kinderen: drie jongens en een *meisje*. De ouders van Henk zijn wel oud, maar *gelukkig* nog *gezond*. Ze *zorgen* voor
5   *zichzelf*. De *vader* van Henk is *drieënzeventig* (73), zijn *moeder* is *achtenzestig* (68). Hun *dochter*, de zus van Henk, woont vlakbij (in de buurt). Soms komt zij *haar* ouders *helpen*. Ze is *getrouwd* en heeft twee kinderen, allebei *dochters* (meisjes). Ze woont met haar *gezin* in een klein *huisje* aan een *brede* en drukke straat met veel *verkeer*.
10      Haar *man* komt uit Indonesië. Hij heeft in Nederland *gestudeerd* en wil nu hier blijven. Hij *is van plan* hier te blijven. Zijn familie woont in Indonesië. *Volgend* jaar wil hij samen met zijn gezin zijn familie in Indonesië bezoeken. Dat is een *verre reis*. Hij heeft zijn familie al lang niet *gezien*. Zijn ouders willen graag zijn vrouw (hun *schoondochter*) *ontmoeten* (*leren kennen*).
15   Het hele gezin *gaat* naar Indonesië. Dat is een *dure* reis. Ze gaan met *vakantie* naar Indonesië. Ze blijven er vier weken. Ze willen wel langer blijven, maar dat is niet *mogelijk*, omdat (doordat) ze maar vier weken vakantie hebben. Dat *lijkt* heel lang, maar het is *in feite* (= eigenlijk, in *werkelijkheid*) *kort*. Hij heeft een grote familie. Ze moeten al zijn *ooms* en *tantes* bezoeken.
20   Dat kost *enorm* (= *geweldig*) veel tijd, maar het is natuurlijk wel heel *gezellig*.

| 829 | Henk | Henk | Henri | Henk | Henk | إسم مذكّر |
|-----|------|------|-------|------|------|------|
| 830 | allebei | both | tous les deux | her ikisi de | keduanya | معاً، سويّة |
| 831 | oudste | eldest | le plus vieux, aîné | en büyük | tertua | الأكبر |
| 832 | zoon | son | fils | oğul | anak laki-laki | إبن |
| 833 | broers | brothers | frères | erkek kardeşler | kakak-adik laki-laki | إخوة |
| 834 | zus | sister | soeur | kız kardeş | kakak/adik perempuan | أخت |
| 835 | meisje | girl | fille | kız | anak perempuan | فتاة |
| 836 | gelukkig | fortunately | heureusement | çok şükür | syukur | لحسن الحظ |
| 837 | gezond | healthy | en bonne santé | sıhhatli | sehat | في صحّة جيّدة |
| 838 | zorgen | look after | s'occupent de | bakıyorlar | mengurus | يعتنون |
| 839 | zichzelf | themselves | eux-mêmes | kendilerine | diri sendiri | أنفسهم |
| 840 | vader | father | père | baba | ayah | أب، والد |
| 841 | drieënzeventig | seventy-three | soixante-treize | yetmişüç | tujuhpuluh tiga | ثلاثة وسبعون |
| 842 | moeder | mother | mère | anne | ibu | والدة، أُم |
| 843 | achtenzestig | sixty-eight | soixante-huit | altmışsekiz | enampuluh delapan | ثمانية وستون |
| 844 | dochter | daughter | fille | kızları | anak perempuan | إبنة |
| 845 | haar | her | ses | onun | dia (wanita) | ها |
| 846 | helpen | help | aider | yardım etmeye | membantu | ( تأتي لـ) تساعد |
| 847 | getrouwd | married | mariée | evli | menikah | متزوّجة |
| 848 | dochters | daughters | filles | kız(lar) | anak-anak perempuan | بناتها |
| 849 | gezin | family | famille, ménage | aile | keluarga | عائلة |
| 850 | huisje | small house | petite maison | ev | rumah kecil | بيت صغير |
| 851 | brede | broad | large | geniş | lebar | واسع |
| 852 | verkeer | traffic | circulation | trafik | lalu-lintas | سير |
| 853 | man | husband | mari | kocası | suami | رجل (هنا : زوج) |
| 854 | gestudeerd | studied | étudié | tahsil yaptı | belajar | درس |
| 855 | is van plan | intends | envisage | istiyor | merencanakan | ينوي |
| 856 | volgend | next | suivante, prochaine | gelecek | yang akan datang | قادم |
| 857 | verre | long | lointain, long | uzak | -yang jauh | بعيد |
| 858 | reis | journey | voyage | yolculuk | perjalanan | سفر، رحلة |
| 859 | gezien | seen | vu | görmedi | melihat | رأى |
| 860 | schoondochter | daughter-in-law | belle-fille | gelin | menantu perempuan | زوجة الإبن |
| 861 | ontmoeten | meet | rencontrer | görmek | bertemu | يلتقون |
| 862 | leren kennen | get to know | apprendre à connaître | tanışmak | berkenalan | يتعارفون |
| 863 | gaat | is going | va | gidiyor | pergi | تذهب |
| 864 | dure | expensive | cher | pahalı | yang mahal | باهظ، غالٍ |
| 865 | vakantie | holiday | vacances | tatil | berlibur | عطلة |
| 866 | mogelijk | possible | possible | mümkün | mungkin | ممكن |
| 867 | lijkt | seems | semble | görünüyor | kelihatannya | يبدو |
| 868 | in feite | in fact | en fait | aslında | sebenarnya | في الواقع |
| 869 | werkelijkheid | reality | réalité | gerçekte | kenyataannnya | في الحقيقة |
| 870 | kort | short | court | kısa | pendek | قصير |
| 871 | ooms | uncles | oncles | amca, dayı | paman-paman | أخوال، أعمام |
| 872 | tantes | aunts | tantes | hala, teyze | bibi-bibi | خالات، عمّات |
| 873 | enorm | enormously | énormément | çok | bukan main | ضخم جداً |
| 874 | geweldig | enormously | énormément | çok | bukan main | بدون حدود، ضخم |
| 875 | gezellig | pleasant, sociable | agréable | hoş | ramah-tamah | ممتع، مسلٍ |

## Familie

De ouders van Henk wonen ＿＿ Nederland. Ze leven nog allebei. Ze zijn ＿＿ oud. Henk is hun oudste zoon. Hij ＿＿ nog twee broers en een zus. De ＿＿ van Henk hebben dus vier kinderen: drie ＿＿ en een meisje. De ouders van Henk ＿＿ wel oud, maar gelukkig nog gezond. Ze ＿＿ voor zichzelf. De vader van Henk is ＿＿, zijn moeder is ＿＿. Hun dochter, de zus van Henk, woont ＿＿. Soms komt zij haar ouders helpen. ＿＿ is getrouwd en heeft twee kinderen, allebei ＿＿. Ze woont met haar gezin in een ＿＿ huisje aan een brede en drukke straat ＿＿ veel verkeer.

Haar man komt uit Indonesië. ＿＿ heeft in Nederland gestudeerd en wil nu ＿＿ blijven. Hij is van plan hier te ＿＿. Zijn familie woont in Indonesië. Volgend jaar ＿＿ hij samen met zijn gezin zijn familie ＿＿ Indonesië bezoeken. Dat is een verre reis. ＿＿ heeft zijn familie al lang niet gezien. ＿＿ ouders willen graag zijn vrouw ontmoeten. Het ＿＿ gezin gaat naar Indonesië. Dat is een ＿＿ reis. Ze gaan met vakantie naar Indonesië. ＿＿ blijven er vier weken. Ze willen wel ＿＿ blijven, maar dat is niet mogelijk, omdat ＿＿ maar vier weken vakantie hebben. Dat lijkt ＿＿ lang, maar is in feite kort. Hij ＿＿ een grote familie. Ze moeten al zijn ＿＿ en tantes bezoeken. Dat kost enorm veel ＿＿, maar het is natuurlijk wel heel gezellig.

## Geef antwoord:

a. Hoeveel broers en zussen heb je?
b. Hoe oud zijn ze?
c. Waar wonen ze?
d. Heb je zussen of broers die getrouwd zijn?

## Vul in of aan:

■ Sheila komt uit een g ＿＿ gezin. Ze heeft drie b ＿＿ en twee ＿＿.
Zij is getrouwd met een Nederlandse ＿＿. Deze zomer is zij van plan
samen met ＿＿ man ＿＿ familie in Egypte te bezoeken. Haar ouders hebben ＿＿ al een paar jaar niet gezien. Ze hebben ook kinderen: een ＿＿ en een ＿＿.

■ De ouders van Sheila wonen in Egypte. Ze wonen in een g ＿＿ stad.
Ze bezitten daar een g ＿＿ huis. Hun huis bevat een grote woonkamer en vier ＿＿ en natuurlijk een k ＿＿. Deze zomer komt ＿＿
dochter op vakantie naar Egypte. Ze komt samen met haar man. Ze is
van plan h ＿＿ Egypte te laten zien. Sheila heeft een g ＿＿ familie.
Ze is van plan al haar broers, zussen, o ＿＿ en t ＿＿ te bezoeken.
Dat vindt ze erg gezellig. Nederlanders bezoeken ＿＿ ooms en tantes
alleen zo af en toe. Dat vindt Sheila eigenlijk vreemd.

# 16

## Feest (1)

1   Wanneer *vieren* mensen feest?
    – Wanneer *zich* een *bijzondere gelegenheid voordoet.*
    Kun je een *voorbeeld* geven?
    – O ja, er zijn genoeg (*talloze*) *voorbeelden.* Bij voorbeeld wanneer iemand
5   *trouwt.* Dat is een heel (= zeer) bijzondere *gebeurtenis.* De meeste mensen
    *trouwen* immers maar één keer in hun *leven.* Vaak *viert* men ook feest wan-
    neer men kinderen krijgt (bij de *geboorte* van een *kind*). Ook vieren mensen
    feest *ter herinnering* aan een *speciale* gebeurtenis. Men viert feest, omdat
    men *zich* een speciale gebeurtenis *herinnert.* Bij voorbeeld wanneer men
10  *vijfentwintig* jaar is getrouwd; of wanneer men 25 jaar bij *hetzelfde bedrijf*
    werkt. In Nederland vieren de meeste mensen feest wanneer ze *jarig* zijn
    (ter gelegenheid van de dag *waarop* ze zijn geboren). *Dit* zijn *feesten* in de
    *persoonlijke sfeer.*
         *Daarnaast* zijn er *algemene* of *nationale feestdagen.* Op die dagen viert ieder-
15  een feest. Dat zijn dus *tevens* (= ook, *eveneens*) *vrije* dagen! Een voorbeeld
    van zo'n nationale *feestdag* in Nederland is *koninginnedag*, op 30 april.
    Feestdagen kunnen per land *verschillen*, maar de eerste dag van het nieuwe
    jaar *wordt* in bijna elk (= ieder) land *gevierd. Kerstmis* wordt in alle landen
    gevierd waar veel *christenen* wonen. Weet je op welke dag Kerstmis *valt*?
20  – Op 25 december. Iedereen heeft dan vrij, *evenals* de dag *daarop* (daarna).
    Iedereen *hoopt* dus dat Kerstmis niet op zaterdag valt, want dan heeft men
    immers al vrij! De laatste dag van het jaar – 31 december – werkt bijna
    niemand meer. *Wegens* (= *Vanwege*) het grote aantal vrije dagen gaan heel
    wat mensen in de week tussen Kerstmis en *Nieuwjaar* op (= met) vakan-
25  tie.

| | | | | | | | |
|---|---|---|---|---|---|---|---|
| 876 | feest | party | fête | bayram eğlence | pesta | حفلة ، عيد |
| 877 | vieren | celebrate | fêtent, organisent | kutlarlar | merayakan | يقومون بإحتفال |
| 878 | zich voordoet | presents itself | se présente | ortaya çıkarsa | terjadi | يحصل ، يحدث |
| 879 | bijzondere | special | particulière | özel | yang luarbiasa | مميّزة |
| 880 | gelegenheid | occasion | occasion | olanak | peristiwa | فرصة |
| 881 | voorbeeld | example | exemple | örnek | contoh | مثلا |
| 882 | talloze | many | sans nombre | sayısız | tak terbilang | بدون عدد معدود |
| 883 | voorbeelden | examples | exemples | örnekler | contoh-contoh | أمثال |
| 884 | trouwt | marries | se marie | evlendiğinde | menikah | يتزوّج |
| 885 | gebeurtenis | event | événement | olay, olgu | peristiwa | حدث |
| 886 | trouwen | marry | se marient | evlenirler | menikah | يتزوّجون |
| 887 | leven | life | vie | hayat | hidup | حياة |
| 888 | viert | celebrates | organise, fête | kutlar | merayakan | يحتفل |
| 889 | geboorte | birth | naissance | doğum | kelahiran | ولادة |
| 890 | kind | child | enfant | çocuk | anak | طفل |
| 891 | ter herinnering | in remembrance | en souvenir de | anısına | memperingati | في ذكرى |
| 892 | speciale | special | spécial | özel | yang istimewa | ميّز |
| 893 | zich herinnert | remembers | se souvient de | hatırladığı | mengingat | يتذكر |
| 894 | vijfentwintig | twenty-five | vingt-cinq | yirmibeş | duapuluhlima | خمسة وعشرون |
| 895 | hetzelfde | the same | la même | aynı | yang sama | ذات ، نفس |
| 896 | bedrijf | company | entreprise | şirket | perusahaan | مقاولة ، شركة |
| 897 | jarig | (have) one's birthday | anniversaire | yaş günü olan | ulangtahun | مناسبة عيد ميلاد |
| 898 | waarop | on which | auquel | -de, -da | dimana | الذي . . . فيه |
| 899 | dit | this (these) | ce | bunlar | ini | تلك |
| 900 | feesten | parties | fêtes | şenlikler | pesta-pesta | أعياد، حفلات |
| 901 | persoonlijke | private | privée | şahsi | yang pribadi | شخصي |
| 902 | sfeer | sphere | sphère | ortam | suasana | جو |
| 903 | daarnaast | besides | à part cela | bunun yanısıra | di samping | بقطع النظر عن هذا |
| 904 | algemene | general | publiques | umumi | yang umum | عامة |
| 905 | nationale | national, public | nationaux | ulusal | nasional | وطنية |
| 906 | feestdagen | holidays | jours de fête | bayram günleri | hari-hari raya | أيام أعياد |
| 907 | tevens | also | aussi,en même temps | aynı zamanda | juga | أيضاً |
| 908 | eveneens | also | aussi | keza | juga | وكذلك |
| 909 | vrije | (a day) off | libres | tatil | yang libur | أيام عطلة |
| 910 | feestdag | holiday | jour de fête | bayram günü | hari raya | يوم عيد |
| 911 | koninginnedag | Queen's Birthday | jour de la reine | kraliçe günü | hari Ratu | يوم الملكة |
| 912 | verschillen | differ | différer | değişebilir | berbeda-beda | يختلفون |
| 913 | wordt | is | est | (kutla)nır | menjadi | يصبح |
| 914 | gevierd | celebrated | fêtée | kutla(nır) | dirayakan | يحتفل به، إحتفل |
| 915 | Kerstmis | Christmas | Noël | Noel | hari Natal | عيد ميلاد المسيح |
| 916 | christenen | Christians | chrétiens | hıristiyanlar | orang-orang Kristen | مسيحيّون |
| 917 | valt | is | tombe, a lieu | gelir, düşer | jatuh | يقع |
| 918 | evenals | like | tout comme | keza | sama seperti | تماماً مثل |
| 919 | daarop | after that | après | bir sonraki | berikutnya | بعده |
| 920 | hoopt | hopes | espère | umar | berharap | يأمل |
| 921 | wegens | because of | à cause de | -den, -dan dolayı | karena | بسبب |
| 922 | vanwege | because of | à cause de | -den, -dan dolayı | karena | بسبب |
| 923 | nieuwjaar | New Year | le Nouvel An | yeni yıl | Tahun Baru | رأس السنة |

## Feest (1)

Wanneer _____ mensen feest?

– Wanneer zich een bijzondere gelegenheid _____.

Kun je een voorbeeld geven?

– O ja, _____ zijn genoeg voorbeelden. Bij voorbeeld wanneer iemand trouwt. _____ is een heel bijzondere gebeurtenis. De meeste _____ trouwen immers maar één keer in hun _____. Vaak viert men ook feest wanneer men _____ krijgt. Vaak vieren mensen feest ter herinnering _____ een speciale gebeurtenis. Men viert feest, omdat _____ zich een speciale gebeurtenis herinnert. Bij voorbeeld wanneer _____ vijfentwintig jaar is getrouwd; of wanneer men _____ jaar bij hetzelfde bedrijf werkt. In Nederland _____ de meeste mensen feest wanneer ze jarig _____. Dit zijn feesten in de persoonlijke sfeer.

_____ zijn er algemene of nationale feestdagen. Op _____ dagen viert iedereen feest. Dat zijn dus _____ vrije dagen! Een voorbeeld van zo'n _____ feestdag in Nederland is koninginnedag, op 30 _____. Feestdagen kunnen per land verschillen, maar de _____ dag van het nieuwe jaar wordt in _____ elk land gevierd. Kerstmis wordt in alle _____ gevierd waar veel christenen wonen. Weet je _____ welke dag Kerstmis valt?

– Op 25 december. _____ heeft dan vrij, evenals de dag daarop. _____ hoopt dus dat Kerstmis niet op zaterdag _____, want dan heeft men immers al vrij! _____ laatste dag van het jaar – 31 december – _____ bijna niemand meer. Wegens het grote aantal _____ dagen gaan heel wat mensen in de _____ tussen Kerstmis en Nieuwjaar op vakantie.

## Geef antwoord:

a. Wat zijn nationale feestdagen in jouw (uw) land?
b. Vieren jullie feest wanneer men jarig is?
c. In welke periode (seizoen) van het jaar valt Kerstmis?
d. Voor welke mensen is Kerstmis een belangrijk feest?
e. Wat zijn voor jouw familie belangrijke feesten?

## Vul in of aan:

Dertig april, vijfentwintig december, zesentwintig december en één januari zijn n _____ feestdagen in Nederland. Iedereen heeft dan v _____. Op
d _____ dagen hoeft bijna niemand te werken. Ook als je trouwt, krijg je
een paar vr _____ dagen. Wanneer krijg je nog meer vrij? Wanneer er kinderen w _____ geboren. Wie krijgt dan vrij, de vader of de _____?
Alle _____! De vader krijgt slechts één dag vrij, de moeder ongeveer vier
_____. Is dat _____ probleem? Je verdient in _____ periode waarschijn-
lijk minder geld. Nee, je verdient evenveel geld als iemand die werkt.

# 17

## Feest (2)

1   Laatst *zat* ik te praten met iemand uit China. Hij *vertelde* mij dat er in China een speciale feestdag is voor de vrouw. In Nederland kennen wij ook zo'n feest: *moederdag*. Dat feest vindt plaats op de tweede zondag in mei. *Toen* ik hem *vroeg* wanneer ze *vaderdag vierden*, *antwoordde* hij mij dat ze dat
5   feest in China niet *kenden. Nou*, dat *verbaasde* me wel een beetje. Hij *had* mij namelijk *verteld* dat in zijn land mannen en vrouwen *gelijk* worden *behandeld*. Een feestdag *uitsluitend* (= alleen) voor *moeders* vind ik een *behandeling* in het *voordeel* van de vrouw! Een *dergelijk* feest *bewijst* (*toont aan, bevestigt*) *volgens* mij dat vrouwen en mannen *helemaal* niet gelijk worden behandeld
10  in China. Wat vind jij *daarvan*? Wat is jouw mening *hierover*? Wat is jouw opvatting over dit *onderwerp* (= deze *kwestie*)?

Hoe vieren mensen eigenlijk feest?
Dat is heel *verschillend*. Voor veel mensen betekent feest: *lekker* eten. Voor
15  andere mensen betekent feest: niet werken. Sommige mensen willen graag thuis zijn, andere gaan op *bezoek* bij vrienden of *kennissen*. Kleine kinderen spelen graag of kijken naar een *film*. Volgens mijn vrouw is het pas echt (= *werkelijk*) feest als er veel mensen zijn. *Hiervoor* (= Daarvoor) *bestaat* in het Nederlands een *uitdrukking*: '*Hoe* meer *zielen, hoe* meer *vreugd*'.
20  Dat betekent 'hoe meer mensen er zijn, hoe (= *des te*) meer *plezier*'. Maar niet iedereen is het met dit *standpunt* eens. Veel gezinnen zijn tegenwoordig kleiner dan vroeger, maar hebben om die reden *tijdens* feesten niet minder plezier.

96

| | | | | | | |
|---|---|---|---|---|---|---|
| 924 | zat | (- te) was | étais en train | -yordum | duduk | جلستُ |
| 925 | vertelde | told | racontait | anlattı | bercerita | أخبر |
| 926 | moederdag | Mothering Sunday | journée des mères | anneler günü | hari Ibu | يوم الأمّ |
| 927 | toen | when | quand, lorsque | -ım zaman | ketika | عندما |
| 928 | vroeg | asked | demandais | sorduğum | bertanya | سألتُ |
| 929 | vaderdag | Father's Day | journée des pères | babalar günü | hari Ayah | يوم الأبّ |
| 930 | vierden | celebrated | fêtaient | kutladıklarını | merayakan | يحتفلون |
| 931 | antwoordde | answered | répondait | söyledi | menjawab | أجاب، ردّ |
| 932 | kenden | knew | connaissaient | bilmediklerini | mengenal | يعرفون |
| 933 | nou | well | eh bien | hay allah | nah | الآن |
| 934 | verbaasde | surprised | étonnait | şaşırdım | mengherankan | أدهش |
| 935 | had | had | avait | (anlat)mıştı | ada | - |
| 936 | verteld | told | raconté | anlat(mıştı) | bercerita | أخبر |
| 937 | gelijk | equally | de manière identique | eşit | -sama | بمساواة |
| 938 | behandeld | treated | traités | muamele gördüklerini | diperlakukan | يُعامَلون |
| 939 | uitsluitend | only | exclusivement | yalnızca | hanya | فقط |
| 940 | moeders | mothers | mères | anneler | ibu-ibu | أمّهات |
| 941 | behandeling | treatment | traitement | muamele | perlakuan | معاملة |
| 942 | voordeel | favour | avantage | yararına | keuntungan | مصلحة |
| 943 | dergelijk | such | pareille | böyle | sedemikian | مشابه، مماثل |
| 944 | bewijst | proves | prouve | ispat eder | membuktikan | يبرهن |
| 945 | toont aan | proves | démontre | gösterir | menunjukkan | يظهر، يبيّن |
| 946 | bevestigt | affirms | confirme | kanıtlar | memperkuat | يؤكّد |
| 947 | volgens | according to | selon | -e, -a göre | menurut | تبعًا، بنظر |
| 948 | helemaal | (- niet) not at all | du tout | tam | (- niet) samasekali (tidak) | كلّ (النفي) |
| 949 | daarvan | of that | en, de cela | -den, -dan | mengenai hal itu | من ذلك |
| 950 | hierover | about this | sur cela | bunun hakkında | mengenai hal ini | على هذا |
| 951 | onderwerp | subject | sujet | konu | hal | موضوع |
| 952 | kwestie | issue | question | sorun | malasah | مسألة |
| 953 | verschillend | different | différent | değişik | berbeda-beda | مختلف |
| 954 | lekker | nice, tasty | bien | lezzetli | enak | لذيذ، شهي |
| 955 | bezoek | visit | visite | ziyaret | bertamu | زيارة |
| 956 | kennissen | friends, acquaintances | connaissances | tanıdıklar | kanalan-kanalan | معارف |
| 957 | film | film | film | film | film | فيلم |
| 958 | hiervoor | for this | pour cela | bunun için | untuk | لهذا |
| 959 | bestaat | exists | existe | vardır | ada | يوجد |
| 960 | uitdrukking | expression | expression | deyim | peribahasa | عبارة |
| 961 | hoe ... hoe | the... the | plus ... plus | ne kadar...o kadar | semakin... | الأكثر ... الأكثر |
| 962 | zielen | souls | âmes | ruhlar | jiwa-jiwa | أنفس، أرواح |
| 963 | vreugd | joy | joie | sevinç | sukacita | فرح |
| 964 | des te | (the...) the | d'autant plus | o kadar | semakin | الأكثر |
| 965 | plezier | fun | plaisir | zevk, sevinç | kegembiraan | بهجة، سرور |
| 966 | standpunt | point of vieuw | point de vue | bakış açısı | pandangan | وجهة نظر |
| 967 | eens | (is -) agrees | d'accord | aynı görüşte | (- is) setuju dengan | مُوافق |
| 968 | tijdens | at/during | pendant | süresince | pada waktu | خلال |

97

## Feest (2)

Laatst _____ ik te praten met iemand uit China. _____ vertelde mij dat er in China een _____ feestdag is voor de vrouw. In Nederland _____ wij ook zo'n feest: moederdag. Dat _____ vindt plaats op de tweede zondag in _____. Toen ik hem vroeg wanneer ze vaderdag _____, antwoordde hij mij dat ze dat feest _____ China niet kenden. Nou, dat verbaasde me _____ een beetje. Hij had mij namelijk verteld _____ in zijn land mannen en vrouwen gelijk _____ behandeld. Een feestdag uitsluitend voor moeders vind _____ een behandeling in het voordeel van de _____! Een dergelijk feest bewijst volgens mij dat _____ en mannen helemaal niet gelijk worden behandeld _____ China.
Wat vind jij daarvan? Wat is _____ mening hierover? Wat is jouw opvatting over _____ onderwerp?

Hoe vieren mensen eigenlijk feest?
Dat _____ heel verschillend. Voor veel mensen betekent feest: _____ eten. Voor andere mensen betekent feest: niet _____. Sommige mensen willen graag thuis zijn, andere _____ op bezoek bij vrienden of kennissen. Kleine _____ spelen graag of kijken naar een film. _____ mijn vrouw is het pas echt feest _____ er veel mensen zijn. Hiervoor bestaat in _____ Nederlands een uitdrukking: 'Hoe meer zielen, hoe _____ vreugd'. Dat betekent 'hoe meer mensen er _____, hoe meer plezier'. Maar niet iedereen is _____ met dit standpunt eens. Veel gezinnen zijn _____ kleiner dan vroeger, maar hebben om die _____ tijdens feesten niet minder plezier.

98

## Geef antwoord:

a. Kent men in jouw land een speciale feestdag voor de vrouw?
b. In welke maand en op welke dag vindt dat feest plaats?
c. Is er ook een speciale feestdag voor de vader of het kind?
d. Wat doen jullie op een feest?

## Vul in of aan:

- In Nederland is er een speciale feestdag _voor_ de moeder. Dat feest vindt plaats _op_ de tweede zondag _in_ de maand mei. Iedereen gaat dan op bezoek bij _zijn_ moeder. Gaat u ook altijd op bezoek bij _uw_ moeder? Ja, maar vorig jaar _vond_ mijn moeder niet thuis. Zij was op bezoek gegaan bij _haar_ moeder!

- Gisteren hebben wij feest _gevierd_. Een van _onze_ kinderen was jarig. Wat hebben jullie _gedaan_? We zijn met nog een paar kinderen naar de film _gegaan_. Toen we weer thuis _kwamen_, heeft mijn vrouw samen met de kinderen het eten klaargemaakt. Terwijl zij het eten kl_aarmaakte_, heb ik naar de TV _gekeken_. Er was een voetbalwedstrijd _op_ de TV. Ik kijk graag _naar_ voetbal, omdat ik vroeger zelf voetbal heb _gespeeld_.

## 18

### Het *lichaam*

1　Het *menselijke* lichaam lijkt op een *machine*. We moeten er goed voor zorgen, dan *blijft* ons lichaam in goede *staat*. *Net als* een machine heeft ons lichaam *voedsel* nodig. Maar met *mate* (= Maar niet teveel), *anders* worden we te dik. Soms is ons lichaam niet in orde. We zijn dan *ziek*. Als het *ernstig*

5　is, *laten* we *ons behandelen door* een *dokter*. Als we een aantal *uren* hebben *gewerkt*, heeft ons lichaam *behoefte* aan *rust*. Om gezond te blijven, moeten we *voldoende slapen*. Net als een machine moet ons lichaam regelmatig *in bedrijf* zijn. We moeten ons voldoende *bewegen*. We moeten in *beweging* blijven. En, als het lichaam *ouder* wordt, *werkt* (= *functioneert*) het, precies zoals een

10　machine, minder goed. Onze *ogen zien* en onze *oren horen* minder. Onze *benen* en *voeten*, maar ook onze *armen*, *handen* en *vingers* bewegen minder snel. Ons *haar* wordt *grijs*, *verdwijnt* voor een *deel* (= *gedeelte*) en soms helemaal. Veel *oude* mensen krijgen *pijn* in hun *rug* of aan hun *schouder*. Veel mensen krijgen *last* van hun *hart*. In de *loop der jaren* wordt het lichaam minder

15　*krachtig* (= *sterk*). Onze *huid* wordt *droog* en ons *gezicht* wordt minder mooi. Oude mensen gaan *vaker* naar de dokter.

| | | | | | | |
|---|---|---|---|---|---|---|
| 969 | lichaam | body | corps | vücut | tubuh | جسم ، جسد |
| 970 | menselijk | human | humain | insanın | manusiawi | بشري |
| 971 | machine | machine | machine | makina | mesin | آلة |
| 972 | blijft | remains | reste | kalır | tetap | يبقى |
| 973 | staat | condition | état, condition | durum, hal | keadaan | حالة |
| 974 | net als | just like | de même que, tout comme | gibi | sama seperti | تماماً مثل |
| 975 | voedsel | food | nourriture | besin | pangan | مؤونة |
| 976 | mate | (in) moderation | mesure | ölçülü | sekadarnya | باعتدال |
| 977 | anders | otherwise | autrement, sinon | yoksa | kalau tidak | وإلّا |
| 978 | ziek | ill | malade | hasta | sakit | مريض |
| 979 | ernstig | serious | sérieux | ciddi | parah | جدّي |
| 980 | laten | have | faisons | (tedavi etti)ririz | membiarkan | نترك |
| 981 | ons | us | nous | kendimizi | diri kita | أنفسنا |
| 982 | behandelen | treated | traiter | tedavi etti(ririz) | diobati | نعالج |
| 983 | door | by | par | tarfından | oleh | ب – من |
| 984 | dokter | doctor | médecin | doktor | dokter | طبيب |
| 985 | uren | hours | heures | saatler | jam-jam | ساعات |
| 986 | gewerkt | worked | travaillé | çalıştığımızda | bekerja | عملنا، اشتغلنا |
| 987 | behoefte | need | besoin | ihtiyaç | kebutuhan | حاجة |
| 988 | rust | rest | repos | dinlenme | istirahat | راحة |
| 989 | voldoende | enough | assez, suffisamment | yeterli | cukup | كفاية |
| 990 | slapen | sleep | dormir | uyumalıyız | tidur | ننام |
| 991 | in bedrijf | in operation | actif | işler halde | bekerja | في عمل |
| 992 | bewegen | move | mouvoir | hareket etmeliyiz | bergerak | تحرّك |
| 993 | beweging | in motion | mouvement | hareket | keadaan bergerak | حركة |
| 994 | ouder | older | plus vieux | yaşlı | lebih tua | أكبر سنّاً |
| 995 | werkt | works | travaille | çalışır | bekerja | يعمل |
| 996 | functioneert | functions | fonctionne | işler | bekerja | يعمل |
| 997 | ogen | eyes | yeux | gözler(imiz) | kedua mata | أعين |
| 998 | zien | see | voient | görür | melihat | يروون |
| 999 | oren | ears | oreilles | kulaklar(ımız) | telinga-telinga | آذان |
| 1000 | horen | hear | écoutent | duyar | mendengar | يسمعون |
| 1001 | benen | legs | jambes | bacaklar(ımız) | kaki-kaki (seluruh) | سيقان |
| 1002 | voeten | feet | pieds | ayaklar(ımız) | kaki-kaki (di bawah mata kaki) | أرجل |
| 1003 | armen | arms | bras | kollar(ımız) | lengan-lengan | أذرع |
| 1004 | handen | hands | mains | eller(imiz) | tangan-tangan | أيادي |
| 1005 | vingers | fingers | doigts | parmaklar(ımız) | jari-jari | أصابع |
| 1006 | haar | hair | cheveux | saçlar(ımız) | rambut | شَعر |
| 1007 | grijs | gray | gris | ak | uban | رمادي |
| 1008 | verdwijnt | disappears | disparaissent | dökülür | lenyap | يختفي |
| 1009 | deel | part | partie | bölüm | bagian | قسم، جزء |
| 1010 | gedeelte | part | part, partie | kısım | bagian | قسم، جزء |
| 1011 | oude | elderly | vieilles | yaşlı | yang tua | كبار بالسّن |
| 1012 | pijn | pain | mal | sancı, ağrı | sakit | وجع |
| 1013 | rug | back | dos | sırt | punggung | ظهر |
| 1014 | schouder | shoulder | épaule | omuz | bahu | كتف |
| 1015 | last | trouble | ennui | dert, sorun | kerewelan | متاعب |
| 1016 | hart | heart | coeur | kalp | jantung | قلب |
| 1017 | loop | (in de - der) in the course of | cours | süre(since) | (in de - van) berlalunya | مجرى |
| 1018 | der | of the | des | - | daripada | الـ |
| 1019 | jaren | years | années | yıllar | tahun-tahun | سنين |
| 1020 | krachtig | strong | puissant | kuvvetli | bertenaga | قوي |
| 1021 | sterk | strong | fort | güçlü | kuat | قوي |
| 1022 | huid | skin | peau | deri(miz) | kulit | بشرة |
| 1023 | droog | dry | sèche | kuru | kering | جافة |
| 1024 | gezicht | face | visage | yüz(ümüz) | wajah | وجه |
| 1025 | vaker | more often | plus souvent | daha sık | lebih sering | غالباً |

Ik ben ziek. Ik *voel* me niet goed. Ik heb *hoofdpijn* (= pijn in mijn *hoofd*) en mijn gezicht is warm.

20 – Zal ik de dokter *roepen* (laten komen)? Zal ik de dokter *bellen* (= *telefone-ren*) en *vragen* of hij *langs komt*? Er is een *telefoon* hier vlak in de buurt. Even kijken wat zijn nummer is.

'Met Joosten' (...).

25 – 'Met wie spreek ik? Met dokter Jansen?'

'Nee. Dan bent u verkeerd *verbonden*. U hebt een verkeerd nummer *ge-draaid* (*gekozen*)'.

– 'O, *neemt u mij niet kwalijk*'.

30 'Jansen' (...).

– 'Met dokter Jansen?'

'Ja, daar spreekt u *mee*.'

– 'Met mevrouw Branca. Mijn zoon is ziek. Zijn gezicht is helemaal *rood* en hij wil niet eten. Kunt U misschien komen?'

35 'Ja, waar woont u?'

– 'In de Tooropstraat, nummer 27.'

'Goed, ik kom tussen *elf* en twaalf uur. *Tot straks*. Dag mevrouw Branca'.

– 'Dag dokter'.

| | | | | | |
|---|---|---|---|---|---|
| 1026 | voel | feel | sens | hissetmiyorum | merasa | أشعر، أحسّ |
| 1027 | hoofdpijn | headache | mal à la tête | baş ağrısı | sakit kepala | صداع |
| 1028 | hoofd | head | tête | baş | kepala | رأس |
| 1029 | roepen | call | appeler | çağırmak | memanggil | نادى |
| 1030 | bellen | phone | téléphoner | telefon etmek | menelpon | إتّصل هاتفياً |
| 1031 | telefoneren | phone | téléphoner | telefon etmek | menelpon | إتّصل هاتفياً |
| 1032 | vragen | ask | demander | sormak | bertanya | سأل |
| 1033 | langs komt | drops by | passe | uğramasını | mampir | يأتي صوب |
| 1034 | telefoon | phone | téléphone | telefon | telepon | تلفون |
| 1035 | verbonden | connected | relié | bağlandı | bersambung | متّصل |
| 1036 | gedraaid | dialled | tourné (composé) | çevirdiniz | memutar | طلبت |
| 1037 | gekozen | chosen | choisi | çevirdiniz | memilih | إخترت |
| 1038 | neemt u mij niet kwalijk | excuse me | pardon | kusuruma bakmayın | maafkan saya | لا تواَخذني |
| 1039 | mee | with | avec | ile | dengan | مع |
| 1040 | rood | red | rouge | kırmızı | merah | أحمر |
| 1041 | elf | eleven | onze | onbir | sebelas | أحد عشرة |
| 1042 | tot straks | see you soon | à tout à l'heure | görüşmek üzere | sampai nanti | لاحقاً |

## Het lichaam

Het menselijke _____ lijkt op een machine. We moeten er _____ voor zorgen: dan blijft ons lichaam in _____ staat. Net als een machine heeft ons _____ voedsel nodig. Maar met mate, anders worden _____ te dik. Soms is ons lichaam niet _____ orde. We zijn dan ziek. Als het _____ is, laten we ons behandelen door een _____. Als we een aantal uren hebben gewerkt, _____ ons lichaam behoefte aan rust. Om gezond _____ blijven, moeten we voldoende slapen. Net als _____ machine moet ons lichaam regelmatig in bedrijf _____. We moeten ons voldoende bewegen. We moeten _____ beweging blijven. En, als het lichaam ouder _____, werkt het, precies zoals een machine, minder _____. Onze ogen zien en oren horen _____. Onze benen en voeten, maar ook onze _____, handen en vingers bewegen minder snel. Ons _____ wordt grijs, verdwijnt voor een deel en _____ helemaal. Veel oude mensen krijgen pijn in _____ rug of aan hun schouder. Veel mensen _____ last van hun hart. In de loop _____ jaren wordt het lichaam minder krachtig. Onze _____ wordt droog en ons gezicht wordt minder _____. Oude mensen gaan vaker naar de dokter.

_____ ben ziek. Ik voel me niet goed. _____ heb hoofdpijn en mijn gezicht is warm.

– _____ ik de dokter roepen? Zal ik de _____ bellen en vragen of hij langs komt? _____ is een telefoon hier vlak in de _____. Even kijken wat zijn nummer is.

'Met _____'.

– 'Met wie spreek ik? Met dokter Jansen?'

'_____. Dan bent u verkeerd verbonden. U hebt _____ verkeerd nummer gedraaid.'

– 'O, neemt u mij _____ kwalijk.'

'Jansen'.

– 'Met dokter Jansen?'

'Ja, daar _____ u mee.'

– 'Met mevrouw Branca. Mijn zoon _____ ziek. Zijn gezicht is helemaal rood en _____ wil niet eten. Kunt U misschien komen?'

'_____, waar woont u?'

– 'In de Tooropstraat, nummer _____.'

'Goed, ik kom tussen elf en twaalf _____. Tot straks. Dag mevrouw Branca.'

– 'Dag dokter.'

## Geef antwoord:

a. Hoeveel uur slapen mensen gemiddeld?
b. Slaapt iedereen ongeveer even lang?
c. Hoe oud wordt de mens gemiddeld?
d. Is dat voor elk land hetzelfde? Hoe komt dat?

## Grammatica:

**Ik** voel **me** niet goed.
Voel **jij je** vaak niet goed?
Nee, **veel mensen** voelen **zich** in deze periode niet goed.
**Mijn vader** voelt **zich** bij voorbeeld ook niet goed.
In welke periode voelen **jullie je** vaak niet goed?
In het voorjaar, direct na de winter voelen **we ons** vaak niet goed!

## Vul in of aan:

■ Vroeger _was_ ik dikwijls ziek. Ik voelde _me_ vaak niet goed. Ik wist toen niet hoe dat kw_am_. Een vriend van mij zei: beweeg _je je_ wel genoeg? Ik heb daarover nagedacht en vastgesteld dat ik _te niet_ voldoende bewoog. Ik _deed_ in die tijd nauwelijks aan sport. Ik l_iep_ alleen van huis naar het station, tien minuten _per_ dag. Nu d_oe_ ik veel aan sport en ik _voel me_ bijna nooit meer ziek!

■ Mijn vader is ziek. Hij voelt _zich_ niet goed. Hij heeft erge pijn in _zijn_ rug. Ik heb de dokter _roepen_. Hij komt _tussen_ elf en twaalf uur. Wat heeft de dokter _gezegd_? Hij z_ei_: je vader moet een p_aar_ dagen in bed blijven. Waarschijnlijk verdw_ijnt_ na een paar dagen de pijn. Zodra de pijn is _gegaan_, mag hij weer werken.

_verdwijnen_
_verdwenen_

105

# 19

## De dokter

1   Bent u wel *eens* (= *ooit*) ziek geweest?
— Ja, iedereen is wel eens ziek, maar meestal is het niet ernstig. Bent u ooit
bij een dokter geweest?
— Ja, maar niet wegens (= *vanwege*) een *ziekte*. Veel mensen gaan naar de
5   dokter om *ziektes* te *voorkomen*. Kleine kinderen gaan in Nederland regelmatig voor onderzoek naar de dokter. Dat onderzoek is *gratis*. Je *hoeft*
daarvoor *niets* (= *niks*) te betalen. Zo kan een dokter al heel vroeg bepaalde problemen *opmerken*: zijn de ogen en de oren van het kind in orde? Dat
is straks op school belangrijk. Groeit het kind voldoende? Zo niet, wat is
10   daarvan de oorzaak? Het voordeel van dit *systeem* is dat mensen minder
vaak ziek zijn.

De medische zorg is in Nederland als volgt *georganiseerd*. Aan de *basis* staat
de *huisarts*. In eerste *instantie* gaan we *dan ook* naar de huisarts. Voor de
15   meeste ziektes weet de huisarts een *oplossing*. Als hij geen oplossing weet of
*foto's* wil laten maken, *stuurt* hij je naar de *specialist*. De meeste *specialisten*
zijn verbonden aan een *ziekenhuis*. Ben je heel erg ziek, dan moet je in het
ziekenhuis blijven.

20   Hoeveel kost een dokter? Een bezoek aan de huisarts kost ongeveer (=
rond de) dertig *gulden*. Komt de huisarts bij je thuis, dan moet je meestal
(= *in het algemeen*) *iets* meer betalen. Bij een specialist *betaal* je tussen de
vijftig en honderd gulden. Het eerste bezoek is meestal *duurder* dan het *volgende*. En *lig* je in het ziekenhuis, dan moet je per dag tussen de 300 en 500
25   gulden betalen. Dat kan de *gemiddelde patiënt* natuurlijk niet betalen. Vrijwel iedereen is dan ook *verzekerd* tegen *kosten bij* ziekte (= *ziektekosten*). In
veel *gevallen* is dat overigens *verplicht*. Anders zou je de dokter in het ziekenhuis niet kunnen betalen. En dan *raak* je bij ziekte dus in nog *grotere*
problemen! Dan *levert* ziekte ook nog *financiële* problemen *op*.

| | | | | | | |
|---|---|---|---|---|---|---|
| 1043 | eens | ever | une fois | hiç | pernah | أبداً |
| 1044 | ooit | ever | jamais | hiç | pernah | أبداً |
| 1045 | ziekte | illness | maladie | hastalık | penyakit | مرض |
| 1046 | ziektes | illnesses | maladies | hastalıklar | penyakit-penyakit | أمراض |
| 1047 | voorkomen | prevent | prévenir | önlemek | mencegah | يتجنبوا |
| 1048 | gratis | free | gratuit | ücretsiz | gratis | مجاني |
| 1049 | hoeft | need | dois | gerekmez | perlu | تحتاج |
| 1050 | niets | nothing | rien | hiçbir şey | tidak suatu pun | لا شيء |
| 1051 | niks | nothing | rien | hiçbir şey | tidak suatu pun | لا شيء |
| 1052 | opmerken | notice | remarquer | saptayabilir | memperhatikan | يلاحظ |
| 1053 | systeem | system | système | sistem | sistem | نظام |
| 1054 | georganiseerd | organized | organisé | örgütlenmiştir | terorganisir | منظّم |
| 1055 | basis | basis | base | temelde | dasar | قاعدة |
| 1056 | huisarts | general practioner | médecin de famille | ev doktoru | dokter umum | طبيب المنزل |
| 1057 | instantie | instance | instance | ilk olarak | tempat | فترة |
| 1058 | dan ook | - | aussi | ne olursa olsun | maka dari itu- | كذلك |
| 1059 | oplossing | solution | solution | çözüm | pemecahan | حلّ |
| 1060 | foto's | photos/x-rays | photos, radios | fotoğraflar | potret-potret | صور |
| 1061 | stuurt | sends | envoie | yollar | mengutus | يُرسِل |
| 1062 | specialist | specialist | spécialiste | mütehassıs | spesialis | مختص |
| 1063 | specialisten | specialists | spécialistes | mütehassıslar | spesialis-sp esial is | متخصّصون |
| 1064 | ziekenhuis | hospital | hôpital | hastahane | rumah sakit | مستشفى |
| 1065 | gulden | guilders | florin | gulden | gulden | فلوران |
| 1066 | in het algemeen | in general | en général | genellikle | pada umumnya | على العموم |
| 1067 | iets | a little bit | quelque chose, un peu | biraz | sedikit | شيء |
| 1068 | betaal | pay | paies | ödersin | membayar | تدفع |
| 1069 | duurder | more expensive | plus cher | daha pahalı | lebih mahal | أغلى |
| 1070 | volgende | next | suivante | bir sonraki | berikutnya | تالي |
| 1071 | lig | lie | es (couché) | yatarsın | berbaring | تتمدّد |
| 1072 | gemiddelde | average | en moyenne | vasati | -yang rata-rata | متوسّط |
| 1073 | patiënt | patient | patient | hasta | pasien | مريض |
| 1074 | verzekerd | insured | assuré | sigortalı | masuk asuransi | مؤمّن |
| 1075 | kosten | cost | frais | masraflar | biaya-biaya | تكاليف |
| 1076 | bij | of | en cas de | esnasındaki | pada waktu | عند |
| 1077 | ziektekosten | medical expenses | frais de maladie | hastalık masrafları | biaya-biaya pada waktu sakit | تكاليف المرض |
| 1078 | gevallen | cases | cas | durum, hal | hal-hal | حالات |
| 1079 | verplicht | obligatory | obligatoire | mecburi | diwajibkan | إجباريّ |
| 1080 | raak | get (into) | aboutis, viens | karşılaşırsın | masuk | تقع |
| 1081 | grotere | bigger | plus grands | daha büyük | yang lebih besar | أكبر |
| 1082 | levert op | presents | donne, produit | doğurur | mengakibatkan | تنتج |
| 1083 | financiële | financial | financiers | maddi | keuangan | ماديّة |

## De dokter

_____ u wel eens ziek geweest?

– Ja, iedereen _____ wel eens ziek, maar meestal is het _____ ernstig. Bent u ooit bij een dokter _____?

– Ja, maar niet wegens een ziekte. Veel _____ gaan naar de dokter om ziektes te _____. Kleine kinderen gaan in Nederland regelmatig voor _____ naar de dokter. Dat onderzoek is gratis. _____ hoeft daarvoor niets te betalen. Zo kan _____ dokter al heel vroeg bepaalde problemen opmerken: _____ de ogen en de oren van het _____ in orde? Dat is straks op school _____. Groeit het kind voldoende? Zo niet, wat _____ daarvan de oorzaak? Het voordeel van dit _____ is dat mensen minder vaak ziek zijn.

_____ medische zorg is in Nederland als volgt _____.

Aan de basis staat de huisarts. In _____ instantie gaan we dan ook naar de _____. Voor de meeste ziektes weet de huisarts _____ oplossing. Als hij geen oplossing weet of _____'s wil laten maken stuurt hij je _____ de specialist. De meeste specialisten zijn verbonden _____ een ziekenhuis. Ben je heel erg ziek, _____ moet je in het ziekenhuis blijven.

Hoeveel _____ een dokter?

Een bezoek aan de huisarts _____ ongeveer dertig gulden. Komt de huisarts bij _____ thuis, dan moet je meestal iets meer _____. Bij een specialist betaal je tussen de _____ en honderd gulden. Het eerste bezoek is _____ duurder dan het volgende. En lig je _____ het ziekenhuis, dan moet je per dag _____ de 300 en 500 gulden betalen. Dat _____ de gemiddelde patiënt natuurlijk niet betalen. Vrijwel _____ is dan ook verzekerd tegen kosten bij _____. In veel gevallen is dat overigens verplicht. _____ zou je de dokter in het ziekenhuis _____ kunnen betalen. En dan raak je bij _____ dus in nog grotere problemen! Dan levert _____ ook nog financiële problemen op.

## Geef antwoord:

a. Hoeveel kost een dag in het ziekenhuis in Nederland?
b. Is dat duurder of goedkoper dan in jouw (uw) land?
c. Ben je (Bent u) verzekerd tegen ziektekosten?
d. Hoeveel moet je (u) daarvoor betalen?

## Vul in of aan:

Laatst ben ik samen met mijn ouders naar de dokter _____. Hij vroeg ons eerst _____ we woonden. Daarna vroeg hij _____ we verzekerd waren _____ ziekte. Pas daarna vroeg hij: _____ is het probleem? Waarvoor bent u bij _____ gekomen? Mijn vader vertelde hem dat hij last had van pijn in _____ rug.
Heeft de dokter zijn rug toen _____?
Nee, hij vroeg waar hij werkte. Toen mijn vader _____ waar hij werkte, _____ de dokter: dan moet u een paar dagen rust houden. Het werk dat u doet, is erg gevaarlijk voor _____ rug. Op het bedrijf _____ u werkt, krijgt bijna iedereen _____ van zijn rug.

# 20

## Sheila

1   Sheila woont *sinds kort* in Nederland. Ze komt uit Egypte.
Hoe ben je naar Nederland *gekomen*?
– Per (= Met het) *vliegtuig*.
Kun je ook anders *reizen* dan per vliegtuig?
5   – Ja, dat is wel mogelijk, maar niet erg gemakkelijk. Je kunt per *schip* naar
*Griekenland* gaan en *vandaar* de trein *nemen*. Maar dat duurt wel een paar
dagen. Met het vliegtuig was ik *binnen* een halve dag in Nederland.
Had je al ooit (= eens) eerder *gevlogen*?
– Nee, dit was de eerste keer in mijn *bestaan* (= leven).
10  Ben je helemaal alleen gekomen of samen met iemand anders?
– Alleen.
Waarom ben je naar Nederland *gegaan* (= gekomen)?
– Een *vriendin* van mij woont al sinds een paar jaar in Nederland. Sinds
haar *vertrek* naar Nederland *schreven* we elkaar regelmatig. We *zaten* vroe-
15  ger op *dezelfde* school. Ze had me al eens *geschreven* of ik geen *zin* had naar
Nederland te komen. Ik heb *daarover* een *tijdje nagedacht*. Die *gedachte trok*
me wel *aan*. Ze *schreef* ook dat je hier *makkelijk werk* kon vinden. Ook kon ik
*eventueel* verder leren. Bovendien *bood* ze mij *aan* dat ik bij *haar* kon komen
wonen. Ik *hoefde* dus geen kamer te *zoeken*. Ik heb haar *voorstel aangenomen*.
20  En, *bevalt* Nederland je?
– Ja, maar eerst (= *aanvankelijk, in het begin*) had ik wel *moeite* met Nederland. Ik *voelde* mij erg alleen. Niemand praat tegen je, *zelfs* niet in de bus,
de trein of de *tram*.
Je hebt *toch* je vriendin om tegen (= mee) te praten?
25  – Ja, maar ze werkt de hele dag en komt pas 's avonds laat thuis.
Ben je daarom Nederlands gaan leren?
– Ja, *onder andere* (= *o.a.*). Ik heb *besloten* Nederlands te leren om met *anderen* in *contact* te komen. Als niemand iets tegen mij zegt, *begin* ik nu zelf te
praten.

| | Dutch | English | French | Turkish | Indonesian | Arabic |
|---|---|---|---|---|---|---|
| 1084 | Sheila | Sheila | Sheila | Sheila | Sheila | إسم فتاة |
| 1085 | sinds kort | for some time | depuis peu | kısa süreden beri | baru saja | منذ وقت قصير |
| 1086 | gekomen | come | venue | geldin | datang | أتيت |
| 1087 | vliegtuig | plane | avion | uçak | pesawat terbang | طائرة |
| 1088 | reizen | travel | voyager | seyahat etmek | bepergian | تسافري |
| 1089 | schip | boat, ship | bateau | gemi | kapal | باخرة |
| 1090 | Griekenland | Greece | Grèce | Yunanistan | negeri Yunani | اليونان |
| 1091 | vandaar | from there | de là | oradan | dari sana | من هنالك |
| 1092 | nemen | catch | prendre | binebilirsin | menumpang | تستقل |
| 1093 | binnen | within | en (moins de) | içinde | dalam | خلال |
| 1094 | gevlogen | flown | volé | uçmuş muydun | terbang | طرت |
| 1095 | bestaan | existence | existence | hayat | kehidupan | حياة |
| 1096 | gegaan | gone | allée | gittin | pergi | ذهبت، أتيت |
| 1097 | vriendin | (female) friend | amie | arkadaş | teman (wanita) | صديقة |
| 1098 | vertrek | departure | départ | hareket, ayrılış | keberangkatan | رحيل |
| 1099 | schreven | wrote | écrivions | yazdık | menulis | نكاتب |
| 1100 | zaten | ware *were* | étions (assis) | -daydık | duduk | جلسنا |
| 1101 | dezelfde | the same | la même | aynı | yang sama | نفس، ذات |
| 1102 | geschreven | written | écrit | yazmıştı | menulis | كتبت |
| 1103 | zin *hebben (in)* | (- had) felt like | envie | istek | suka | رغبة |
| 1104 | daarover | about this | sur cela | onun üzerinde | mengenai hal itu | حول ذلك |
| 1105 | tijdje | while | un peu de temps | biraz | beberapa waktu | وقت قصير |
| 1106 | nagedacht *vb* | thought | réfléchi | düşündüm | berpikir | فكرت |
| 1107 | gedachte *n* | thought | pensée | düşünce, fikir | pikiran | فكرة |
| 1108 | trok ... aan | attracted | attirait | çekti | menarik | جذبت |
| 1109 | schreef | wrote | écrivait | yazdı | menulis | كتبت |
| 1110 | makkelijk | easily | facilement | kolayca | mudah | بسهولة |
| 1111 | werk | work | travail | iş | pekerjaan | عمل |
| 1112 | eventueel | perhaps | éventuellement | gerekirse | jika perlu | إمكاناً |
| 1113 | bood ... aan | offered | offrait | teklif etti | menawarkan | عرضت |
| 1114 | haar | her | elle | onun | -dia (wanita) | ها |
| 1115 | hoefde | need*ed* | devais | gerekmiyordu | perlu | إحتجت |
| 1116 | zoeken | look for | chercher | aramak | mencari | أبحث |
| 1117 | voorstel | proposal | proposition | teklif | usul | عرض |
| 1118 | aangenomen | accepted | accepté | kabul ettim | menerima | قبلت |
| 1119 | bevalt | how do (you) like | plaît | hoşuna gidiyor mu | menyenangkan | تعجب |
| 1120 | aanvankelijk | at first | d'abord | önceleri | tadinya | أولاً |
| 1121 | in het begin | in the beginning | au début | başlangıçta | mula-mula | في البداية |
| 1122 | moeite | difficulty | peine, difficultés | zorluk | kesulitan | صعوبة |
| 1123 | voelde | felt | sentais | hissettim | merasa | شعرت |
| 1124 | zelfs | even | même | bile, hatta | bahkan | حتى |
| 1125 | tram | tram | tram | tramvay | tram (kereta gantung) | ترام |
| 1126 | toch | ..., don't you | tout de même | değil mi | toh | مع ذلك |
| 1127 | onder andere | amongst other things | entre autre | bunun yanısıra | antara | من بين ... أخرى |
| 1128 | o.a. | a.o. | e.a. | bunun yanısıra | a.l. | من بين ... أخرى |
| 1129 | besloten | decided | décidé | karar verdim | menutuskan | قرّرت |
| 1130 | anderen | others | d'autres | başkaları | orang-orang lain | آخرون |
| 1131 | contact | contact | contact | ilişki | berhubungan | إتصال |
| 1132 | begin | begin | commence | başlıyorum | memulai | أبدأ |

*bevallen → to please*

## Sheila

Sheila woont _____ kort in Nederland. Ze komt uit Egypte.

_____ ben je naar Nederland gekomen?

– Per vliegtuig.

_____ je ook anders reizen dan per vliegtuig?

– _____, dat is wel mogelijk, maar niet erg _____. Je kunt per schip naar Griekenland gaan _____ vandaar de trein nemen. Maar dat duurt _____ een paar dagen. Met het vliegtuig was _____ binnen een halve dag in Nederland.

– Had _____ al ooit eerder gevlogen?

Nee, dit was _____ eerste keer in mijn bestaan.

– Ben je _____ alleen gekomen of samen met iemand anders?

_____.

– Waarom ben je naar Nederland gegaan?

Een _____ van mij woont al sinds een paar _____ in Nederland. Sinds haar vertrek naar Nederland _____ we elkaar regelmatig. We zaten vroeger op _____ school. Ze had me al eens geschreven _____ ik geen zin had naar Nederland te _____. Ik heb daarover een tijdje nagedacht. Die _____ trok me wel aan. Ze schreef ook _____ je hier makkelijk werk kon vinden. Ook _____ ik eventueel verder leren. Bovendien bood ze _____ aan dat ik bij haar kon komen _____. Ik hoefde dus geen kamer te zoeken. _____ heb haar voorstel aangenomen.

– En, bevalt Nederland _____?

Ja, maar eerst had ik wel moeite _____ Nederland. Ik voelde mij erg alleen. Niemand _____ tegen je, zelfs niet in de bus, _____ trein of de tram.

– Je hebt toch _____ vriendin om tegen te praten?

Ja, maar _____ werkt de hele dag en komt pas '_____ avonds laat thuis.

– Ben je daarom Nederlands _____ leren?

Ja, onder andere. Ik heb besloten _____ te leren om met anderen in contact _____ komen. Als niemand iets tegen mij zegt, _____ ik nu zelf te praten.

112

## Geef antwoord:

a. Sinds wanneer woon je in Nederland?
b. Hoe ben je hier gekomen?
c. Heb je familie of vrienden in Nederland?
d. Waarom ben je naar Nederland gekomen?
e. Ben je van plan in Nederland te blijven?

## Vul in of aan:

■ Woont u al lang in Nederland? Nee, ik woon nog _____ lang in Nederland. Heeft u familie of vrienden in Nederland? Nee, ik heb _____ familie, maar wel een vriend in Nederland. Waarom bent u naar Nederland _____? Voor mijn werk. Ik werk bij een bedrijf dat in een gr _____ aantal landen zit. Hoeveel jaar _____ u in Nederland? Meestal blijf ik drie jaar in een land.

■ Hebt u kinderen? Ja, twee d _____ en een _____. Hoe _____ zijn ze? Mijn oudste dochter is zestien, mijn j _____ dochter is vijftien en mijn zoon is 8 ( _____ ) jaar. Ze gaan dus al naar school. Vormt de Nederlandse taal _____ probleem? Nee, ze gaan naar een school waar de lessen in het Engels w _____ gegeven. Kennen ze ook al een beetje Nederlands? Ja, ze krijgen _____ school twee uur _____ week Nederlands. We blijven hier immers drie jaar. Toen we in Frankrijk w _____ , hebben ze ook Frans _____ .

# 21

## Een *brief*

1    *Lieve* moeder,

Heb je mijn brief van *vorige* week al *ontvangen*? Ik heb *daarin* geschreven dat ik nu Nederlands leer. Nou, ik kan je nu *melden* (*vertellen*, zeggen) dat het
5    heel goed *gaat*. Het lukt me al om *eenvoudige* dingen in het Nederlands te zeggen. Als ik iets *nodig heb* in de winkel *vraag* ik het nu in het Nederlands. Vroeger (= Eerst) moest ik *alles aanwijzen* of zelf *pakken*. Als ik iets *wilde* hebben wat ik niet *zag*, kon ik het niet *kopen*. Dat is nu gelukkig *voorbij*. Bovendien lijkt het *of* (= *alsof*) de mensen nu *aardiger* tegen mij zijn. Je be-
10    grijpt dat ik dus erg *blij* ben dat ik Nederlands ben gaan leren.
        Het leven is hier wel *volledig* (= totaal) anders dan (= *als*) bij ons thuis. De winkels *sluiten* hier bij voorbeeld al om zes uur en vaak nog eerder. Op sommige dagen midden in de week *blijken* ook allerlei winkels *gesloten* (= *dicht*).
15        's Avonds is er buiten niets te doen. De *straten*, ook in de stad, zijn bijna (= praktisch) *geheel verlaten*. De *restaurants* zijn na 8 uur 's avonds *leeg*. Het lijkt wel of (= *alsof*) *Nederlanders* niet van eten buitenshuis houden. Iedereen *maakt* hier zelf zijn eten *klaar*. Daarna kijkt men nog wat *televisie* en *vervolgens* gaat men slapen.
20        Ik vroeg me laatst af waarom de mensen hier zo anders leven. Iemand *zei* me: door het *klimaat*. Het is buiten meestal te koud, er staat veel *wind* of het regent. Dat *dwingt* de mensen thuis te blijven. Ze noemen dat hier een '*zacht*' klimaat! Het klimaat heeft *kennelijk* grote *invloed* op de manier van leven.
25        O ja, dat *vergat* ik nog: ik woon hier maar *voorlopig*. Ik *denk* nog tot het *einde* van de volgende *maand*. Ik *krijg* dan waarschijnlijk een grotere kamer. Ik *beschik* hier over weinig ruimte.
        Ik *stop* nu met schrijven. *Zit alsjeblieft* niet meer in angst over mij, want alles gaat goed. Tot gauw!
                                                                                                                    Je,

| | | | | | | |
|---|---|---|---|---|---|---|
| 1133 | brief | letter | lettre | mektup | surat | رسالة |
| 1134 | lieve | dear | chère | sevgili | -yang terkasih | عزيزة |
| 1135 | vorige | last | passée | geçen | yang lalu | فائت، سابق |
| 1136 | ontvangen | received | reçu | aldın mı | menerima | استلمت؟ |
| 1137 | daarin | in it | là dedans | içinde | di dalamnya | فيها |
| 1138 | melden | tell | informer, annoncer | bildirebilirim | memberitahu | أعلمُ |
| 1139 | vertellen | tell | raconter | söyleyebilirim | menceritakan | أخبر |
| 1140 | gaat | (I'm) doing (well) | va | gidiyor | keadaannya | تذهب |
| 1141 | eenvoudige | simple | simples | kolay | yang sederhana | بسيطة |
| 1142 | nodig heb | need | ai besoin | ihtiyacım varsa | memerlukan | أحتاج |
| 1143 | vraag | ask | demande | soruyorum | bertanya | أسأل |
| 1144 | alles | everything | tout | herşeyi | semua | كل شيء |
| 1145 | aanwijzen | point out | indiquer | göstermek | menunjukkan | أشير إلى |
| 1146 | pakken | get | prendre | almak | mengambil | آخذ |
| 1147 | wilde | wanted | voulais | istediğimde | mau | أردتُ |
| 1148 | zag | saw | voyais | görmediğim | melihat | رأيتُ |
| 1149 | kopen | buy | acheter | satın almak | membeli | إشترى |
| 1150 | voorbij | over | fini, passé | geçti | berlalu | مَنته |
| 1151 | of | as if | comme si | sanki | seperti | كأنّ |
| 1152 | alsof | as if | comme si | sanki | seperti | كأنّ |
| 1153 | aardiger | nicer | plus gentil | daha nazik | lebih ramah | ألطف |
| 1154 | blij | glad | contente, heureuse | mutlu, memnun | senang | مسرور |
| 1155 | volledig | completely | complètement | büsbütün | samasekali | تماماً |
| 1156 | als | than | que | -e, -a nazaran | dibandingkan | عن |
| 1157 | sluiten | close | ferment | kapanıyor | tutup | يقفلون |
| 1158 | blijken | appear | se trouvent être | görülüyor | ternyata | يبدُون |
| 1159 | gesloten | closed | fermés | kapalı | tutup | مقفلة |
| 1160 | dicht | closed | fermés | kapalı | tutup | مقفلة |
| 1161 | straten | streets | rues | sokaklar | jalanan | شوارع |
| 1162 | geheel | completely | entièrement | tamamen | samasekali | كاملاً |
| 1163 | verlaten | deserted | désertes | terkedilmiş | sepi | فارغة |
| 1164 | restaurants | restaurants | restaurants | lokantalar | rumah-rumah makan | مطاعم |
| 1165 | leeg | empty | vides | boş | kosong | فارغة |
| 1166 | Nederlanders | Dutch | Néerlandais | Hollanda'lılar | orang-orang Belanda | هولنديّون |
| 1167 | maakt ... klaar | prepares | prépare | yapıyor | memasak | يحضر |
| 1168 | televisie | television | télévision | televizyon | televisi | تلفزيون |
| 1169 | vervolgens | subsequently, then | ensuite | daha sonra | selanjutnya | بعد ذلك |
| 1170 | zei | told | disait | söyledi | mengatakan | قال |
| 1171 | klimaat | climate | climat | iklim | iklim | المناخ |
| 1172 | wind | wind | vent | rüzgar | angin | ريح |
| 1173 | dwingt | forces | oblige | zorunluyor | memaksa | يجبر |
| 1174 | zacht | mild | doux | yumuşak | lembut | ناعم |
| 1175 | kennelijk | apparently | apparemment | görünüşe göre | nyata | ظاهرياً |
| 1176 | invloed | influence | influence | etki | pengaruh | تأثير |
| 1177 | vergat | forgot | oubliais | unuttum | terlupa | نسيتُ |
| 1178 | voorlopig | for the time being | provisoirement | geçici olarak | sementara | للوقت الحاضر |
| 1179 | denk | think | pense | tahminen | pikir | أفكر |
| 1180 | einde | end | fin | son(una) | akhir | نهاية |
| 1181 | maand | month | mois | ay(ın) | bulan | شهر |
| 1182 | krijg | get | obtiens | ele geçireceğim | mendapat | أحصل على |
| 1183 | beschik | have at (my) disposal | dispose | sahibim | mempunyai | أتوفّر على |
| 1184 | stop | stopping | m'arrête | kesiyorum | berhenti | أتوقّف |
| 1185 | zit | (- in angst) be | aie | korkma | (- in angst) berada (dalam ketakutan) | إجلسي (كوني) |
| 1186 | alsjeblieft | please | s'il te plaît | lütfen | kiranya... | من فضلك |

## Een brief

Lieve moeder,

_____ je mijn brief van vorige week al _____? Ik heb daarin geschreven dat ik nu _____ leer. Nou, ik kan je nu melden _____ het heel goed gaat. Het lukt me _____ om eenvoudige dingen in het Nederlands te _____. Als ik iets nodig heb in de _____ vraag ik het nu in het Nederlands. _____ moest ik alles aanwijzen of zelf pakken. _____ ik iets wilde hebben wat ik niet _____, kon ik het niet kopen. Dat is _____ gelukkig voorbij. Bovendien lijkt het of de _____ nu aardiger tegen mij zijn. Je begrijpt _____ ik dus erg blij ben dat ik _____ ben gaan leren.

Het leven is hier _____ volledig anders dan bij ons thuis. De _____ sluiten hier bij voorbeeld al om zes uur _____ vaak nog eerder. Op sommige dagen midden _____ de week blijken ook allerlei winkels gesloten.

' _____ Avonds is er buiten niets te doen. _____ straten, ook in de stad, zijn bijna _____ verlaten. De restaurants zijn na 8 uur ' _____ avonds leeg. Het lijkt wel of Nederlanders _____ van eten buitenshuis houden. Iedereen maakt hier _____ zijn eten klaar. Daarna kijkt men nog _____ televisie en vervolgens gaat men slapen.

Ik _____ me laatst af waarom de mensen hier _____ anders leven. Iemand zei me: door het _____. Het is buiten meestal te koud, er _____ veel wind of het regent. Dat dwingt _____ mensen thuis te blijven. Ze noemen dat _____ een 'zacht' klimaat! Het klimaat heeft kennelijk _____ invloed op de manier van leven.

O _____, dat vergat ik nog: ik woon hier _____ voorlopig. Ik denk nog tot het einde _____ de volgende maand. Ik krijg dan waarschijnlijk _____ grotere kamer. Ik beschik hier over weinig _____.

Ik stop nu met schrijven. Zit alsjeblieft _____ meer in angst over mij, want alles _____ goed. Tot gauw!

Je,

116

## Geef antwoord:

a. Schrijf je vaak brieven? Vertel hoe vaak.
b. Naar wie schrijf je bij voorbeeld?
c. Schrijf je lange of korte brieven? Over welke onderwerpen?
d. Ontvang je ook brieven? Van wie en hoe dikwijls?
e. Hoeveel kost een brief naar het buitenland?

## Grammatica:

Ik leer Nederlands.
Ik **heb** Nederlands **geleerd**.

Zij **gaat** nu Nederlands **leren**.
Ze **is** Nederlands **gaan leren**.

*she has gone*

Ik **moet** Nederlands **leren**.
Ik **heb** Nederlands **moeten leren**.

Ze **mocht** bij een vriendin **wonen**.
Ze **heeft** bij een vriendin **mogen wonen**.

*has been allowed*

Anne **wil** Nederlands **leren**.
Anne **heeft** altijd Nederlands **willen leren**.

Ze **kon** geen werk **vinden**.
Ze **heeft** eerst geen werk **kunnen vinden**.

Marie **komt** in Nederland **wonen**.
Marie **is** hier vorig jaar **komen wonen**.

Ze **bleef** werk **zoeken**.
Ze **is** werk **blijven zoeken**.

## Vul in of aan:

Het is al laat. Ik moet nog boodschappen d _oen_ . Gisteren heb ik ook al boodschappen _moeten_ doen. Daarna wilde ik eten in een restaurant. Gisteren heb ik ook al in een restaurant _willen_ eten. Het bleek echter _dat_ na negen uur alle restaurants al gesloten w _aren_ . Rond die tijd zijn de restaurants in ons land juist vol. Hier zie je alleen maar l _ege_ restaurants. Daardoor heb ik gisteravond niet _kunnen_ eten. Ik ben toen maar weer naar huis _____. Vervolgens ben ik nogal vroeg _gaan_ slapen.

## 22

## Europa

1 Europa bestaat uit een groot aantal landen. In vrijwel elk land spreekt men een andere taal. Een taal die veel mensen spreken is meestal (= in het algemeen) *belangrijker* dan een taal die door weinig mensen wordt *gesproken*. Om die reden zijn Engels, *Frans* en *Duits* belangrijker dan Neder-
5 lands. En daarom moeten wij op school Engels, Frans en Duits leren. Engels is de *belangrijkste* taal en Frans wordt als een *belangrijkere* taal *beschouwd* dan Duits.
– Hoe komt dat?
Vroeger (= In het *verleden*) *bezat* Frankrijk gebieden buiten Europa waar
10 men ook Frans *sprak*, vooral in Afrika, maar bij voorbeeld ook in *Canada*. In bepaalde delen van Canada spreekt de bevolking nog steeds Frans.
– Dus het aantal mensen *dat* een taal spreekt, *bepaalt* of een taal belangrijk is?
Niet *noodzakelijk*, neem bij voorbeeld China. Dit land telt ruim 1 *miljard* in-
15 woners en toch wordt *Chinees* niet als een *belangrijke* taal beschouwd. Dat komt omdat China op *economisch gebied* een *zwak* land is. Er zijn dus twee *factoren* die een taal belangrijk maken!

Nederland *ligt* in Europa. Vaak zeggen we ook: Nederland ligt in *West-*
20 *Europa*. Europa wordt *als het ware* in twee delen *verdeeld*: West-Europa en *Oost-Europa*. De meeste *Westeuropese* landen zijn *lid* van de *EG* (= *Europese Gemeenschap*). *Door samenwerking* op het gebied (= *terrein*) van *economie* en *politiek* (= op economisch en politiek gebied) is West-Europa steeds *rijker* en belangrijker *geworden*. Steeds meer landen willen lid worden van de
25 EG. Voor landen buiten de EG is het moeilijk *handel* te *drijven* met landen *binnen* de EG. Ze moeten namelijk aan de *grens belasting* over hun *produkten* betalen.
　　*Hoewel* veel landen tot de EG *behoren*, en een *soort Verenigd* Europa *vormen*, spreekt iedereen zijn eigen taal en moet je in elk land ander geld ge-
30 bruiken (met ander geld betalen). *Ondanks* de EG *bestaan* er toch nog *grenzen* tussen de landen.

| | | | | | | |
|---|---|---|---|---|---|---|
| 1187 | belangrijker | more important | plus importante | daha önemli | lebih penting | أهمّ |
| 1188 | gesproken | spoken | parlée | konuşulan | dituturkan | محكية |
| 1189 | Frans | French | français | Fransızca | behasa Perancis | فرنسي |
| 1190 | Duits | German | allemand | Almanca | behasa Jerman | ألماني |
| 1191 | belangrijkste | most important | la plus importante | en önemli | yang terpenting | الأهمّ |
| 1192 | belangrijkere | more important | plus importante | daha ömenli | yang lebih penting | أهمّ |
| 1193 | beschouwd | considered | considéré | sayılır | dianggap | مُعْتَبرة |
| 1194 | verleden | past | passé | geçmişte | masa lalu | السّابق |
| 1195 | bezat | possessed | possédait, avait | sahipti | memiliki | ملكت |
| 1196 | sprak | spoke | parlait | konuşulan | berbicara | تكلّم |
| 1197 | Canada | Canada | Canada | Kanada | Kanada | كندا |
| 1198 | dat | that | qui | -n | yang | الذي |
| 1199 | bepaalt | determines | détermine | belirler | menentukan | يحدّد |
| 1200 | noodzakelijk | necessarily | nécessairement | gerekli | harus | ضروري |
| 1201 | miljard | milliard | milliard | milyar | milyar | مليار |
| 1202 | Chinees | Chinese | chinois | Çince | bahasa Cina | صيني |
| 1203 | belangrijke | important | importante | önemli | yang penting | مهم |
| 1204 | economisch | economic | économique | ekonomik | -ekonomi | إقتصادي |
| 1205 | gebied | field | domaine | alan(da) | bidang | ناحية |
| 1206 | zwak | weak | faible | zayıf | lemah | ضعيف |
| 1207 | factoren | factors | facteurs | faktörler | faktor-faktor | عوامل |
| 1208 | ligt | lies/is | est situé | -dedir | terletak | تقع |
| 1209 | West-Europa | Western Europe | Europe de l'ouest | Batı Avrupa | Eropa Barat | غرب أوروبا |
| 1210 | als het ware | as it were | pour ainsi dire | sanki | sesungguhnya | كما هو معروف |
| 1211 | verdeeld | divided | divisée | ayrılır | dibagi | مقسّمة، مجزّئة |
| 1212 | Oost-Europa | Eastern Europe | Europe de l'est | Doğu Avrupa | Eropa Timur | شرق أوروبا |
| 1213 | Westeuropese | West European | européens de l'ouest | Batı Avrupalı | -Eropa Barat | غرب أوروبّية |
| 1214 | lid | member | membre | üye | anggota | عضو |
| 1215 | EG | EC | CE | OP | ME | الإتّحاد الأوروبيّ |
| 1216 | Europese | European | européen | Avrupa | -Eropa | أوروبيّ |
| 1217 | Gemeenschap | Community | Communauté | Ortak Pazarı | Masyarakat | إتّحاد |
| 1218 | door | through | par | vasıtası ile | oleh karena | من خلال |
| 1219 | samenwerking | cooperation | coopération | işbirliği | kerjasama | تعاون |
| 1220 | terrein | field | terrain | alan | bidang | مجال، ناحية |
| 1221 | economie | economy | économie | ekonomi | ekonomi | إقتصاد |
| 1222 | politiek | politics | politique | politika | politik | سياسة |
| 1223 | rijker | richer | plus riche | daha zengin | -lebih kaya | أغنى |
| 1224 | geworden | become | devenu | oldu | menjadi | أصبحت |
| 1225 | handel | trade | commerce | ticaret | dagang | تجارة |
| 1226 | drijven | carry on | faire | yapmak | melakukan | سيّر-قاد |
| 1227 | binnen | within | à l'intérieur de | içindeki | di dalam | داخل |
| 1228 | grens | border | frontière | sınır(da) | perbatasan | حدود |
| 1229 | belasting | taxes | impôt | vergi | pajak | ضريبة |
| 1230 | produkten | products | produits | ürünler | produk-produk | منتوجات |
| 1231 | hoewel | although | bien que | her ne kadar | meskipun | ومع أنّ |
| 1232 | behoren | belong | appartiennent | aittirler | termasuk | ينتمون |
| 1233 | soort | (a) sort of | sorte | çeşit | macam | نوع |
| 1234 | Verenigd | United | Unie | birleşik | -Serikat | متّحدة |
| 1235 | vormen | form | constituent, forment | oluşturuyorlar | membentuk | يشكّلون |
| 1236 | ondanks | despite | malgré | -e, -a rağmen | meskipun | بالرّغم |
| 1237 | bestaan | are, exist | existent | vardır | ada | توجَد |
| 1238 | grenzen | borders | frontières | sınırlar | batas-batas | حدود |

bepaalde → certain (adj)

119

# Europa

Europa bestaat uit _____ groot aantal landen. In vrijwel elk land _____ men een andere taal. Een taal die _____ mensen spreken is meestal belangrijker dan een _____ die door weinig mensen wordt gesproken. Om _____ reden zijn Engels, Frans en Duits belangrijker _____ Nederlands. En daarom moeten wij op school _____, Frans en Duits leren. Engels is de _____ taal en Frans wordt als een belangrijkere _____ beschouwd dan Duits.

– Hoe komt dat?

Vroeger _____ Frankrijk gebieden buiten Europa waar men ook _____ sprak, vooral in Afrika, maar bij voorbeeld ook _____ Canada. In bepaalde delen van Canada spreekt _____ bevolking nog steeds Frans.

– Dus het aantal _____ dat een taal spreekt bepaalt of een _____ belangrijk is?

Niet noodzakelijk, neem bij voorbeeld China. _____ land telt ruim 1 miljard inwoners en _____ wordt Chinees niet als een belangrijke taal _____. Dat komt omdat China op economisch gebied _____ zwak land is. Er zijn dus twee _____ die een taal belangrijk maken!

Nederland ligt _____ Europa. Vaak zeggen we ook: Nederland ligt _____ West-Europa. Europa wordt als het ware _____ twee delen verdeeld: West-Europa en Oost- _____. De meeste Westeuropese landen zijn lid van _____ EG. Door samenwerking op het gebied van _____ en politiek is West-Europa steeds rijker _____ belangrijker geworden. Steeds meer landen willen lid _____ van de EG. Voor landen buiten de _____ is het moeilijk handel te drijven met _____ binnen de EG. Ze moeten namelijk aan _____ grens belasting over hun produkten betalen.

Hoewel _____ landen tot de EG behoren, en een _____ Verenigd Europa vormen, spreekt iedereen zijn eigen _____ en moet je in elk land ander _____ gebruiken. Ondanks de EG bestaan er toch _____ grenzen tussen de landen.

## Geef antwoord:

a. In welk landen van Europa spreekt men Engels?
b. In welke landen Frans en Duits?
c. Welke taal wordt in Europa door de meeste mensen gesproken?

## Grammatica:

**De** trein – Een stoptrein is een trein **die** bij elk station stopt.
**Het** land – Polen is een land **dat** in Europa ligt.
Land**en** – Nederland en België zijn landen **die** tot de EG behoren.

## Vul in of aan:

■ Nederland en België l _____ in Europa. Beide landen zijn lid van de EG. Noorwegen _____ ook in Europa, maar is _____ lid van de EG. Er zijn wel veel landen d _____ lid zijn van de EG, maar Noorwegen is een land _____ geen lid is. Veel landen behoren _____ de EG. Er zijn echter ook landen die _____ tot de EG willen behoren.

■ Vroeger b _____ Engeland niet tot de EG. Engeland wilde vroeger niet tot de EG behoren. Engeland heeft vroeger niet tot de EG _____ _____ .

■ Toen ik laatst in België _____ , wilde ik iets kopen. Ik heb toen met Belgische franken _____ . Een paar dagen later _____ ik naar Frankrijk. Daar _____ ik met Franse franken betalen. Weer wat later besloot ik naar Zwitserland te gaan. Daar _____ ik weer andere franken nodig. In al die landen wordt wel dezelfde taal _____ , maar _____ hetzelfde geld gebruikt!

121

# 23

## Een *retour alstublieft*

1    Dag mevrouw. Een retour *Eindhoven* alstublieft (= *a.u.b.*).
    – Dat is zevenendertig gulden vijftig (*fl* 37,50).
    Alstublieft.
    – *Dank u wel.*
5    Kunt u mij zeggen hoe laat de trein vertrekt?
    – *Reist* u via *Breda* of via Utrecht?
    Wat is sneller?
    – Via Utrecht. De trein in de richting Utrecht vertrekt over drie minuten.
    Hij is al *aangekomen* en staat op *perron* 2. Maar u moet wel in Utrecht *over-*
10 *stappen.* De trein naar (= in de richting) Breda vertrekt (= gaat weg) over
    ongeveer een kwartier. Dan kunt U tot Eindhoven blijven zitten.
    O, dan neem ik liever de trein via Breda. Anders *mis* ik misschien in
    Utrecht de trein naar Eindhoven. Dank u wel voor de *informatie.*
    – Graag gedaan. Dag meneer (= *Tot ziens*)!

    Is een retour goedkoper (= *voordeliger*) dan twee enkele *reizen*?
    – Ja, ongeveer 20% (*procent*).
    Waarom *koopt* dan niet iedereen een retour? Eens moet je toch weer terug.
    – *Inderdaad* (= Dat is zo, Dat is *waar*/juist), maar met een retour kun je al-
20 leen op dezelfde dag *heen en weer* (= terug) reizen.
    – Ik vind de trein nogal duur in Nederland. Vindt u ook niet?
    Ja. U hebt *gelijk*, tenminste (althans) als je een *los kaartje* koopt. Als je
    vaak de trein *neemt*, is een *kortingkaart aantrekkelijk.*
    – Wat is het voordeel van een kortingkaart?
25 Je krijgt dan *gedurende* één jaar op elk (= ieder) kaartje 40% *korting.* Je *be-*
    *taalt* 40% minder. Dat is bijna de *helft* van de *normale prijs.*
    – Hoeveel kost een kortingkaart?

122

| | Dutch | English | French | Turkish | Indonesian | Arabic |
|---|---|---|---|---|---|---|
| 1239 | retour | return ticket | aller et retour | gidiş dönüş | karcis pulang-pergi | ذهاب وإياب |
| 1240 | alstublieft | please | s'il vous plaît | lütfen | kiranya boleh | من فضلك |
| 1241 | Eindhoven | Eindhoven | Eindhoven | Eindhoven | kota Eindhoven | إسم مدينة |
| 1242 | a.u.b. | please | s.v.p. | lütfen | (singkatan alstublieft) | من فضلك |
| 1243 | fl | guilder | florin | florin | (singkatan florijn) = gulden | فلوران |
| 1244 | dank u wel | thank you | merci | teşekkür ederim | terima kasih | شكرا |
| 1245 | reist | travel | voyagez | seyahat edeceksiniz | bepergian | تسافر |
| 1246 | Breda | Breda | Breda | Breda | kota Breda | إسم مدينة |
| 1247 | aangekomen | arrived | arrivé | geldi | tiba | وصل |
| 1248 | perron | platform | quai | peron | peron | سكّة |
| 1249 | overstappen | change | changer | tren değiştirmek | pindah | يُبَدّل |
| 1250 | mis | miss | manque | kaçırırım | ketinggalan | أفقد |
| 1251 | informatie | information | information | bilgi | informasi | معلومات |
| 1252 | tot ziens | bye bye | au revoir | görüşmek üzere | sampai jumpa | إلى اللقاء |
| 1253 | voordeliger | cheaper | plus avantageux | daha kazançlı | lebih murah | أكثر إمتيازاً |
| 1254 | reizen | (enkele -) singles | voyages | seyahatler | (enkele -) perjalanan (-tunggal) | سفرين |
| 1255 | procent | percent | pourcent | yüzde | persen | بالمائة |
| 1256 | koopt | buys | achète | al(m)ıyor | membeli | يشتري |
| 1257 | inderdaad | indeed | en effet | gerçekten | memang demikian | بالتأكيد |
| 1258 | waar | true | vrai | doğru | benar | صحيح |
| 1259 | heen en weer | back and forth | aller et revenir | gidiş dönüş | bolak-balik | ذهاب وإياب |
| 1260 | gelijk | right | raison | haklısınız | benar | حقّ |
| 1261 | los | separate | simple | tek | lepas | مفردة |
| 1262 | kaartje | ticket | billet | bilet | karcis | بطاقة صغيرة |
| 1263 | neemt | take | prend | kullanırsan | menumpang | تستقلّ |
| 1264 | kortingkaart | reduction card | carte à réduction | indirim kartı | kartu korting | بطاقة خصم |
| 1265 | aantrekkelijk | attractive | intéressante | cazip | menarik | جذّاب |
| 1266 | gedurende | during | pendant | süresince | selama | خلال |
| 1267 | korting | reduction | réduction | indirim | potongan | خصم |
| 1268 | betaalt | pay | payes | ödersin | membayar | تدفع |
| 1269 | helft | half | moitié | yarısı | setengah | نصف |
| 1270 | normale | normal | normal | normal | -yang biasa | عادي |
| 1271 | prijs | price | prix | fiyat | harga | سعر |
| 1272 | die | it | elle, celle-là | o | yang itu | تلك |
| 1273 | echter | however | pourtant | fakat | tatapi- | مع ذلك |
| 1274 | kortingkaarten | reduction cards | cartes à réduction | indirim kartları | kartu-kartu korting | بطاقات خصم |
| 1275 | waarmee | with which | avec lesquelles | ile | dengan mana | معها |
| 1276 | mag | are allowed | peux | -mezsin, -mazsın | boleh | تستطيع |
| 1277 | kaarten | cards | cartes | kartlar | kartu-kartu | بطاقات |
| 1278 | jonge | young | jeunes | genç | -yang muda | شباب |
| 1279 | jeugd | young people | jeunesse | gençlik | remaja | الشباب |
| 1280 | vol | full | complets | dolu | penuh | مملوئين |

30 Ongeveer 600 gulden per jaar. *Die* geldt voor het hele gezin. Er zijn *echter* ook *kortingkaarten waarmee* je niet voor negen uur *mag* reizen, of *kaarten* voor *jonge* mensen (voor de *jeugd*) tot en met 25 jaar. Die zijn veel goedkoper. Na negen uur zijn de treinen minder *vol*. Tussen de middag zijn ze zelfs praktisch leeg.

123

## Een retour alstublieft

Dag mevrouw. Een _____ Eindhoven alstublieft.
– Dat is zeven en dertig _____ vijftig.
Alstublieft.
– Dank u wel.
Kunt U _____ zeggen hoe laat de trein vertrekt?
– Reist _____ via Breda of via Utrecht?
Wat is _____?
– Via Utrecht. De trein in de richting _____ vertrekt over drie minuten.
Hij is al _____ en staat op perron 2. Maar U _____ wel in Utrecht over-
stappen. De trein naar _____ vertrekt over ongeveer een kwartier. Dan
kunt _____ tot Eindhoven blijven zitten.
O, dan neem _____ liever de trein via Breda. Anders mis _____ mis-
schien in Utrecht de trein naar Eindhoven. _____ U wel voor de informa-
tie.
– Graag gedaan. _____ Meneer.


Is een retour goedkoper dan twee _____ reizen?
– Ja, ongeveer 20 %.
Waarom koopt _____ niet iedereen een retour? Eens moet je _____ weer
terug.
– Inderdaad, maar met een retour _____ je alleen op dezelfde dag heen en
_____ reizen.
– Ik vind de trein nogal duur _____ Nederland. Vindt u ook niet?
Ja. U _____ gelijk, tenminste als je een los kaartje _____. Als je vaak de
trein neemt is _____ kortingkaart aantrekkelijk.
– Wat is het voordeel van _____ kortingkaart?
Je krijgt dan gedurende één jaar _____ elk kaartje 40% korting. Je betaalt
40% _____. Dat is bijna de helft van de _____ prijs.
– Hoeveel kost een kortingkaart?
Ongeveer 600 _____ per jaar. Die geldt voor het hele _____. Er zijn echter ook kortingkaarten waarmee je _____ voor negen uur mag reizen, of
kaarten _____ jonge mensen tot en met 25 jaar. _____ zijn veel goedkoper. Na negen uur zijn _____ treinen minder vol. Tussen de middag zijn
_____ zelfs praktisch leeg.

## Geef antwoord:

a. Maakt u regelmatig gebruik van de trein? Waarom wel of waarom niet?
b. Veel mensen vinden dat er te veel auto's zijn. Wat is uw mening en leg die uit.
c. Veel mensen vinden de trein duur. Is de auto goedkoper?
d. Geef een paar voorbeelden wanneer de trein of wanneer de auto aantrekkelijk is.

## Vul in of aan:

Laatst ben ik op bezoek geweest bij een vriend d _____ in Den Haag woont. Meestal _neem_ ik de auto, maar d _____ keer had ik besloten _per_ trein te gaan. Hij _____ tegen mij gezegd dat hij vlakbij het station _____.

En, is de trein _____ bevallen? Nou, eigenlijk niet. Toen ik aankwam op het station, was de trein net _____. Ik had hem net _____. De volgende trein _____ pas een half uur later. Maar die trein kwam tien minuten _____ laat. Ik heb dus bijna veertig minuten _____ wachten. Vervolgens _____ ik in Rotterdam overstappen. De trein in de richting Den Haag _was_ al vertrokken. Ik heb vijftien minuten op de volgende trein _____. De hele reis heeft bij elkaar meer _____ twee uur geduurd. Met de auto kost dezelfde reis _____ dertig minuten. Volgens mij is de trein bedoeld voor mensen _____ geen auto bezitten!

## 24

### Een kaartje kopen

1    Het is druk op het station. Veel mensen kopen een kaartje. Als ik lang
moet wachten, mis ik de trein. Kun je een kaartje ook in de trein kopen?
– Ja, dat kan (= is mogelijk). Je *dient* dan van *tevoren* de *conducteur* te *waar-schuwen*. Bovendien (= Tevens) moet je dan een *bedrag extra* betalen.

5    Wat gebeurt er als je de conducteur niet hebt *gewaarschuwd*?
– Meestal niets. Zodra hij komt, vraag je om een kaartje.
En als hij vraagt: waarom hebt u mij niet gewaarschuwd?
– Dan *antwoord* je: ik heb u *nergens* gezien!
Wat gebeurt er als de conducteur niet langs komt? Die kans is groot op

10    een *korte* afstand.
– Ja, dan heb je voor niets (= gratis) *gereisd*, maar dat is niet de *bedoeling*.
*Waarschuw* dus altijd de conducteur!

   Kun je ook in de bus, tram en *metro* een kaartje kopen?

15    – In de metro niet, wel in de bus of tram. Maar *let op*! Je moet dan *vóór* in de
bus *instappen* en meteen (= onmiddellijk) om een kaartje vragen. Als je
*wacht* tot een conducteur *langskomt*, moet je *minstens* fl. 60,- extra betalen!
   De *kaart* die je in de bus, tram of metro nodig hebt, *noem* je een *strippen-kaart*. Die kun je het *beste* op het station of bij het *postkantoor* kopen. In de

20    bus of tram kun je ook zo'n strippenkaart kopen, maar dan is hij wel duur-der.

   Mag je in de bus en trein *roken*?
   – In de bus (en de metro) mag dat nooit. In de trein zijn er *gedeelten* waar

25    roken is *verboden* en gedeelten waar roken is *toegestaan*.

| | | | | | |
|---|---|---|---|---|---|
| 1281 | dient | have to | doit | -melisin | harus | يجب ( عليك ) |
| 1282 | tevoren | in advance | en avance | önceden | sebelumnya | مسبقاً |
| 1283 | conducteur | ticket collector | conducteur | kondüktör | kondektur | مدقق |
| 1284 | waarschuwen | warn | prévenir, avertir | uyarmak | memberitahu | تبلغ |
| 1285 | bedrag | amount | montant | miktar | biaya | مبلغ |
| 1286 | extra | extra | extra | fazladan | tambahan | زيادة |
| 1287 | gewaarschuwd | warned | averti | uyarmadıysan | memberitahu | بُلغت |
| 1288 | antwoord | answer | réponds | cevap verirsin | menjawab | تجيب |
| 1289 | nergens | nowhere | nulle part | hiçbir yerde | tidak di mana-mana pun | لامكان |
| 1290 | korte | short | courte | kısa | yang pendek | قصيرة |
| 1291 | gereisd | travelled | voyagé | seyahat ettim | bepergian | سافرّت |
| 1292 | bedoeling | intention | intention, but | amaç | maksudnya | هدف |
| 1293 | waarschuw | warn | avertis | uyar | beritahukan | حذّر |
| 1294 | metro | underground | métro | metro | metro (kereta bawah tanah) | مترو |
| 1295 | let op | take care | attention | dikkat et | berhati-hatilah | كن حذراً |
| 1296 | vóór | in the front | avant | önden | depan | قبل |
| 1297 | instappen | get in | monter | binmek | naik | تصعد إلى |
| 1298 | wacht | wait | attends | beklersen | menunggu | تنتظر |
| 1299 | langskomt | passes by | passe | gelmesini | lewat | يأتي على طول |
| 1300 | minstens | at least | au moins | en azından | sedikitnya | على الأقل |
| 1301 | kaart | ticket | carte | bilet | karcis | بطاقة |
| 1302 | noem | call | appelles | adlandırılır | disebut | نسمّي |
| 1303 | strippenkaart | bus and tram card | carte à raies | şerit bilet | karcis strip-strip | بطاقة مختومة |
| 1304 | beste | best | le mieux | en iyisi | paling baik | الأفضل |
| 1305 | postkantoor | post office | bureau de la poste | postahane | kantor pos | مكتب البريد |
| 1306 | roken | smoke | fumer | sigara içmek | merokok | تدخّن |
| 1307 | gedeelten | parts | parties | bölümler | bagian-bagian | أقسام |
| 1308 | verboden | prohibited | interdit | yasak | dilarang | ممنوع |
| 1309 | toegestaan | allowed | permis | yasak değil | diperbolehkan | مسموح |

## Een kaartje kopen

Het is druk op _____ station. Veel mensen kopen een kaartje. Als _____ lang moet wachten mis ik de trein. _____ je een kaartje ook in de trein _____?
– Ja, dat kan. Je dient dan van _____ de conducteur waarschuwen. Bovendien moet je dan _____ bedrag extra betalen.
Wat gebeurt er als _____ de conducteur niet hebt gewaarschuwd?
– Meestal niets. _____ hij komt vraag je om een kaartje.
_____ als hij vraagt: waarom hebt u mij _____ gewaarschuwd?
– Dan antwoord je: ik heb u _____ gezien!
Wat gebeurt er als de conducteur _____ langs komt? Die kans is groot op _____ korte afstand.
– Ja, dan heb je voor _____ gereisd, maar dat is niet de bedoeling. _____ dus altijd de conducteur!

Kun je ook _____ de bus, tram en metro een kaartje _____?
In de metro niet, wel in de _____ of tram. Maar let op! Je moet _____ vóór in de bus instappen en meteen _____ een kaartje vragen. Als je wacht tot _____ conducteur langskomt moet je minstens fl. 60,- _____ betalen!
   De kaart die je in de _____, tram of metro nodig hebt, noem je _____ strippenkaart. Die kun je het beste op _____ station of bij het postkantoor kopen. In _____ bus of tram kun je ook zo'_____ strippenkaart kopen, maar dan is hij wel _____.

Mag je in de bus en trein _____?
In de bus mag dat nooit. In _____ trein zijn er gedeelten waar roken is _____ en gedeelten waar roken is toegestaan.

## Geef antwoord:

a. Wat moet je doen als je een kaartje koopt in de trein?

b. Hoeveel moet je extra betalen?

## Vul in of aan:

■ Het is druk _____ het station. Bijna iedereen k _____ een kaartje. Anne moet ook een kaartje k _____. Er staan veel mensen voor haar. Ze is nog lang _niet_ aan de beurt. Ze is bang _____ ze de trein zal missen. Daar komt haar trein al. Ze gaat naar de trein _zonder_ kaartje. Waar is de conducteur? Ze moet _hem_ waarschuwen, omdat ze _____ kaartje heeft. Ze kan _hem_ nergens vinden.

■ De conducteur komt _langs_. Hij vraagt aan iedereen: mag ik _____ kaartje even zien. Zodra Anne hem ziet, zegt ze tegen _____: een enke-le reis Den Haag alstublieft. Het was erg druk op het station; ik _____ geen tijd om een kaartje te kopen. De conducteur vraagt haar dan: waarom hebt u mij niet _____ toen u de trein _bent_ ingestapt? Ze ant-woordt: omdat ik _u_ niet heb gezien.

■ Er zijn weinig mensen _____ een kaartje kopen in de trein. Voor een kaartje _____ je in de trein koopt, moet je immers een paar _____ extra betalen.

# 25

## Getrouwd?

1   Hoe oud ben je? Wat is je leeftijd?
    – Vijfentwintig.
    Heb je kinderen?
    – Nee, ik ben nog niet getrouwd.
5   Moet je dan getrouwd zijn om kinderen te hebben of te krijgen?
    – Ja, in mijn (ons) land is dat noodzakelijk.
    Wat gebeurt er als een vrouw een kind *verwacht* terwijl ze niet getrouwd is?
    – Dan moet ze snel (= vlug) een *huwelijk sluiten*.
    Is dat ook zo in Nederland?
10  – Dat weet ik niet precies. Ik geloof van niet.
    Inderdaad, maar dat is een tamelijk nieuw (= *recent*) verschijnsel. *Tot voor
    kort kreeg* men in Nederland alleen kinderen als men was getrouwd. Het
    huwelijk was ook bij ons nog *heilig*. Men *sloot officieel* een huwelijk op het
    *gemeentehuis* en vaak ook in de *kerk*. Tegenwoordig gaat dat vaak anders.
15  Veel mensen vinden (= zijn van mening, *menen*) dat *liefde* een *zaak* is tus-
    sen twee *personen* en niet een zaak voor hun familie of vrienden, laat staan
    voor mensen die *zij* zelfs niet kennen. Zulke mensen zeggen dan in plaats
    van 'wij zijn getrouwd', 'wij wonen samen'. Ze noemen zich niet man en
    vrouw, maar *vriend* en vriendin. Laatst (= *Onlangs*) ontmoette ik een oude
20  vriend. Hij was niet getrouwd, maar had wel twee kinderen. Toen hij mij
    zijn vrouw *voorstelde* zei hij: 'Dit is *Greta*, mijn vriendin'. Nou, ik was eerst
    wel een beetje *verbaasd*. Misschien noem ik mijn vrouw in de *toekomst* ook
    wel mijn 'vriendin'.
    – *Schept* (= Geeft/*Veroorzaakt*) *samenwonen* geen problemen, bij voorbeeld
25  om een huis te krijgen? *Geeft* men niet *de voorkeur* aan *getrouwde* mensen?
    Meestal *vormt* dit geen probleem. Je kunt bij de *gemeente* melden (= vertel-
    len, laten *weten*) dat je officieel *samenwoont*.

130

| | Dutch | English | French | Turkish | Indonesian | Arabic |
|---|---|---|---|---|---|---|
| 1310 | verwacht | expects | attend | bekliyorsa | mengandung | تتوقّع |
| 1311 | huwelijk | marriage | mariage | evlilik | pernikahan | زواج |
| 1312 | sluiten | make | contracter | evlenmek | melangsungkan | - |
| 1313 | recent | new | récent | yeni | baru | حديث |
| 1314 | tot voor kort | until recently | il y a récemment | kısa bir süre öncesine kadar | belum lama silam | حتّى وقت ليس بعيد |
| 1315 | kreeg | got | avait | sahibi oluyordu | mendapat | حصل |
| 1316 | heilig | holy | saint, sacré | kutsal | suci | مقدّس |
| 1317 | sloot | contracted | contractait | evlenirdi | melangsungkan | يوقع |
| 1318 | officieel | officially | officiellement | resmen | secara resmi | رسميا |
| 1319 | gemeentehuis | townhall | mairie | belediye binası | balai kota | دار البلديّة |
| 1320 | kerk | church | église | kilise | gereja | كنيسة |
| 1321 | menen | think | croient, pensent | düşünüyorlar | berpendapat | يعتقدون |
| 1322 | liefde | love | amour | sevgi | cinta kasih | حبّ |
| 1323 | zaak | matter | affaire | şey | urusan | قضيّة |
| 1324 | personen | people | personnes | kişi(ler) | pribadi-pribadi | أشخاص |
| 1325 | zij | they | ils | onlar | mereka | هم |
| 1326 | vriend | friend | ami | arkadaş | pacar (pria) | صديق |
| 1327 | onlangs | lately | récemment | geçenlerde | belum lama | مؤخرا |
| 1328 | ontmoette | met | rencontrais | rastladım | berjumpa | قابلت |
| 1329 | voorstelde | introduced | présentait | tanıştırırken | memperkenalkan | عرّف |
| 1330 | Greta | Greta | Greta | Greta | Greta | إسم فتاة |
| 1331 | verbaasd | surprised | étonné | şaşırdım | heran | متعجّب |
| 1332 | toekomst | future | avenir | gelecek(te) | masa depan | مستقبل |
| 1333 | schept | creates | crée | yaratmıyor mu | menciptakan | يخلق |
| 1334 | veroorzaakt | causes | cause | oluşturmuyor mu | menyebabkan | يسبّب |
| 1335 | samenwonen | living together | vivre ensemble | beraber yaşamak | hidup bersama | العيش المشترك |
| 1336 | geeft de voorkeur | prefers | donne la préférence | tercih etmek | mengutamakan | يفضّل |
| 1337 | getrouwde | married | mariées | evli | yang menikah | متزوّجون |
| 1338 | vormt | is | constitue | yaratmaz | menyebabkan | يشكّل |
| 1339 | gemeente | council | municipalité | belediye | kotapraja | بلديّة |
| 1340 | weten | know | savoir | bildirmek | tahu | يعرف |
| 1341 | samenwoont | live together | vit ensemble | beraber yaşadığını | hidup bersama | تعيش مع |
| 1342 | verschil | difference | différence | fark | perbedaan | فرق |
| 1343 | hierop | to this | à cela | buna | untuk ini | على هذا |
| 1344 | keuze | choice | choix | seçi, tercih | pilihan | خيار |
| 1345 | bepaald | determined | déterminé | belirlenir | ditentukan | محدّد |
| 1346 | aard | nature | caractère | tür çeşit | bersifat | نوع، ناحية |

geschieden    divorced
schieden    separate

– Wat is dan het *verschil* met trouwen?

Een antwoord *hierop* (= op deze vraag) is niet gemakkelijk te geven. De *keuze* of men trouwt of gaat samenwonen wordt vaak *bepaald* door factoren van financiële *aard*.

30

## Getrouwd

Hoe _____ ben je? Wat is je leeftijd?
– Vijfentwintig.
_____ je kinderen?
– Nee, ik ben nog niet _____.
Moet je dan getrouwd zijn om kinderen _____ hebben of te krijgen?
– Ja, in mijn _____ is dat noodzakelijk.
Wat gebeurt er als _____ vrouw een kind verwacht terwijl ze niet _____
is?
– Dan moet ze snel een huwelijk _____.
Is dat ook zo in Nederland?
– Dat _____ ik niet precies. Ik geloof van niet.
_____, maar dat is een tamelijk nieuw verschijnsel. _____ voor kort kreeg
men in Nederland alleen _____ als men was getrouwd. Het huwelijk was
_____ bij ons nog heilig. Men sloot officieel _____ huwelijk op het gemeentehuis en vaak ook _____ de kerk. Tegenwoordig gaat dat vaak anders. _____ mensen vinden dat liefde een zaak is _____ twee personen en
niet een zaak voor _____ familie of vrienden, laat staan voor mensen
_____ zij zelfs niet kennen. Zulke mensen zeggen _____ in plaats van 'wij
zijn getrouwd', 'wij _____ samen'. Ze noemen zich niet man en _____,
maar vriend en vriendin. Laatst ontmoette ik _____ oude vriend. Hij was
niet getrouwd, maar _____ wel twee kinderen. Toen hij mij zijn _____
voorstelde zei hij: 'Dit is Greta, mijn _____.' Nou, ik was eerst wel een
beetje _____. Misschien noem ik mijn vrouw in de _____ ook wel mijn
'vriendin'.
– Schept samenwonen geen _____, bij voorbeeld om een huis te krijgen?
Geeft _____ niet de voorkeur aan getrouwde mensen?
Meestal _____ dit geen probleem. Je kunt bij de _____ melden dat je officieel samenwoont.
– Wat is _____ het verschil met trouwen?
Een antwoord hierop _____ niet gemakkelijk te geven. De keuze of _____
trouwt of gaat samenwonen wordt vaak bepaald _____ factoren van financiële aard.

132

## Geef antwoord:

a. Op welke leeftijd trouwt men in jouw land?
b. Sluit men in jouw land een huwelijk in de kerk?
c. Viert men het huwelijk bij de familie van de vrouw of van de man, of misschien bij allebei?

## Grammatica:

Laatst ontmoette ik **een oude vriend**. Ik had **hem** al jaren niet gezien.
Ik had nog nooit **zijn vrouw** gezien. Ik zag **haar** nu voor het eerst.
Hij had **twee kinderen**. Hij had **ze** (=**hen**) bij z'n moeder gelaten.
Hij vroeg **mij** (=**me**): ben je ook al getrouwd? Ik heb hem geantwoord: ja, met Anne.
Hebben jullie zin **ons** vanavond te bezoeken? Mijn vrouw wil **jullie** zeker graag ontmoeten.

## Vul in of aan:

■ Weet jij wanneer _jouw_ ouders zijn getrouwd? Nee, dat heb ik _hen/ze_ nooit gevraagd en zij hebben het _me_ nooit verteld. Zijn ze _in_ de kerk getrouwd of _in_ het gemeentehuis? Ik denk _dat_ ze in de kerk zijn getrouwd. Ze komen uit een land _waar_ bijna iedereen in de kerk tr_ouwt_.

■ Wist je _dat_ in Nederland iedereen op het gemeentehuis trouwt? Veel mensen tr_ouwen_ ook nog in de kerk. In Nederland mag men niet eerst in de kerk trouwen en _daarna_ op het gemeentehuis. Je mag wel _____ samenwonen en later trouwen op het gemeentehuis.

# 26

## Eten

1   Ik heb *dorst*. Ik ga (wil) wat *iets drinken*. Is hier een *kantine*? Is er hier een *café* in de buurt?
– Op de tweede *verdieping* is een kantine. Er is ook een café vlakbij, *links* om de hoek van dit *gebouw*.

5   Kun je in de kantine *koffie* krijgen?
– Ja, koffie, *thee* en *melk*.
Een *kop* koffie alstublieft en een *glas warme* melk.
– *Gebruik* je koffie met of zonder melk?
Zonder melk (= *zwart*), maar met *suiker*. Koffie zonder suiker *lust* ik niet.

10  Dat vind ik niet lekker. Ik *doe* er altijd suiker in.
– In de kantine kun je ook eten, maar niet *uitgebreid*. Je kunt er *brood* met *kaas* of *vlees* krijgen. Verder is er *soep* en zijn er *vruchten* (= en is er *fruit*).

Wanneer *eet* men eigenlijk in Nederland?

15  – Precies zoals in de meeste landen, drie keer per dag. 's Ochtends (= *'s Morgens*) rond acht uur gebruiken we het *ontbijt* (= *ontbijten* we). 's Middags tussen twaalf en één uur gebruiken we de *lunch* (= *lunchen* we), en 's avonds tussen 6 en 7 uur gebruiken we het *diner* (= het *avondeten*, het warme eten). 's Avonds eten we dus nogal vroeg. In veel landen eten ze (= eet

20  men) *later*.
– Wat eet men *gewoonlijk* in Nederland?
In de ochtend ('s Ochtends) brood met koffie, thee of melk. 's Middags ook meestal brood en 's avonds *aardappelen*, vlees en groente. Daarnaast (*Daarbij*) vaak nog soep en vruchten. Bij het avondeten drinken we

25  meestal *water*. Er zijn ook mensen die er *bier* of *wijn* bij drinken.
– *Waarover* praat men gewoonlijk onder (= tijdens) het eten?
O, meestal over het weer, de toekomst, of over wat er die dag is *gebeurd* op school, op het werk of thuis.

| | Dutch | English | French | Turkish | Indonesian | Arabic |
|---|---|---|---|---|---|---|
| 1347 | dorst | thirst | soif | susadım | haus | عطشان |
| 1348 | drinken | drink | boire | içmek | minum | أشرَب |
| 1349 | kantine | canteen | cantine | kantin | kantin | مطعم في الجامعة . . . |
| 1350 | café | pub | café | kahvehane | kafe | مقهى |
| 1351 | verdieping | floor | étage | kat | tingkat- | طابق |
| 1352 | links | on the left | à gauche | sol(da) | kiri | شمالاً |
| 1353 | gebouw | building | bâtiment | bina | gedung | مبنى |
| 1354 | koffie | coffee | du café | kahve | kopi | قهوة |
| 1355 | thee | tea | du thé | çay | teh | شاي |
| 1356 | melk | milk | du lait | süt | susu | حليب |
| 1357 | kop | a cup of | tasse de | fincan | cangkir | فنجان |
| 1358 | glas | glass | verre de | bardak | gelas | كأس |
| 1359 | warme | hot | chaud | sıcak | yang hangat | ساخن |
| 1360 | gebruik | take | utilises,prends | içersin | menggunakan | تستعمل |
| 1361 | zwart | black | noir | sütsüz | hitam | أسود |
| 1362 | suiker | sugar | du sucre | şeker | gula | سكّر |
| 1363 | lust | like | aime | sev(m)iyorum | suka | أحب |
| 1364 | doe | take | mets | koyarım | memasukkan | أفعل |
| 1365 | uitgebreid | wide selection | beaucoup | mükellef | lengkap | مشكّل |
| 1366 | brood | bread | du pain | ekmek | roti | خبز |
| 1367 | kaas | cheese | du fromage | peynir | keju | جبن |
| 1368 | vlees | meat | de la viande | et | daging | لحم |
| 1369 | soep | soup | du potage | çorba | sop | حساء |
| 1370 | vruchten | fruit | des fruits | meyve(ler) | buah-buahan | فواكه |
| 1371 | fruit | fruit | des fruits | meyve | buah-buahan | فواكه |
| 1372 | eet | eats | mange | yer | makan | يأكل |
| 1373 | 's morgens | in the morning | le matin | sabahları | pagi hari | في الصّباح |
| 1374 | ontbijt | breakfast | petit déjeuner | kahvaltı | sarapan | الإفطار |
| 1375 | ontbijten | have breakfast | prenons le petit déjeuner | kahvaltı etmek | bersarapan | نُفطِر |
| 1376 | lunch | lunch | déjeuner | öğlen yemeği | santap siang | الغداء |
| 1377 | lunchen | have lunch | prenons le déjeuner | yeriz | bersantap siang | نتغذّى |
| 1378 | diner | dinner | dîner | akşam yemeği | santap malam | عشاء |
| 1379 | avondeten | supper | dîner | akşam yemeği | santap malam | عشاء |
| 1380 | later | later | plus tard | daha geç | lebih malam | من بعد |
| 1381 | gewoonlijk | usually | d'habitude | genellikle | biasanya | عادة |
| 1382 | aardappelen | potatoes | pommes de terre | patates | kentang | بطاطا |
| 1383 | daarbij | with it | avec cela | onun yanısıra | di samping itu | فضلاً عن ذلك |
| 1384 | water | water | de l'eau | su | air | ماء |
| 1385 | bier | beer | de la bière | bira | bir | بيرة |
| 1386 | wijn | wine | du vin | şarap | anggur | نبيذ |
| 1387 | waarover | about what | de quoi | ne hakkında | mengenai apa | حول ماذا |
| 1388 | gebeurd | happened | passé, arrivé | oldu, olan | terjadi | حصل |

## Eten

Ik heb dorst. _____ ga wat drinken. Is hier een kantine? _____ er hier een café in de buurt?

– _____ de tweede verdieping is een kantine. Er _____ ook een café vlakbij, links om de _____ van dit gebouw.

Kun je in de _____ koffie krijgen?

– Ja, koffie, thee en melk.

_____ kop koffie alstublieft en een glas warme _____.

– Gebruik je koffie met of zonder melk?

_____ melk, maar met suiker. Koffie zonder suiker _____ ik niet. Dat vind ik niet lekker. _____ doe er altijd suiker in.

– In de _____ kun je ook eten, maar niet uitgebreid. _____ kunt er brood met kaas of vlees _____. Verder is er soep en zijn er _____.

Wanneer eet men eigenlijk in Nederland?

– Precies _____ in de meeste landen, drie keer per _____. 's Ochtends rond acht uur gebruiken we _____ ontbijt. 's Middags tussen 12 en één _____ gebruiken we de lunch, en 's avonds _____ 6 en 7 uur gebruiken we het _____. 's Avonds eten we dus nogal vroeg. _____ veel landen eten ze later.

– Wat eet _____ gewoonlijk in Nederland?

In de ochtend brood _____ koffie, thee of melk. 's Middags ook _____ brood en 's avonds aardappelen, vlees en _____. Daarnaast vaak nog soep en vruchten. Bij _____ avondeten drinken we meestal water. Er zijn _____ mensen die er bier of wijn bij _____.

– Waarover praat men gewoonlijk onder het eten?

_____, meestal over het weer, de toekomst, of _____ wat er die dag is gebeurd op _____, op het werk of thuis.

## Geef antwoord:

a. Hoeveel keer per dag eet men gewoonlijk in jouw land?
b. Hoe laat en hoe lang?
c. Wat eten jullie gewoonlijk?
d. Wat vind je lekker?
e. Wat vind je wel of niet lekker van het Nederlandse eten?

## Vul in of aan:

■ Ik heb dorst. Ik heb de hele ochtend nog niets _gedronken_. Waar _kan_ ik wat drinken? In de kantine. Daar staat een machine (een automaat) waaruit je koffie, thee en melk _kan_ krijgen. Is de koffie gratis? Nee, koffie kost één kwartje en een glas melk kost twee _kwartjes_

■ Wat heb je _tussen_ de middag gegeten? Brood, soep en een vrucht. En wat heb je bij het eten _____? Twee glazen melk. Ik had namelijk erge dorst, _omdat_ ik de hele ochtend niets had gedronken.

■ Dag mevrouw, kan ik een glas warme melk krijgen? Nee, we hebben alleen maar k_____ melk. Als u iets warms _____ drinken, dan moet u koffie of thee nemen. Koffie en thee zijn altijd w_____ in Nederland.

# 27

## Het weekend

1   Wat heb je in het weekend gedaan?
    – Heel veel. Ik heb een heel druk weekend *gehad*. Zaterdag kreeg (= *ontving*) ik een brief van mijn moeder.
    Wat schreef ze?
5   – Ze schreef dat thuis alles goed *ging*. Ze vroeg hoe het met mij in Nederland ging. Ze vroeg of ik al een *baan* had. Ze vroeg ook of ik goed *studeerde* (= *leerde*) en of ik al een beetje Nederlands sprak. Ook wilde ze weten of ik een goede kamer heb en nog veel andere dingen.
    Heb je haar al *teruggeschreven*?
10  – *Zeker*, ik heb haar meteen (= direct) een *lange* brief teruggeschreven. Ik heb *gezegd* dat ik me in het begin erg alleen voelde, maar dat ik nu al een paar (= enkele) vrienden heb.
    Wat heb je gedaan toen de brief klaar (= *af*) was?
    – *Toen* heb ik boodschappen gedaan. Het was erg druk in de winkels. Te-
15  gen *twaalven* (Om een uur of twaalf) kreeg ik honger en heb ik bij een vriend *gegeten*, die net zoals (= evenals) ik pas in Nederland woont. Daarna ben ik weer naar huis gegaan om mijn les te leren. Na het avondeten *besloot* ik naar de film te gaan. *Annette* is met me *meegegaan*. Het was een lange film die bijna drie uur *duurde*. Je *zult* begrijpen dat ik erg laat naar *bed* ben
20  gegaan.

| | | | | | | |
|---|---|---|---|---|---|---|
| 1389 | gehad | had | eu | geçirdin | mengalami | كان (عِندي) |
| 1390 | ontving | received | recevais | aldım | menerima | حصلتُ |
| 1391 | ging | was | allait | gittğini | berjalan | يذهب |
| 1392 | baan | job | emploi | iş | pekerjaan | عملي |
| 1393 | studeerde | studied | étudiais | ders çalıştığımı | belajar | درستُ |
| 1394 | leerde | studied | apprenais | öğrendiğimi | belajar | كنت أتعلّمُ |
| 1395 | teruggeschreven | written back | écrit (une réponse) | cevap yazdın mı | membalas | راسلت مجاوباً |
| 1396 | zeker | certainly | bien sûr | tabi | tentu | مؤكداً |
| 1397 | lange | long | longue | uzun | yang panjang | طويلة |
| 1398 | gezegd | said | dit | dedim | mengatakan | قلت |
| 1399 | af | finished | prêt | bitti(ğinde) | selesai | منتهية |
| 1400 | toen | then | alors | o zaman | kemudian | في ذلك الوقت |
| 1401 | twaalven | twelve | midi | onikiye (doğru) | kira-kira pukul duabelas | الثانية عشرة |
| 1402 | gegeten | eaten | mangé | yedim | makan | أكلتُ |
| 1403 | besloot | decided | décidais | karar verdim | memutuskan | قررت |
| 1404 | Annette | Annette | Annette | Annette | Annette | إسم فتاة |
| 1405 | meegegaan | joined | allée | eşlik etti | ikut | ذهبت معي |
| 1406 | duurde | lasted | durait | sürdü | berlangsung | دام |
| 1407 | zult | will | =futur | -ceksin, -caksın | akan | س ، سوف |
| 1408 | bed | bed | lit | yatak | tempat tidur | سرير |

139

## Het weekend

Wat heb _____ in het weekend gedaan?

– Heel veel. Ik _____ een heel druk weekend gehad. Zaterdag kreeg _____ een brief van mijn moeder.

Wat schreef _____?

– Ze schreef dat thuis alles goed ging. _____ vroeg hoe het met mij in Nederland _____. Ze vroeg of ik al een baan _____. Ze vroeg ook of ik goed studeerde _____ of ik al een beetje Nederlands sprak. _____ wilde ze weten of ik een goede _____ heb en nog veel andere dingen.

Heb _____ haar al teruggeschreven?

– Zeker, ik heb haar _____ een lange brief teruggeschreven. Ik heb gezegd _____ ik me in het begin erg alleen _____, maar dat ik nu al een paar _____ heb.

Wat heb je gedaan toen de _____ klaar was?

– Toen heb ik boodschappen gedaan. _____ was erg druk in de winkels. Tegen _____ kreeg ik honger en heb ik bij _____ vriend gegeten, die net zoals ik pas _____ Nederland woont. Daarna ben ik weer naar _____ gegaan om mijn les te leren. Na _____ avondeten besloot ik naar de film te _____. Annette is met me meegegaan. Het was _____ lange film die bijna drie uur duurde. _____ zult begrijpen dat ik erg laat naar _____ ben gegaan.

## Grammatica:

Mijn moeder heeft me een brief **ge**schreven.
Ik heb haar direct terug**ge**schreven.
Zij heeft mij **ge**vraagd of ik al Nederlands sprak.
Ze heeft zich af**ge**vraagd of ik al Nederlands sprak.
Wanneer is haar brief **ge**komen?
Haar brief is gisteren aan**ge**komen.

## Vul in of aan:

◼ Vanavond gaat Henk uit met Anne. Hij is nog nooit met haar _uitgegaan_. Hij wilde al lang met haar _uitgaan_. Laatst kwam hij haar tegen in de winkel. Hij was haar _tegengekomen_ toen hij boodschappen deed. Hij dacht: misschien wil ze vanavond met _mij_ naar de film gaan. Ik zal _haar_ voorstellen met mij naar de film te gaan. En is ze met hem _meegegaan_? Ja, Anne heeft _hem_ gevraagd die avond bij _haar_ te komen eten en daarna zijn ze naar een film geweest _die_ erg lang heeft _geduurd_.

◼ Anne schrijft _haar_ moeder een brief. Ze vertelt wat ze de afgelopen week heeft _gedaan_. Ze schrijft dat ze met Henk naar een film is _gegaan_ en erg laat _naar_ bed is gegaan. Toen ze nog thuis w_as_, mocht ze nooit alleen _met_ een jongen _naar_ de film. Maar nu ze alleen _op_ kamers woont, vormt dit _geen_ probleem.

141

## 28

## Zondag

1 Hoe laat ben je zondag *opgestaan*?
– Pas om elf uur. Ik kon nog *net* naar de kerk gaan.
Ga je *zondags* altijd naar de kerk? Geloof je in *God*?
– Eigenlijk geloof ik maar half in God, maar ik heb van mijn ouders ge-
5 leerd zondags naar de kerk te gaan. Na de kerk heb ik de trein *genomen*
naar Eindhoven. Daar wonen de ouders van een vriend van mij. Ze *hadden*
*gevraagd* of ik zondag wilde komen. 's Avonds *mocht* ik blijven eten.
Heb je lekker gegeten?
– Nee, ik *hield* niet van dat eten. Aardappelen lust ik niet en het vlees en de
10 groente *waren klaargemaakt* op een manier (= *wijze*) *waarvan* ik niet *houd*.
Hebben ze *gemerkt* dat je niet van het eten hield?
– Nee, ik heb niets laten *merken*. Ik heb alles *opgegeten*. Toen ze *vroegen* of ik
het Nederlandse eten lekker *vond*, heb ik *geantwoord* (= *gezegd*) dat ik het
*heerlijk* vond. Dat is niet *eerlijk*, maar ze waren immers zo *aardig* (= *vriende-*
15 *lijk*) tegen mij! Na het eten hebben we nog even naar het *nieuws* op de televisie gekeken en naar een film over China. Daarna heb ik weer de trein
naar huis genomen. Ik was tamelijk laat thuis, maar gelukkig hoefde ik de
volgende dag niet naar mijn werk.

| 1409 | opgestaan | got up | levé | kalktım | bangun | نهضتُ |
| 1410 | net | just | tout juste | ancak | pas-pasan | تماماً |
| 1411 | zondags | on Sunday | le dimanche | pazarları | pada hari Minggu | كلّ أحد |
| 1412 | God | God | Dieu | allah, tanrı | Tuhan | ربّ، إله |
| 1413 | genomen | taken | pris | bindim | menumpang | إستقلّيْتُ |
| 1414 | hadden | had | avaient | (sormuş)lardı | ada | — |
| 1415 | gevraagd | asked | demandé | sormuş(lardı) | bertanya | سألوا |
| 1416 | mocht | could | pouvais | -bilirdim | boleh | سُمحَ لي |
| 1417 | hield | liked | aimais | sevmedim | menyukai | أحببتُ |
| 1418 | waren | were | étaient | (hazırlan)mıştı | ada | كانوا |
| 1419 | klaargemaakt | prepared | préparés | hazırlan(mıştı) | dimasak | محضّرين |
| 1420 | wijze | manner | manière | şekil | cara | طريقة |
| 1421 | waarvan | (of) which | que | -de | yang mana | — |
| 1422 | houd | like | aimais | sev(me)diğim | menyukai | أحبُّها |
| 1423 | gemerkt | noticed | remarqué | farkettiler mi | melihat | لاحظوا |
| 1424 | merken | (laten -) let on | remarquer | belli etmedim | (laten -) memperlihatkan | لاحظ |
| 1425 | opgegeten | eaten | mangé | yedim | menghabiskan | أكلّتُ |
| 1426 | vroegen | asked | demandaient | sorduklarında | bertanya | سألوا |
| 1427 | vond | (lekker -) liked | trouvais | bulup bulmadığımı | (lekker -) merasa (lezat) | أجدُ |
| 1428 | geantwoord | answered | répondu | söyledim | menjawab | أجبْتُ |
| 1429 | heerlijk | delicious | délicieux | nefis | lezat sekali | لذيذ |
| 1430 | eerlijk | honest | honnête | dürüst | jujur | بعدل |
| 1431 | aardig | nice | gentils | nazik | ramah | لطفاء |
| 1432 | vriendelijk | kind | aimables | dostça | ramah | محبوبين |
| 1433 | nieuws | news | nouvelles | haberler | siaran berita | أخبار |

143

## Zondag

_____ laat ben je zondag opgestaan?

– Pas om _____ uur. Ik kon nog net naar de _____ gaan.

Ga je zondags altijd naar de _____? Geloof je in God?

– Eigenlijk geloof ik _____ half in God, maar ik heb van _____ ouders geleerd zondags naar de kerk te _____. Na de kerk heb ik de trein _____ naar Eindhoven. Daar wonen de ouders van _____ vriend van mij. Ze hadden gevraagd of _____ zondag wilde komen. 's Avonds mocht ik _____ eten.

Heb je lekker gegeten?

– Nee, ik _____ niet van dat eten. Aardappelen lust ik _____ en het vlees en de groente waren _____ op een manier waarvan ik niet houd.

_____ ze gemerkt dat je niet van het _____ hield?

– Nee, ik heb niets laten merken. _____ heb alles opgegeten. Toen ze vroegen of _____ het Nederlandse eten lekker vond, heb ik _____ dat ik het heerlijk vond. Dat is _____ eerlijk, maar ze waren immers zo aardig _____ mij! Na het eten hebben we nog _____ naar het nieuws op de televisie gekeken _____ naar een film over China. Daarna heb _____ weer de trein naar huis genomen. Ik _____ tamelijk laat thuis, maar gelukkig hoefde ik _____ volgende dag niet naar mijn werk.

144

## Geef antwoord:

a. Hoe laat sta je gewoonlijk op?
b. Hoe laat sta je op zaterdag en zondag op?
c. Ga je naar de kerk? Op welke dag?
d. Heb je al eens bij Nederlanders gegeten?
e. Wat vind je van het Nederlandse eten?

## Vul in of aan:

■ Mijn zus woont _____ een oom en tante d _____ al lang in Nederland wonen. Ze is bij _____ gaan wonen, omdat ze geen kamers kon v _____. Hebben ze een gr _____ huis? O ja, ze hebben een huis _____ zes kamers bevat. Ze heeft ook een gr _____ kamer.

■ Wat heb je in het weekend _____? Ik ben naar mijn zus _____. Ze woont in Eindhoven. Ik had _____ al lang niet gezien. Ze had _____ gevraagd of ik naar Eindhoven wilde komen.'s Avonds kon ik bij haar _____ eten. Ze was van plan dingen klaar te maken _____ wij vroeger thuis aten. Ze had me _____ vlees mee te nemen. Ik woon namelijk in een stad _____ je in een speciale winkel vlees kunt kopen _____ wij lekker vinden.

■ Vanavond eet ik bij _____ zus. Ik heb vlees voor haar _____. Ik heb ook de brief van mijn moeder voor haar meegenomen. Ik heb ook de brief _____ ik net van mijn moeder had _____ voor haar meegenomen.

# 29

## Is de winkel open?

1  – Hoe laat *gaan* de winkels *open*?
De meeste winkels *openen* tussen acht (8) en negen (9) uur. Ze zijn echter op bepaalde dagen gesloten: grote winkels zijn vaak *'s maandags* gesloten. Allerlei andere winkels op dinsdag- of *woensdagmiddag*. Weer andere win-
5  kels sluiten op *donderdagmiddag*, terwijl ook veel winkels *zaterdagmiddag vroeger* dan normaal (= gewoonlijk) sluiten. Daarnaast zijn er *bedrijven* en *zaken* die van maandag tot en met (t/m) vrijdag open zijn, maar zaterdag de hele dag gesloten (dicht).
– Hoe weet je dan of een winkel of een zaak open of (= *dan wel*) gesloten is?
10  Ja, dat is inderdaad niet gemakkelijk. Dat is vaak niet *duidelijk*. Eigenlijk ben je alleen zeker *wat betreft* (= *met betrekking tot, ten aanzien van*) de vrij-dag. Op vrijdag zijn alle winkels, bedrijven, zaken enz. open. En verder moet je proberen (= *trachten*) te onthouden wanneer een bepaalde winkel gesloten is. Verder moet je er *rekening* mee *houden* dat sommige winkels tus-
15  sen de middag sluiten, maar andere weer niet. Ten slotte zijn in veel ste-den en *dorpen* de winkels één keer per week 's avonds open: *nu eens* op don-derdag, *dan weer* op vrijdag. Ook dat moet je dus proberen te onthouden. Als (= *Indien*) je het vergeten bent: de kans is groot dat het *vrijdagavond koopavond* is! De meeste winkels zijn dan tussen 7 en 9 uur *geopend*, maar
20  ook dat kan per plaats (dorp/stad) verschillen (= anders zijn).

| 1434 | gaan ... open | open | ouvrent | açılır | dibuka | تفتح |
| 1435 | openen | open | ouvrent | açılır | buka | يفتحون |
| 1436 | 's maandags | on Monday | le lundi | pazartesileri | pada hari Senin | كل إثنين |
| 1437 | woensdagmiddag | Wednesday afternoon | mercredi après-midi | çarşamba öğlen | Rabu siang | الأربعاء عند الظهر |
| 1438 | donderdagmiddag | Thursday afternoon | jeudi après-midi | perşembe öğlen | Kamis sore | الخميس عند الظهر |
| 1439 | zaterdagmiddag | Saturday afternoon | samedi après-midi | cumartesi öğlen | Sabtu sore | السبت عند الظهر |
| 1440 | vroeger | earlier | plutôt | daha erken | lebih dulu | أبكر |
| 1441 | bedrijven | companies | entreprises | şirketler | perusahaan-perusahaan | مقاولات |
| 1442 | zaken | shops, stores | magasins | iş yerleri | usaha-usaha dagang | مؤسسات |
| 1443 | dan wel | or | ou bien | veya | atau | أو |
| 1444 | duidelijk | clear | clair | bariz | jelas | واضح |
| 1445 | wat betreft | concerning | en ce qui concerne | ...ile ilgili | mengenai | فيا يتعلّق |
| 1446 | met betrekking tot | with respect to | quant à | ...ile ilgili | mengenai | فيا يتعلق بـ . . . . |
| 1447 | ten aanzien van | with regard to | à l'égard de | ...ile ilgili | mengenai | بالنسبة إلى . . . |
| 1448 | trachten | try | tâcher | gayret göstermek | berusaha | يحاولون |
| 1449 | rekening houden | take into account | tenir compte | hesaba katmak | (- met) memperhitungkan | تضرب حساب |
| 1450 | dorpen | villages | villages | köyler | dusun-dusun | قرى |
| 1451 | nu eens ... dan weer | off and on | tantôt ... tantôt | bazen ... bazen | ada yang...ada yang | إمّا . . . . أو |
| 1452 | indien | if | si | eğer | apabila | إذا |
| 1453 | vrijdagavond | Friday night | vendredi soir | cuma akşamı | Jumat malam | الجمعة مساءً |
| 1454 | koopavond | late night shopping | nocturne | "alış veriş akşamı" | malam belanja | سوق المساء |
| 1455 | geopend | opened | ouverts | açık | buka | مفتوحون |
| 1456 | plaats | place | lieu | yer | tempat | مدنية صغيرة |

147

## Is de winkel open?

- Hoe laat gaan de winkels open?

De _____ winkels openen tussen acht en negen uur. _____ zijn echter op bepaalde dagen gesloten: grote _____ zijn vaak 's maandags gesloten. Allerlei andere _____ op dinsdag- of woensdagmiddag. Weer andere winkels _____ op donderdagmiddag, terwijl ook veel winkels zaterdagmiddag _____ dan normaal sluiten. Daarnaast zijn er bedrijven _____ zaken die van maandag tot en met _____ open zijn, maar zaterdag de hele dag _____.

– Hoe weet je dan of een winkel _____ een zaak open of gesloten is?

Ja, _____ is inderdaad niet gemakkelijk. Dat is vaak _____ duidelijk. Eigenlijk ben je alleen zeker wat _____ de vrijdag. Op vrijdag zijn alle winkels, _____, zaken enz. open. En verder moet je _____ te onthouden wanneer een bepaalde winkel gesloten _____. Verder moet je er rekening mee houden _____ sommige winkels tussen de middag sluiten, maar _____ weer niet. Ten slotte zijn in veel steden _____ dorpen de winkels één keer per week ' _____ avonds open: nu eens op donderdag, dan _____ op vrijdag. Ook dat moet je dus _____ te onthouden. Als je het vergeten bent: kans is groot dat het vrijdagavond koopavond _____! De meeste winkels zijn dan tussen 7 _____ 9 uur geopend, maar ook dat kan _____ plaats verschillen.

## Geef antwoord:

a. Gaan alle winkels op dezelfde tijd open?
b. Hoe is dat in het land waar je vroeger hebt gewoond?
c. Op welke dag of dagen zijn alle winkels gesloten? Weet je ook waarom?

## Vul in of aan:

■ In Nederland werkt bijna iedereen van 's ochtends negen uur _____ zes uur 's _____. Ook mensen _____ in een winkel werken, werken op dezelfde _____. Dit betekent dat sommige mensen nauwelijks of _nooit_ boodschappen kunnen doen. De winkels zijn nog dicht, wanneer zij nog _____ werken. De winkels zijn al dicht, _als_ zij klaar zijn met _hun_ werk.

■ Werkt uw vrouw? Nee, zij werkt _____. Ze heeft _____ werk. Daardoor _kan_ ze boodschappen doen. Er zijn toch ook vrouwen _____ werken? Hoe doen zij dan boodschappen? Dat is inderdaad een gr_____ probleem, althans voor vrouwen die de h_____ dag werken. Soms kunnen ze _____ de middag snel _____ de winkel, maar veel w_____ zijn tussen de middag gesloten.

■ Waarom blijven de winkels 's avonds niet l_____ open? Veel mensen kunnen dan na _____ werk boodschappen doen. Inderdaad: dat lijkt een g_____ oplossing, maar er is ook een probleem. Boodschappen worden in Nederland vooral _____ vrouwen gedaan. Ze komen dan nog l_____ thuis. Hun mannen kunnen dan niet tussen 6 en 7 uur eten! Waarom eten jullie dan niet 1 of 2 uur later?

# 30

## Op de *markt*

1 Behalve winkels heb je in veel steden ook een markt, niet waar?
– Ja, inderdaad: eens per week is er markt en in grote steden vaker.
Waarom gaat men graag naar de markt, terwijl er al zoveel winkels zijn?
Daar kun je toch ook alles kopen?
5 – Ja, dat is waar, maar de markt heeft een groot voordeel: de *prijzen* zijn
vaak *lager* dan in de winkel. Voor hetzelfde bedrag krijg je dus meer of je
hoeft voor dezelfde dingen (zaken, produkten) minder te betalen. Op de
markt is de *waarde* van een gulden *hoger*. Dat is natuurlijk wel prettig (=
fijn, aantrekkelijk) nu de prijzen *alsmaar stijgen* (= omhoog gaan). Je moet
10 echter de prijzen op de markt en in de winkel wel goed met elkaar vergelijken: soms kun je ook in de winkel iets voordeliger (= met voordeel) kopen. De prijzen *liggen weliswaar in principe vast*, maar voor veel dingen betaal je nu eens meer, dan weer minder. Soms betaal je ook in de *ene* winkel
minder dan in een andere winkel voor hetzelfde *ding* (= *produkt*).
15 Kun je op de markt eigenlijk wel alles krijgen?
– Nee, wel veel, maar niet alles. Vooral (= *Voornamelijk*) de dingen die je
vrijwel *dagelijks* nodig hebt, zoals groente, fruit, kaas, bloemen en *kleren*.
Kleren zijn meestal erg goedkoop, maar het *gebruikte materiaal* is dan uiteraard vaak niet zo goed.

| 1457 | markt | market | marché | pazar | pasar | السوق |
| 1458 | prijzen | prices | prix | fiyatlar | harga-harga | أسعار |
| 1459 | lager | lower | plus bas | daha düşük | lebih rendah | أرخص |
| 1460 | waarde | value | valeur | değer | nilai | قيمة |
| 1461 | hoger | higher | plus élevée (haute) | daha yüksek | lebih tinggi | أعلى |
| 1462 | alsmaar | all the time | continuellement | durmadan | terus-menerus | كلَّ الوَقت |
| 1463 | stijgen | are increasing | augmentent | yükselirken | naik | يرتفعون |
| 1464 | liggen vast | are fixed | sont fixes | sabittir | pasti | محدَّدون |
| 1465 | weliswaar | indeed | il est vrai | gerçi | sesungguhnya | هذا صحيح |
| 1466 | in principe | in principle | en principe | prensip olarak | pada pokoknya | مبد ئيّاً |
| 1467 | ene | one | un, tel | bir | yang satu | الوّاحد |
| 1468 | ding | thing | chose | şey | barang | شيء |
| 1469 | produkt | product | produit | ürün | produk | منتوج |
| 1470 | voornamelijk | chiefly | principalement | her şeyden evvel | terutama | أساسيّاً |
| 1471 | dagelijks | daily | tous les jours | her gün | sehari-hari | يوميّاً |
| 1472 | kleren | clothing | des vêtements | elbiseler | pakaian | ثياب |
| 1473 | gebruikte | used | utilisé | kullanılan | -yang dipakai | مستعمل |
| 1474 | materiaal | material | matériel | malzeme | bahan | مادّة |

151

## Op de markt

Behalve winkels heb je in ＿＿ steden ook een markt, niet waar?

– Ja, ＿＿: eens per week is er markt en ＿＿ grote steden vaker.

Waarom gaat men ＿＿ naar de markt, terwijl er al zoveel ＿＿ zijn? Daar kun je toch ook alles ＿＿?

– Ja, dat is waar, maar de markt ＿＿ een groot voordeel: de prijzen zijn vaak ＿＿ dan in de winkel. Voor hetzelfde bedrag ＿＿ je dus meer of je hoeft voor ＿＿ dingen minder te betalen. Op de markt ＿＿ de waarde van een gulden hoger. Dat ＿＿ natuurlijk wel prettig nu de prijzen alsmaar ＿＿. Je moet echter de prijzen op de ＿＿ en in de winkel wel goed met ＿＿ vergelijken: soms kun je ook in de ＿＿ iets voordeliger kopen. De prijzen liggen weliswaar ＿＿ principe vast, maar voor veel dingen betaal ＿＿ nu eens meer, dan weer minder. Soms ＿＿ je ook in de ene winkel minder ＿＿ in een andere winkel voor hetzelfde ding.

＿＿ je op de markt eigenlijk wel alles ＿＿?

– Nee, wel veel, maar niet alles. Vooral ＿＿ dingen die je vrijwel dagelijks nodig hebt, ＿＿ groente, fruit, kaas, bloemen en kleren. Kleren ＿＿ meestal erg goedkoop, maar het gebruikte materiaal ＿＿ dan uiteraard vaak niet zo goed.

152

## Geef antwoord:

a. Is er in de stad of het dorp waar u woont een markt? Wanneer?

b. Gaat u graag naar de markt? Waarom?

c. Wat voor dingen kun je vooral op de markt kopen?

## Vul in of aan:

■ Anne is naar de markt geweest. Ze heeft daar een vriendin _____ die ze al lang niet _had_ gezien. Toen zij _____ zag, was ze erg verbaasd. Ze zei: hé, wat d_____ jij hier? Je w_____ toch niet in onze stad? Nee, inderdaad. Ik ben hier met _____ man. Hij krijgt hier misschien een nieuwe baan. Als dat lukt, zul je _____ veel vaker zien.

■ Wat een prachtige jas heb jij! Waar heb je die _____? Op de markt. Koop je daar altijd _____ kleren? Ja, ik _____ bijna al mijn boodschappen op de markt. Een winkel is _niet_ gezellig. Ik vind de markt veel _____ dan een winkel. Bovendien zijn veel produkten er ook goedk_oper_. Hoeveel heeft die jas _____? Hoeveel heb je voor die jas _____? Dat weet ik niet _meer_ precies. Het was een tamelijk d_ure_ jas. Ik geloof dat hij bijna 200 gulden heeft gekost.

153

# 31

## Anne gaat uit

1 Anne gaat *vanavond* uit. Haar *zwarte* haar *zit* prachtig. Haar *mond* heeft ze
rood *gemaakt* en haar ogen *blauw*. Aan haar oren hangen grote *oorbellen*.
Aan haar schouder *draagt* ze een *tas*. Straks komt *Peter* haar *(op)halen*. Ze
*werpt* nog gauw *een blik* in de *spiegel* voordat Peter komt. Ja, alles zit goed.
5 Ze is tevreden.
Er wordt *gebeld*. Dat zal Peter zijn. Anne gaat naar de *deur*. Ze *doet open*. Peter kijkt haar aan en begint te *lachen*. Hij zegt: wat heb jij gedaan? *Wat een*
kleuren! Voor mij hoeft dat echt niet. Ik vind je *gewoon* al mooi en *lief* genoeg.

Anne is blij. Ze gaat uit. Samen met Peter gaat ze naar de film. Anne is
een lief (aardig) meisje. Ze vindt het fijn (= heerlijk) dat Peter haar *mee-
neemt* naar de film.
Na de film zegt Peter *opeens* (= *plotseling, ineens*): ik heb dorst. Heb je zin
15 om wat (= iets) te drinken? Ik ken hier in de *omgeving* (= buurt) een leuk
café. Je kunt er ook wat eten.
...
– Hebt u plaats voor twee personen?
Ja, bij het raam is een tafel vrij.
20 – Dank u wel.
Wat *wilt* u drinken?
– Een *cola* en een *biertje* (*pilsje*) graag.
Hoe was de film, vraagt haar vriendin.
– O, het was een erg (= geweldig/enorm) leuke film. We hebben *hard gela-
25 chen*. Er *kwamen* talloze *gekke situaties* in *voor*. Ik denk dat ik die film ook
maar eens ga *bekijken*. Tot wanneer *draait* hij nog?
Tot wanneer wordt hij nog *vertoond*?
– Ik *dacht* alleen vanavond nog.
O, vanavond *komt* helaas *slecht uit*, dan kan ik niet. Ik moet ergens anders
30 heen. Dat is *jammer*!

| 1475 | Anne | Ann | Anne | Anne | Anne | إسم مؤنّث |
| 1476 | gaat uit | is going out | sort | dışarı çıkıyor | keluar | تخرج |
| 1477 | vanavond | tonight | ce soir | bu akşam | nanti malam | هذا المساء |
| 1478 | zwarte | black | noirs | siyah | yang hitam | أسود |
| 1479 | zit | is | sont (arrangés) | yakışıyor | tataannya | – |
| 1480 | mond | mouth/lips | bouche | ağzını | mulut | فمّ |
| 1481 | gemaakt | made | fait | boyamış | dibuat | وضعت ( أحمر ) |
| 1482 | blauw | blue | bleus | mavi | biru | أزرق |
| 1483 | oorbellen | earrings | boucles d'oreille | küpeler | anting-anting | أقراط |
| 1484 | draagt | carries | porte | taşıyor | memakai | تحمل |
| 1485 | tas | handbag | sac | çanta | tas | حقيبة يد |
| 1486 | Peter | Peter | Pierre | Peter | Peter | بطرس |
| 1487 | (op)halen | collect | chercher | almak | menjemput | يأخذ ( ها ) |
| 1488 | werpt een blik | looks | jette un regard | göz atıyor | melemparkan pandan-gan | ألقت نظرة |
| 1489 | spiegel | mirror | miroir | ayna(ya) | cermin | مرآة |
| 1490 | gebeld | a ring at the door | sonné | zil çalıyor | mengebel | قرع ( الجرس ) |
| 1491 | deur | door | porte | kapı | pintu | باب |
| 1492 | doet open | opens | ouvre | açıyor | membuka pintu | فتحت |
| 1493 | lachen | laugh | rire | gülmek | tertawa | ( يبدأ ) بالضحك |
| 1494 | wat een | what | que de | bu ne, amma | betapa banyak | ما هذا |
| 1495 | gewoon | as you are | normale, comme ça | normal | biasa | ( كما أنت ) عادة |
| 1496 | lief | nice, sweet | gentille, aimable | sevimli | manis | لطيفة |
| 1497 | meeneemt | takes | emmène | eşlik etmek | membawa | يأخذ ( معه ) |
| 1498 | opeens | suddenly | tout à coup | aniden | tiba-tiba | فجأة |
| 1499 | plotseling | suddenly | tout à coup | ansızın | tiba-tiba | فجأة |
| 1500 | ineens | suddenly | en une seule fois | ansızın | tiba-tiba | فجأة |
| 1501 | omgeving | neighbourhood | environs | civarda | sekitar | محيط |
| 1502 | wilt | would like | voulez | istiyorsunuz | mau | تريدين |
| 1503 | cola | coke | coca | kola | cola | كولا |
| 1504 | biertje | beer | bière | bira | bir | بيرة صغيرة |
| 1505 | pilsje | beer | bière | bira | bir | كأس صغيرة من البيرة |
| 1506 | hard | loud | beaucoup, énormé-ment | çok | keras | بشدّة |
| 1507 | gelachen | laughed | ri | güldük | tertawa | ضحكنا |
| 1508 | kwamen ... voor | took place | se produisaient | vardı | terjadi | حصلوا |
| 1509 | gekke | funny | étranges, drôles | çılgınca | yang aneh | عجيب |
| 1510 | situaties | situations | situations | sahneler | keadaan-keadaan | حالات |
| 1511 | bekijken | watch | regarder, voir | seyretmek | melihat | لأشاهد |
| 1512 | draait | is shown | tourne | oynuyor | diputar | يُعرَض |
| 1513 | vertoond | shown | présenté, tourné | gösteriliyor | dipertunjukkan | يُعرَض |
| 1514 | dacht | thought | pensais, croyais | zannedersem | kira | ظننت |
| 1515 | komt ... uit | suits (me) | tombe | uygun düşmüyor | cocok | – |
| 1516 | slecht | bad | mal | (ş)m(üyor) | tidak (baik) | لا يناسب |
| 1517 | jammer | a pity | dommage | yazık | sayang | ياللحسرة |

## Anne gaat uit

Anne _____ vanavond uit. Haar zwarte haar zit prachtig. _____ mond heeft ze rood gemaakt en haar _____ blauw. Aan haar oren hangen grote oorbellen. _____ haar schouder draagt ze een tas. Straks _____ Peter haar halen. Ze werpt nog gauw _____ blik in de spiegel voordat Peter komt. _____, alles zit goed. Ze is tevreden.

Er _____ gebeld. Dat zal Peter zijn. Anne gaat _____ de deur. Ze doet open. Peter kijkt _____ aan en begint te lachen. Hij zegt: _____ heb jij gedaan? Wat een kleuren! Voor _____ hoeft dat echt niet. Ik vind je _____ al mooi en lief genoeg.

Anne is _____. Ze gaat uit. Samen met Peter gaat _____ naar de film. Anne is een lief _____. Ze vindt het fijn dat Peter haar _____ naar de film. Na de film zegt _____ opeens: ik heb dorst. Heb je zin _____ wat te drinken? Ik ken hier in _____ omgeving een leuk café. Je kunt er _____ wat eten. .........

– Hebt u plaats voor twee _____?
Ja, bij het raam is een tafel _____.
– Dank u wel.
Wat wilt u drinken?
– _____ cola en een biertje graag.

'Hoe was _____ film', vraagt haar vriendin.
– O, het was _____ erg leuke film. We hebben hard gelachen. _____ kwamen talloze gekke situaties in voor.
– Ik _____ dat ik die film ook maar eens _____ bekijken. Tot wanneer draait hij nog? Tot _____ wordt hij nog vertoond?
Ik dacht alleen _____ nog.
– O, vanavond komt helaas slecht uit, _____ kan ik niet. Ik moet ergens anders _____. Dat is jammer!

156

## Vul in of aan:

- Vanavond _gaan_ Anne en Sheila uit. Ze hebben _hun_ mond rood gemaakt en _hun_ ogen blauw. Straks komen Peter en Jan _ze_ ophalen. Er _wordt_ gebeld. Dat z _ullen_ Peter en Jan zijn. Anne gaat _naar_ de deur. Ze _doet_ open. Het _zijn_ inderdaad Jan en Peter. Ze zeggen: hallo, zijn jullie klaar? Trouwens, _wat_ zie jij er mooi uit! Met al die kleuren vind ik je nog _mooier_ dan gewoon. _mee uitgenomen_ _bezoeken_

- Peter en Jan hebben hun vriendinnen _____. Ze zijn met de auto _____. Van _____ is die auto? Van de vader _____ Peter. Peter heeft _zijn_ vader gevraagd of hij zijn auto _kan_ gebruiken. Toen zijn vader _hem_ vroeg waarvoor hij de auto n _odig_ had, heeft Peter _hem_ verteld dat hij samen _met_ zijn vriend en twee vr _iendinnen_ een avondje uit wilde gaan.

- Waar zijn jullie _naar_ toe geweest? Eerst zijn we naar een film geweest _die_ volgens Peter erg leuk moest zijn. De film b _egon_ om 9 uur en was om h _____ twaalf afgelopen. Daarna hebben we in een café wat _____. Toen we daar z _atten_, zei Jan opeens: ik ken een discotheek hier in de buurt. Hebben jullie _zin_ daar heen te gaan? Daar zijn we nog tot twee uur _____. Daarna hebben Jan en Peter _ons_ naar huis gebracht. Het is dus wel tamelijk laat _geweest_ _geworden_

157

# 32

## Bezoek

1   Peter en Anne *verwachten* vanavond bezoek. Ze zijn erg laat opgestaan,
omdat (= *aangezien*) ze gisteren laat naar bed zijn gegaan. Terwijl Peter
het eten op tafel *zet, brengt* Anne het huis *in orde*. Er *klinkt muziek* uit de *radio*, maar volgens Peter te zacht. Peter *roept* naar Anne: 'Kun je de radio
5   wat *harder zetten*?'. Hij loopt naar de deur. Hij *pakt* de *krant* en leest het
nieuws. Er staat een interessant *artikel (verhaal)* in over de oorlog tussen *Israël* en *Palestina*. Daar *verschijnen* regelmatig *artikelen* over in de *pers* (= *kran-
ten*). Die *strijd* duurt al *vele* jaren. Hij vindt dat een ernstig probleem. *Beide
partijen* zeggen *vrede* te willen. Beide partijen zeggen dat ze in *vrijheid* willen
10  leven. In plaats van in vrede samen te leven *beschouwen Israëliers* en *Palestijnen* elkaar echter als *tegenstanders* en maken ze oorlog. Ze *schieten* op elkaar
met *wapens* die ze vaak van andere landen krijgen. Er vallen *doden* en veel
mensen *verliezen* alles wat ze *bezitten*. De wereld is slecht, vindt Peter. Hij
*doet* de krant *dicht* en *zet* de TV *aan*. Om zeven uur komt het nieuws. Vol-
15  gens de laatste *berichten* lijkt Israël te *winnen*. Het *leger* van Israël blijkt *sterker* dan het leger van de *tegenstander*.
        Het nieuws *(ver)toont beelden* van de oorlog. 'Waarom toch altijd oorlog',
denkt Peter. *Ook al* heeft een land gewonnen, het heeft dan ook vaak veel
*verloren*: veel *soldaten* sterven in de strijd. En dan de *slachtoffers* onder de be-
20  volking!

158

| | Dutch | English | French | Turkish | Indonesian | Arabic |
|---|---|---|---|---|---|---|
| 1518 | verwachten | are expecting | attendent | bekliyorlar | menantikan | يتوقّعون |
| 1519 | aangezien | because | vu que, parce que | -den dolayı | karena | نظراً إلى |
| 1520 | zet | puts | fait | koyarken | menaruh | يضع |
| 1521 | brengt ... in orde | tidies up | arrange | çeki düzen veriyor | membuat | ترتيب |
| 1522 | klinkt | sounds, is | sonne | duyuluyor | -berbunyi | ترن |
| 1523 | muziek | music | musique | müzik | musik | موسيقى |
| 1524 | radio | radio | radio | radyo | radio | راديو |
| 1525 | roept | calls | appelle | sesleniyor | berseru | نادى |
| 1526 | harder | louder | plus haut | (- zetten) sesi açar mısın | lebih keras | أعلى |
| 1527 | zetten | turn | mettre | (harder -) sesi açar mısın | memutar | تجعليه |
| 1528 | pakt | takes | prend | alıyor | mengambil | أخذ |
| 1529 | krant | newspaper | journal | gazete | koran | صحيفة |
| 1530 | artikel | article | article | makale | artikel | مقالة |
| 1531 | verhaal | story | histoire | makale | cerita | قصة |
| 1532 | Israël | Israel | Israël | İsrail | Israel | إسرائيل |
| 1533 | Palestina | Palestina | Palestine | Filistin | Palestina | فلسطين |
| 1534 | verschijnen | appear | apparaissent | çıkıyor | muncul | يظهر |
| 1535 | artikelen | articles | articles | makaleler | artikel-artikel | مقالات |
| 1536 | pers | press | presse | basın | pers | صحافة |
| 1537 | kranten | newspapers | journaux | gazeteler(de) | koran-koran | جرائد |
| 1538 | strijd | conflict | lutte | kavga, savaş | perjuangan | مكافحة |
| 1539 | vele | many | beaucoup de | birçok | banyak sekali | كثير من . . . |
| 1540 | beide | both | tous les deux | her iki | kedua | كلا |
| 1541 | partijen | parties, sides | partis | taraf(lar) | pihak-pihak | أطراف |
| 1542 | vrede | peace | paix | barış | perdamaian | سلام |
| 1543 | vrijheid | freedom | liberté | özgürlük | kebebasan | حرّية |
| 1544 | beschouwen | consider | considèrent | görüyorlar | menganggap | يعتبرون |
| 1545 | Israëliers | Israelites | Israéliens | İsrail'liler | orang-orang Israel | إسرائليّون |
| 1546 | Palestijnen | Palestines | Palestiniens | Filistin'liler | orang-orang Palestina | فلسطينيّون |
| 1547 | tegenstanders | adversaries | adversaires | rakipler | lawan-lawan | أعداء |
| 1548 | schieten | shoot | tirent | ateş ediyorlar | menembak | يتقاذفون |
| 1549 | wapens | weapons | armes | silahlar | senjata-senjata | أسلحة |
| 1550 | doden | dead | morts | ölüler | orang-orang mati | أموات، قتل |
| 1551 | verliezen | lose | perdent | kaybediyorlar | kehilangan | يفقدون |
| 1552 | bezitten | possess | possèdent, ont | sahip oldukları | mimiliki | يمتلكون |
| 1553 | doet dicht | closes | ferme | kapatıyor | menutup | يغلقُ |
| 1554 | zet aan | turns on | met (en marche) | açıyor | menyalakan | يدير |
| 1555 | berichten | news | nouvelles | haberler | berita-berita | أخبار |
| 1556 | winnen | win | gagner, vaincre | kazanmak | menang | تربح |
| 1557 | leger | army | armée | ordu | angkatan bersenjata | جيش |
| 1558 | sterker | stronger | plus forte | daha güçlü | lebih kuat | أقوى |
| 1559 | tegenstander | adversary | adversaire | rakip | lawan | عدو |
| 1560 | (ver)toont | shows | montre | gösteriyor | mempertunjukkan | تظهر، تعرضُ |
| 1561 | beelden | pictures | images | resimler | rekaman-rekaman | مشاهد |
| 1562 | ook al | even if | même si | -se, -sa bile | meskipun | حتى ولو |
| 1563 | verloren | lost | perdu | kaybetti | kekalahan/kehilangan | خسر |
| 1564 | soldaten | soldiers | soldats | askerler | prajurit-prajurit | جنود |
| 1565 | slachtoffers | victims | victimes | kurbanlar | korban-korban | ضحايا |

159

## Bezoek

Peter en Anne verwachten _____ bezoek. Ze zijn erg laat opgestaan, omdat _____ gisteren laat naar bed zijn gegaan. Terwijl _____ het eten op tafel zet, brengt Anne _____ huis in orde. Er klinkt muziek uit _____ radio, maar volgens Peter te zacht. Peter _____ naar Anne: 'Kun je de radio wat _____ zetten?' Hij loopt naar de deur. Hij _____ de krant en leest het nieuws. Er _____ een interessant artikel in over de oorlog _____ Israël en Palestina. Daar verschijnen regelmatig artikelen _____ in de pers. Die strijd duurt al _____ jaren. Hij vindt dat een ernstig probleem. _____ partijen zeggen vrede te willen. Beide partijen _____ dat ze in vrijheid willen leven. In _____ van in vrede samen te leven beschouwen _____ en Palestijnen elkaar echter als tegenstanders en _____ ze oorlog. Ze schieten op elkaar met _____ die ze vaak van andere landen krijgen. _____ vallen doden en veel mensen verliezen alles _____ ze bezitten. De wereld is slecht, vindt _____. Hij doet de krant dicht en zet _____ TV aan. Om zeven uur komt het _____. Volgens de laatste berichten lijkt Israël te _____. Het leger van Israël blijkt sterker dan _____ leger van de tegenstander.

Het nieuws toont _____ van de oorlog. 'Waarom toch altijd oorlog', _____ Peter. Ook al heeft een land gewonnen, _____ heeft dan ook vaak veel verloren: veel _____ sterven in de strijd. En dan de _____ onder de bevolking!

## Geef antwoord:

a. Lees jij regelmatig de krant? Ook de Nederlandse krant?
b. Wat voor artikelen vind je vooral interessant?
c. Waarom beschouwen Israëliers en Palestijnen elkaar als tegenstanders?
d. Is er een oplossing voor dit probleem? Leg uit.

## Vul in of aan:

- H _____ u wel eens een artikel gelezen over de strijd _____ Israëliers en Palestijnen? Dat is een strijd _die_ al vele jaren duurt. Er zijn maar weinig mensen in Europa _____ begrijpen waarom er _geen_ vrede komt. Beide p _____ zeggen immers dat ze vrede willen.

- Nog niet zo lang geleden was er regelmatig oorlog in Europa. Veel mensen herinneren _zich_ nog de tweede wereldoorlog. Die heeft vijf jaar _____. Ongeveer 25 jaar _eerder_ was er de eerste wereldoorlog. Die b _____ in 1914 en d _____ tot 1918. In deze twee _____ zijn veel mensen gestorven. Duitsland was beide k _eren_ de oorlog begonnen. Na de tweede wereldoorlog is er veel _verandd_: Duitsland, Frankrijk en Engeland zijn niet meer elkaars tegen_____, maar elkaars vr _____. Veel landen in Europa werken samen. Europa wordt steeds meer een gr _____ land en bijna iedereen is tev _reden_

_veranderd_

_geschiedenis → history_

# 33

## Een lang gesprek

1　Er wordt gebeld. Dat zullen onze vrienden zijn. Anne loopt naar de deur
en *maakt* (= doet) *open*.
Hallo! *Kom binnen*. Leuk (Fijn) dat jullie er zijn. Het is lang *geleden* dat we
elkaar hebben gezien. Hebben jullie ons huis gemakkelijk kunnen vin-
5　den?
— Ja *hoor*, Peter heeft het *uitgelegd*. Het was *allemaal* duidelijk. Hier (Alsjeblieft), ik heb wat bloemen voor je *meegebracht*.
O, dank je wel. Dat is echt niet nodig (= Dat hoeft echt niet). Ze zijn erg
mooi. Kom verder. Peter komt zo beneden; hij is *bezig* de kinderen naar
10　bed te *brengen*.
— 'Jij hebt een *moderne echtgenoot*', *merkt* Henk *op*. En zo begint een lange *discussie* (een lang gesprek) over de *positie* van de vrouw.
Iedereen is het *erover* eens dat mannen en vrouwen (jongens en meisjes)
dezelfde (= *gelijke*) *rechten* en *kansen* moeten (= *dienen te, horen te*) hebben.
15　Maar worden ze ook gelijk behandeld? Kan een vrouw bij voorbeeld blijven werken wanneer ze kinderen krijgt? Waarom is het de *taak* van de
moeder om voor de kinderen te zorgen? Alsof de vader dat niet kan! Alsof
de *opvoeding* van kinderen niet een taak is van beide ouders.
'Dat *klinkt* allemaal heel erg mooi', merkt Anne op, 'maar wie *zorgt* er
20　meestal voor het eten? Wie *maakt* het huis dagelijks *schoon*? Wie *doet* de
*boodschappen*? Wie brengt de kinderen naar school en *ga* zo maar *door*.'
De mannen *zwijgen*. Ze *houden hun mond*. Dan zegt Peter *voorzichtig*: 'Ik
*help* je toch met koffie *zetten* en met boodschappen doen'.
Anne denkt: 'Hoe kan ik iemand *overtuigen* die een *dergelijke* (= zo'n) *uit-
25　spraak* doet?' Nee, Anne heeft sterk de *indruk* dat de *maatschappij* (= *samenleving*) *gunstig* is voor de *man*.

Wat is jullie standpunt in deze kwestie? Praat men over deze zaken (=
over dit onderwerp) in jullie land?

| 1566 | maakt open | opens the door | ouvre | açıyor | membuka pintu | فتحت |
| 1567 | kom binnen | come in | entrez | içeri gelin | silakan masuk | أدخلوا |
| 1568 | geleden | ago | il y a (passé) | önce | silam | ماضٍ |
| 1569 | hoor | - | - | peki, tabi | kok | أجل |
| 1570 | uitgelegd | explained | expliqué | anlattı | menerangkan | فسّر |
| 1571 | allemaal | all | tout | herşey, tamamen | semua | كليًّا |
| 1572 | meegebracht | brought along | apporté | getirdim | membawa | أحضرتُ معي |
| 1573 | bezig | busy | en train de | uğraşıyor | sedang | مشغول |
| 1574 | brengen | take | porter | yatırmaya | mengantar | أحضر |
| 1575 | moderne | modern | moderne | modern | yang moderen | حديث |
| 1576 | echtgenoot | husband | mari | koca | suami | زوج |
| 1577 | merkt op | notices | fait remarquer | diyor | berpendepat | يلاحظ |
| 1578 | discussie | discussion | discussion | konuşma | diskusi | مناقشة |
| 1579 | positie | position | position | yer(i) | kedudukan | وضعية |
| 1580 | erover | about it | avec | hakkında | mengenai hal itu | حوله |
| 1581 | gelijke | equal | égaux | aynı, eşit | yang sama | متساوية |
| 1582 | rechten | rights | droits | haklar | hak-hak | حقوق |
| 1583 | kansen | chances | chances | şanslar | kesempatan-kesempa-tan | فرص |
| | | | | | | |
| 1584 | dienen | ought to | doivent | -meli, -malı | seharusnya | يستحقّون |
| 1585 | horen | need (to) | doivent | -meli, -malı | seharusnya | يستحقّون |
| 1586 | taak | task | tâche | görev | tugas | مهمّة |
| 1587 | opvoeding | upbringing | éducation | yetiştirme | pendidikan | تربية |
| 1588 | klinkt | sounds | sonne | kulağa geliyor | kedengaran | يرنّ |
| 1589 | zorgt | takes care (of) | s'occupe de | yapıyor | mengurus | يهتمّ |
| 1590 | maakt schoon | cleans | nettoie | temizliyor | membersihkan | يُنظّف |
| 1591 | doet boodschappen | does the shopping | fait des courses | alış veriş yapıyor | berbelanja | يشتري الحاجيات |
| 1592 | ga zomaar door | and so on | et ainsi de suite | say say bitmez | sebagainya | يكمل |
| 1593 | zwijgen | are silent | se taisent | susuyorlar | diam | يسكتون |
| 1594 | houden hun mond | keep their mouth shut | tiennent leur langue | susuyorlar | diam | يغلقون أفواههم |
| 1595 | voorzichtig | cautiously | prudemment | dikkatlice | berhati-hati | بحذر |
| 1596 | help | help | aide | yardım ediyorum | membantu | أساعد |
| 1597 | zetten | make | mettre, préparer | yapmak | membuat | تحضير |
| 1598 | overtuigen | convince | convaincre | ikna edebilirim | meyakinkan | أقنع |
| 1599 | dergelijke | such | tel, pareil | böyle bir | demikian | مماثل |
| 1600 | uitspraak | statement | avis | görüş | ucapan | بيان |
| 1601 | indruk | impression | impression | intiba | kesan | شعور |
| 1602 | maatschappij | society | société | toplum | masyarakat | المجتمع |
| 1603 | samenleving | society | société | toplum | masyarakat | المجتمع |
| 1604 | gunstig | favourable | favorable | uygun | menguntungkan | إيجابي |
| 1605 | man | man | homme | erkek | pria | رجل |

## Een lang gesprek

Er wordt gebeld. Dat _____ onze vrienden zijn. Anne loopt naar de _____ en maakt open.

Hallo! Kom binnen. Leuk _____ jullie er zijn. Het is lang geleden _____ we elkaar hebben gezien. Hebben jullie ons _____ gemakkelijk kunnen vinden?

– Ja hoor, Peter heeft _____ uitgelegd. Het was allemaal duidelijk. Hier, ik _____ wat bloemen voor je meegebracht.

O, dank _____ wel. Dat is echt niet nodig. Ze _____ erg mooi. Kom verder. Peter komt zo _____, hij is bezig de kinderen naar bed _____ brengen.

–'Jij hebt een moderne echtgenoot', merkt _____ op. En zo begint een lange discussie _____ de positie van de vrouw.

Iedereen is _____ erover eens dat mannen en vrouwen dezelfde _____ en kansen moeten hebben. Maar worden ze _____ gelijk behandeld? Kan een vrouw bij voorbeeld blijven _____ wanneer ze kinderen krijgt? Waarom is het _____ taak van de moeder om voor de _____ te zorgen? Alsof de vader dat niet _____! Alsof de opvoeding van kinderen niet een _____ is van beide ouders.

'Dat klinkt allemaal _____ erg mooi', merkt Anne op, 'maar wie _____ er meestal voor het eten? Wie maakt _____ huis dagelijks schoon? Wie doet de boodschappen? _____ brengt de kinderen naar school en ga _____ maar door.'

De mannen zwijgen. Ze houden _____ mond. Dan zegt Peter voorzichtig: 'Ik help _____ toch met koffie zetten en met boodschappen _____'.

Anne denkt: 'Hoe kan ik iemand overtuigen _____ een dergelijke uitspraak doet?' Nee, Anne heeft _____ de indruk dat de maatschappij gunstig is _____ de man.

Wat is jullie standpunt in _____ kwestie? Praat men over deze zaken in _____ land?

## Geef antwoord:

a. Zijn er speciale taken voor de vader of de moeder? Leg uit.
b. Worden in jouw (uw) land jongens en meisjes gelijk behandeld? Geef een paar voorbeelden.
c. Hebben ouders in uw land een voorkeur voor zonen of dochters?

## Grammatica:

Anne **doet** open. Anne heeft open**ge**daan.
Peter **komt** binnen. Peter is binnen**ge**komen.
Lisa **brengt** bloemen mee. Lisa heeft bloemen mee**ge**bracht.
Henk **merkt** iets op. Henk heeft iets op**ge**merkt.

## Vul in of aan:

Onlangs ontmoette ik een kennis _____ opmerkte: waarom praat men in Nederland zo graag _____ de positie van de vrouw? Ik ken bijna _____ land waar m _____ en vrouwen gelijk es _____ worden behandeld dan in Nederland. Jongens en m _____ gaan allemaal _____ zestien jaar naar school. Iedereen mag daarna v _____ leren. Wat is eigenlijk jullie probleem? Wat heb je _____ geantwoord? Ik heb _____ hem gezegd: dat heb je goed op _____. Toch zijn er nog belangrijke verschillen. De _____ ingenieurs zijn bij voorbeeld mannen. Hetzelfde g _____ voor artsen. Het zijn vooral jongens _____ technische vakken kiezen. En meisjes studeren talen of kiezen een vak dat minder belangrijk wordt gevonden. Vaak verdienen ze daardoor ook m _____. Wat was daarop zijn antwoord? Nou, toen was het even st _____ .

# 34

## Vrije tijd

1   We beschikken over steeds meer vrije tijd. Vroeger *werkte* men elke dag,
tegenwoordig nog slechts vijf dagen per week. Het aantal uren dat we dagelijks werken, is ook alsmaar (= steeds) minder geworden, terwijl het
aantal vrije dagen sterk is *toegenomen* (= *gestegen*).
5       Wat doen we in al die vrije tijd?
*Door* de week kijken heel veel mensen televisie. Het *doet er* niet *toe* welk programma wordt vertoond, de mensen kijken. Loop maar eens langs een
paar *huizen*: bijna overal staat de televisie aan.
En in het weekend? We hebben dan twee *volle* dagen vrij! Veel mensen
10   doen aan sport: voetbal, tennis, *zwemmen, fietsen, wandelen*, enzovoort.
Vooral jonge mensen doen graag aan sport, maar ook *oudere* mensen doen
aan sport om gezond te blijven. Er zijn mensen die in hun vrije tijd muziek maken. Ook dat zijn vooral jonge mensen. Wanneer ze ouder worden, *houden* ze er vaak mee *op*: je moet er bijna dagelijks mee bezig zijn. Ze
15   *komen* tijd *te kort*!
        Verder gaan veel jonge mensen naar een café of naar een *discotheek*.
Daar ontmoeten ze vrienden en *vriendinnen*. Daar leren ze elkaar beter
kennen. Ze gaan samen naar de film of naar een feest. Feesten *organiseren*
we om die reden in het weekend, bij voorkeur op vrijdag- en *zaterdagavond*.
20   *Volwassenen* gaan bij elkaar op bezoek ter gelegenheid van een *verjaardag* of
een speciale gebeurtenis. Kinderen *mogen* vaak een *feestje* organiseren als
ze jarig zijn. Ze *nodigen* dan *vriendjes* en *vriendinnetjes uit*.
Wat *doet* u in het weekend?
– Boodschappen. Door de week heb ik daarvoor geen tijd. Op vrijdag-
25   avond en zaterdag zijn de winkels open en heb ik tijd.
En op zondag, wat doet u dan?
– Dan slaap ik langer dan normaal en verder ga ik naar de kerk, bezoek ik
mijn familie of mijn familie komt bij mij.

166

| | | | | | | |
|---|---|---|---|---|---|---|
| 1606 | werkte | worked | travaillait | çalışırdı | bekerja | إشتغلتُ |
| 1607 | toegenomen | increased | accru, augmenté | arttı | bertambah | إرتفع |
| 1608 | gestegen | increased | monté | arttı | meningkat | إرتفع |
| 1609 | door | during | pendant, à travers | hafta içinde | sepanjang | خلال |
| 1610 | doet er toe | does matter | importe | fark etmez | ditentukan | لايؤثّر |
| 1611 | huizen | houses | maisons | evler | rumah-rumah | منازل |
| 1612 | volle | full | entiers | tam | yang penuh | كاملون |
| 1613 | zwemmen | swimming | nager | yüzmek | berenang | سباحة |
| 1614 | fietsen | cycling | faire de la bicyclette | bisiklete binmek | bersepeda | قيادة الدرّاجة الهوائيّة |
| 1615 | wandelen | walking | se promener | yürüyüş yapmak | berjalan kaki | المشي |
| 1616 | oudere | older | plus vieux | yaşlı | yang lebih tua | كبارٌ في السّن |
| 1617 | houden ... op | stop | finissent | bitirirler | berhenti | يتوقّفون (عن) |
| 1618 | komen ... te kort | are pressed for | manque | az geliyor | kekurangan | ليس عندهم الوقت الكافي |
| 1619 | discotheek | disco | discothèque | diskotek | diskotik | مقهى للموسيقى والرقص |
| 1620 | vriendinnen | (female) friends | amies | arkadaşlar (bayan) | teman-teman (wanita) | صديقات |
| 1621 | organiseren | organize | organisent | düzenleriz | menyelenggarakan | نظّم |
| 1622 | zaterdagavond | Saturday night | samedi soir | cumartesi akşamı | Sabtu malam | مساء السبت |
| 1623 | volwassenen | adults | adultes | yetişkinler | orang-orang dewasa | راشدون |
| 1624 | verjaardag | birthday | anniversaire | doğum günü | hari ulangtahun | مناسبة عيد ميلاد |
| 1625 | mogen | are allowed | peuvent | -bilirler | boleh | يسمح لهم |
| 1626 | feestje | party | fête | şenlik, eğlence | pesta kecil | حفلة صغيرة |
| 1627 | nodigen uit | invite | invitent | davet ederler | mengundang | يعزمون |
| 1628 | vriendjes | friends | amis | arkadaşlar (erkek) | teman-teman laki-laki | أصدقاء صغار |
| 1629 | vriendinnetjes | friends | amies | arkadaşlar (kız) | teman-teman perempuan | صديقات صغار |
| | | | | | | |
| 1630 | doet | do | faites | yapıyorsunuz | melakukan | تفعل |
| 1631 | jongste | youngest | le plus jeune | en küçüğü | termuda | الأصغر سنّاً |
| 1632 | gebracht | taken | portés | götürüp | diantar | أوصلوا |
| 1633 | gehaald | fetched | repris | getirmek | dijemput | جلبوا |
| 1634 | spelletjes | games | jeux | oyunlar | permaian-permainan | لعب |
| 1635 | kinderboeken | children's books | livres pour enfants | çocuk kitapları | buku-buku anak-anak | كتب أطفال |
| 1636 | juffrouw | teacher (female) | institutrice | öğretmen (bayan) | guru wanita | مدرّسة |
| 1637 | ontwikkeling | development | développement | gelişim | perkembangan | تنمية |

En wat doet u in uw vrije tijd?

30 – Ik heb kleine kinderen: de ene zit op voetbal, de andere op tennis en de *jongste* leert zwemmen. Ze moeten allemaal worden *gebracht* en *gehaald*. Als ze thuis zijn doen we *spelletjes* met ze.

Ook lezen we samen *kinderboeken*. Volgens de *juffrouw* van hun school is dat belangrijk voor de *ontwikkeling* van hun taal. Maar één ding weet ik ze-
35 ker: ik heb geen vrije tijd!

## Vrije tijd

We beschikken over steeds meer vrije _____. Vroeger werkte men elke dag, tegenwoordig nog _____ vijf dagen per week. Het aantal uren _____ we dagelijks werken, is ook alsmaar minder _____, terwijl het aantal vrije dagen sterk is _____. Wat doen we in al die vrije _____?

Door de week kijken heel veel mensen _____. Het doet er niet toe welk programma _____ vertoond, de mensen kijken. Loop maar eens _____ een paar huizen: bijna overal staat de _____ aan.

En in het weekend? We hebben _____ twee volle dagen vrij! Veel mensen doen _____ sport: voetbal, tennis, zwemmen, fietsen, wandelen, enzovoort. _____ jonge mensen doen graag aan sport, maar _____ oudere mensen doen aan sport om gezond _____ blijven. Er zijn ook mensen die in _____ vrije tijd muziek maken. Ook dat zijn _____ jonge mensen. Wanneer ze ouder worden, houden _____ er vaak mee op: je moet er _____ dagelijks mee bezig zijn. Ze komen tijd _____ kort!

Verder gaan veel jonge mensen naar _____ café of naar een discotheek. Daar ontmoeten _____ vrienden en vriendinnen. Daar leren ze elkaar _____ kennen. Ze gaan ook samen naar _____ film of naar een feest. Feesten organiseren _____ om die reden ook in het weekend, _____ voorkeur op vrijdag- en zaterdagavond. Volwassenen gaan _____ elkaar op bezoek ter gelegenheid van een _____ of een speciale gebeurtenis. Kinderen mogen vaak _____ feestje organiseren als ze jarig zijn. Ze _____ dan vriendjes en vriendinnetjes uit.

Wat doet _____ in het weekend?

– Boodschappen. Door de _____ heb ik daarvoor geen tijd. Op vrijdagavond _____ zaterdag zijn de winkels open en heb _____ tijd.

En op zondag, wat doet u _____?

– Dan slaap ik langer dan normaal en _____ ga ik naar de kerk, bezoek ik _____ familie of mijn familie komt bij mij.

_____ wat doet u in uw vrije tijd?

– _____ heb kleine kinderen: de ene zit op _____, de andere op tennis en de jongste _____ zwemmen. Ze moeten allemaal worden gebracht en _____. Als ze thuis zijn doen we spelletjes _____ ze.

Ook lezen we samen kinderboeken. Volgens _____ juffrouw van hun school is dat belangrijk _____ de ontwikkeling van hun taal. Maar één _____ weet ik zeker: ik heb geen vrije _____!

## Geef antwoord:

a. Doet u aan sport? Aan welke?
b. Wat doet u nog meer in uw vrije tijd?
c. Houdt u van muziek? Welke soort muziek?
d. Hoe vieren kinderen feest in uw land?

## Vul in of aan:

■ Nog geen honderd jaar geleden hadden de mensen g＿＿ vrije tijd. Wie op het land w＿＿, moest al heel vroeg beginnen en was heel ＿＿ klaar. Ook op zaterdag en vaak op zondag ＿＿ men werken. Niet ＿＿ volwassenen, maar ook kinderen moesten werken. Maar heel weinig kinderen ＿＿ naar school. De meeste mensen konden ＿＿ lezen en ook niet schrijven. Ook in de fabrieken moest ＿＿ heel lang werken en men v＿＿ maar weinig geld. Het geld ＿＿ je verdiende was net genoeg om te eten en materiaal te kopen om kl＿＿ te maken.

■ Nog geen veertig jaar geleden werkte iedereen ook op zaterdag. De meeste mensen hadden meer veertien dagen vakantie. Tegenwoordig heeft iedereen in Nederland ten ＿＿ een maand vakantie en meestal ＿＿. Bovendien werkt niemand meer ＿＿ vijf dagen ＿＿ week. Iedereen b＿＿ over veel vrije tijd.

besc

heerlijk!
maandag:
'n beetje
bij komen
van het
weekend

recover

## 35

## Vakantie

1    Ik ben op vakantie geweest. Ik ga meestal in de zomer. Sommige mensen
gaan in de winter met vakantie. Ik ga *éénmaal* (= één keer, eens) per jaar
met vakantie en *blijf* dan vier weken weg (van huis). Vrienden van mij
gaan twee maal per jaar met vakantie, *zowel* in de zomer *als* in de winter:
5    twee weken in de zomer en één week in de winter.
– Waar ben je geweest?
Eerst ben ik naar *Zwitserland* gegaan. Daar heb ik *gewandeld* in de *bergen*.
Het was een prachtig *gebied* met veel bloemen. Er is geen verkeer en je
hoort alleen het *geluid* van *vogels* en van andere dieren. In de stad vergeet
10   je bijna hoe mooi de *natuur* is.
– Is het niet koud in de bergen?
Nee, dat *valt mee*, althans in de zomer. We zaten (= *bevonden ons*) op een
*hoogte* van ongeveer 1000 *meter*. In de *zon* was het warm en in de *schaduw*
iets *kouder*. 's Avonds, wanneer het *donker werd*, en in de *nacht* werd het een
15   beetje koud. 's Ochtends werd het al vroeg weer *licht* en ook snel weer *warmer*.
*Nadat* we in Zwitserland waren geweest, zijn we nog naar Italië gegaan.
De kinderen *wilden* graag naar de *zee* en in Italië *schijnt* altijd de zon. De
*lucht* is er altijd blauw. Daar hebben we in de zon *gelegen*.
20   – Hoe ben je naar Italië gegaan? Ben je per (= met het) vliegtuig gegaan
(= Heb je gevlogen)?
Nee, met de auto en een klein stukje per schip. Als je *vliegt* kun je niet veel
*meenemen*.
– Is Italië niet ver weg?
25   Ja, inderdaad, maar we hebben de afstand niet ineens (in een keer) *gereden*. Zwitserland is al meer dan de helft van de *totale* afstand.
– Is het niet druk op de *weg* als iedereen *tegelijk* op vakantie gaat?
Ja, erg druk. Maar ik heb steeds een gunstig moment gekozen om te *rijden*:
midden in de week. Zelfs aan de grens hoefde ik nauwelijks (= bijna niet,
30   vrijwel niet) te wachten.

| | | | | | | |
|---|---|---|---|---|---|---|
| 1638 | éénmaal | once | une fois | bir defa | satu kali | مرّة واحدة |
| 1639 | blijf | (- weg) stay away | reste | kalırım | (- weg) tinggal (di tempat lain) | أبقى |
| 1640 | zowel ... als | both...and | tant ... que | hem ... hem de | baik...maupun | كما . . . كذلك |
| 1641 | Zwitserland | Switzerland | Suisse | İsviçre | negeri Swis | سويسرا |
| 1642 | gewandeld | hiked | promené | yürüyüş yaptım | berjalan-jalan | تمشّيت |
| 1643 | bergen | mountains | montagnes | dağlar(da) | pegunungan | جبال |
| 1644 | gebied | area | région | bölge | daerah | منطقة |
| 1645 | geluid | sound | bruit | ses | bunyi | صوت |
| 1646 | vogels | birds | oiseaux | kuşlar(ın) | burung-burung | طيور |
| 1647 | natuur | nature | nature | tabiat | alam | طبيعة |
| 1648 | valt mee | wasn't so bad *as expected* | ça va | fena değil | tidak terlalu | لم يكن قاس |
| 1649 | bevonden | were | trouvions | bulunuyordu(k) | -berada | تواجدنا |
| 1650 | ons | ourselves | nous | -k | kami | – |
| 1651 | hoogte | height | altitude, hauteur | yükseklik | ketinggian | إرتفاع |
| 1652 | meter | metre | mètre | metre | meter | متر |
| 1653 | zon | sun | soleil | güneş | matahari | شمس |
| 1654 | schaduw | shade | ombre | gölge | teduh | ظلّ |
| 1655 | kouder | colder | plus froid | daha serin | lebih dingin | أكثر برداً |
| 1656 | donker | dark | obscur, noir | karanlık | gelap | مظلم |
| 1657 | werd | became | devenait | olduğunda | menjadi | أصبحت |
| 1658 | nacht | night | nuit | gece | tengah malam | ليل |
| 1659 | licht | light | clair | aydınlık | terang | ضوء |
| 1660 | warmer | warmer | plus chaud | daha sıcak | lebih panas | أدفأ |
| 1661 | nadat | after | après que | -den, -dan sonra | setelah | بعد أن |
| 1662 | wilden | wanted | voulaient | istiyorlardı | hendak | أرادوا |
| 1663 | zee | sea | mer | deniz | laut | بحر |
| 1664 | schijnt | shines | brille | parlıyor | bersinar | تشرق |
| 1665 | lucht | air | ciel | hava | langit | سماء |
| 1666 | gelegen | lain | été (couché) | güneşlendik | berbaring | إستلقينا |
| 1667 | vliegt | fly | voles | uçarsan | terbang | تطير |
| 1668 | meenemen | take (with you) | prendre avec toi | götüremezsin | membawa | تأخذ (معك) |
| 1669 | gereden | driven | roulé, conduit | gitmedik | mengendarai | قطعـ(نا) |
| 1670 | totale | total | totale | toplam | seluruh | كاملة |
| 1671 | weg | road | chemin, route | yol(da) | jalanan | طريق |
| 1672 | tegelijk | at the same time | en même temps | aynı zamanda | bersama-sama | في نفس الوقت |
| 1673 | rijden | drive | rouler, conduire | gitmek | berkendaraan | (أن) أسوق |

*valt mee     opposite : valt tegen*

171

## Vakantie

Ik ben op vakantie geweest. Ik ga _____ in de zomer. Sommige mensen gaan in _____ winter met vakantie. Ik ga éénmaal per _____ met vakantie en blijf dan vier weken _____. Vrienden van mij gaan twee maal per _____ met vakantie, zowel in de zomer als _____ de winter: twee weken in de zomer _____ één week in de winter.

– Waar ben _____ geweest?

Eerst ben ik naar Zwitserland gegaan. _____ heb ik gewandeld in de bergen. Het _____ een prachtig gebied met veel bloemen. Er _____ geen verkeer en je hoort alleen het _____ van vogels en van andere dieren. In _____ stad vergeet je bijna hoe mooi de _____ is.

– Is het niet koud in de _____?

Nee, dat valt mee, althans in de _____. We zaten op een hoogte van ongeveer _____ meter. In de zon was het warm _____ in de schaduw iets kouder. 's Avonds, _____ het donker werd, en in de nacht, _____ het een beetje koud. 's Ochtends werd _____ al vroeg weer licht en ook snel _____ warmer.

Nadat we in Zwitserland waren geweest, _____ we nog naar Italië gegaan. De kinderen _____ graag naar de zee en in Italië _____ altijd de zon. De lucht is er _____ blauw. Daar hebben we in de zon _____.

– Hoe ben je naar Italië gegaan? Ben _____ per vliegtuig gegaan? Nee, met de auto _____ een klein stukje per schip. Als je _____ kun je niet veel meenemen.

– Is Italië _____ ver weg?

Ja, inderdaad, maar we hebben _____ afstand niet ineens gereden. Zwitserland is al _____ dan de helft van de totale afstand.

– _____ het niet druk op de weg als _____ tegelijk op vakantie gaat?

Ja, erg druk. _____ ik heb steeds een gunstig moment gekozen _____ te rijden: midden in de week. Zelfs _____ de grens hoefde ik nauwelijks te wachten.

## Geef antwoord:

a. Hoeveel dagen of weken per jaar hebt u vakantie?
b. Bent u dit jaar op vakantie geweest? Waar?
c. In welke periode van het jaar gaat u het liefst op vakantie? Waarom?
d. Wat doet u graag in uw vakantie?

## Vul in of aan:

Waar ben je dit jaar op vakantie _____? We _____ eerst een paar dagen in Duitsland geweest. Wat heb je daar _____? We hebben daar een paar oude stadjes _____. Hoe lang _____ je in Duitsland gebleven? Vier dagen. Daarna zijn we naar Zwitserland geg_____. Ik heb namelijk een vriendin _____ van wandelen houdt. Ik heb samen met _____ een paar dagen in de bergen gewandeld. We zaten in een dorpje _____ op ongeveer 1000 meter lag. We moesten meestal al vroeg opstaan. Eén keer zijn we al om zes uur _____. 's Avonds _____ we al vroeg naar bed, want we _____ natuurlijk erg moe na een dag wandelen. Soms vroegen we _____ af: is dit nou vakantie? Na een week hebben we besloten _____ Italië te gaan. Daar hebben we tien dagen aan zee in de zon _____. We waren dan ook allebei erg bruin _____. Toen we weer thuis kwamen, _____ iedereen tegen _____: wat ben je bruin geworden! Nou, dan had ik echt het gevoel _____ ik vakantie had _____ .

# 36

## Een nieuw land

1  Mensen werken samen. Ze praten en spelen met elkaar en doen allerlei
andere dingen samen. Mensen zoeken contact met elkaar. Bijna niemand
is graag lang alleen. Men zegt daarom: de *mens* is een *sociaal wezen*.
Anwar, heb jij contact met mensen uit je (= jouw) omgeving (= buurt)?

5  Ken jij de mensen die naast (of: boven, beneden, *tegenover*) je wonen?
– Ja, ik ken een paar mensen, maar niet zoveel.
Zijn dat Nederlanders?
– Nee, ze komen uit hetzelfde land als ik.
Je kent dus alleen mensen uit je eigen *kring*. Waarom praat je niet eens

10  met Nederlanders uit jouw straat?
– Ik ken geen Nederlands. Zij willen trouwens niet met mij praten. Wij
hebben immers een hele andere *cultuur*.
Dat is heel normaal; ook binnen Nederland *merk* je al grote *verschillen* tussen mensen. Heb je al eens aan een *Nederlander* gevraagd bij je thuis te ko-

15  men? Als je in Nederland ergens gaat wonen, is het een goed *gebruik* de
mensen naast je, boven je en onder je op bezoek te vragen. Dat is een stukje Nederlandse cultuur. Pas daarna vragen ze of jullie bij hen op bezoek
komen.
– Wat is de bedoeling als ze komen?

20  Je geeft *ze* (= hen) iets (= wat) te drinken, bij voorbeeld thee of koffie of
eventueel bier. Als je *bezwaar* hebt tegen *alcohol*, dan *vertel* (zeg) je dat gewoon. Dat soort dingen moeten en zullen ze *aanvaarden*. Verder kun je iets
uit je land te eten geven. Zo *maken* ze *kennis* met wat jullie eten. Vertel wat
over je land en in welke *omstandigheden* je daar *leefde*. Op die manier leren

25  we elkaar begrijpen en vinden we elkaar helemaal niet *vreemd*. Bovendien
leer je dan zonder moeite (= *vanzelf*) een beetje Nederlands.

174

| 1674 | mens | man | homme | insan | manusia | المرء |
| 1675 | sociaal | social | social | sosyal | -sosial | إجتماعي |
| 1676 | wezen | being | être | yaratık | mahluk | كائن |
| 1677 | tegenover | opposite | en face de | karşında | di depan | مقابل |
| 1678 | kring | circle, set | cercle, milieu | çevre | kalangan | دائرة |
| 1679 | cultuur | culture | culture | kültür | kebudayaan | حضارة |
| 1680 | merk | notice | remarque, constate | görülür | melihat | تلاحظ |
| 1681 | verschillen | differences | différences | farklar | perbedaan | فروقات |
| 1682 | Nederlander | Dutchman | Néerlandais | Hollanda'lı | orang Belanda | هولندي |
| 1683 | gebruik | custom | coutume | gelenek | kebiasaan | إستعمال |
| 1684 | ze | them | leur | onlara | mereka | هم (تعطيهم) |
| 1685 | bezwaar | objection | objection | itiraz | keberatan | إعتراض |
| 1686 | alcohol | alcohol | alcool | alkol | alkohol | الكحول |
| 1687 | vertel | tell | racontes | anlatırsın | mengatakan | تقول |
| 1688 | aanvaarden | accept | accepter | kabul etmek | menerima | يتقبّلون |
| 1689 | maken kennis | get acquainted | font connaissance | tanırlar | berkenalan | يتعرّفون |
| 1690 | omstandigheden | circumstances | circonstances | şartlar(da) | keadaan | ظروف |
| 1691 | leefde | lived | vivais | yaşadığını | hidup | كنت تعيش |
| 1692 | vreemd | strange | étrange | garip | asing | غريون |
| 1693 | vanzelf | automatically | de soi | kendiliğinden | dengan sendirinya | بنفسك |

## Een nieuw land

_____ werken samen. Ze praten en spelen met _____ en doen allerlei andere dingen samen. Mensen _____ contact met elkaar. Bijna niemand is graag _____ alleen. Men zegt daarom: de mens is _____ sociaal wezen. Anwar, heb jij contact met _____ uit je omgeving? Ken jij de mensen _____ naast je wonen?

– Ja, ik ken een _____ mensen, maar niet zoveel. Zijn dat Nederlanders?

– _____, ze komen uit hetzelfde land als ik.

_____ kent dus alleen mensen uit je eigen _____. Waarom praat je niet eens met Nederlanders _____ jouw straat?

– Ik ken geen Nederlands. Zij _____ trouwens niet met mij praten. Wij hebben _____ een hele andere cultuur.

Dat is heel _____: ook binnen Nederland merk je al grote _____ tussen mensen. Heb je al eens aan _____ Nederlander gevraagd bij je thuis te komen? _____ je in Nederland ergens gaat wonen is _____ een goed gebruik de mensen naast je, _____ je en onder je op bezoek te _____. Dat is een stukje Nederlandse cultuur. Pas _____ vragen ze of jullie bij hen op _____ komen.

– Wat is de bedoeling als ze _____?

Je geeft ze iets te drinken, bij voorbeeld _____ of koffie of eventueel bier. Als je _____ hebt tegen alcohol, dan vertel je dat _____. Dat soort dingen moeten en zullen ze _____. Verder kun je iets uit je land _____ eten geven. Zo maken ze kennis met _____ jullie eten. Vertel wat over je land _____ in welke omstandigheden je daar leefde. Op _____ manier leren we elkaar begrijpen en vinden _____ elkaar helemaal niet vreemd. Bovendien leer je _____ zonder moeite een beetje Nederlands.

176

## Geef antwoord:

a. Ga je wel eens bij Nederlanders op bezoek?
b. Heb je wel eens Nederlanders gevraagd bij je thuis te komen?
c. Noem eens een paar belangrijke verschillen tussen Nederlanders en mensen uit jouw land.

## Vul in of aan:

■ Hallo Peter en Anne! Waar zijn jullie _____ vakantie geweest? In Turkije. Hebben jullie het leuk gehad? O ja, overal _____ we kwamen, waren de mensen vriendelijk. Vaak vroegen ze _____ of we iets wilden drinken. Ze vroegen ook _____ we wilden bekijken en boden aan ons er naar toe te _____. Ze waren blij dat ze ons _____ helpen.

■ Laatst kwam ik Henk en _____ vrouw tegen. Ze hadden een paar maanden in Indonesië gewoond. Ik vroeg _____ of Indonesië goed bevallen was. Nou, ze waren erg tevreden. Ze vertelden dat iedereen vroeg _____ ze bij hen kwamen eten. Er waren ook mensen _____ hen in het weekend allerlei interessante dingen lieten zien. Ze vonden het fijn dat ze aan buitenlanders _____ land konden _____ zien.

■ Anwar en Sheila w_____ al zes maanden in Nederland. Ze vragen zich af waarom niemand _____ op bezoek vraagt. Ze denken: men vindt _____ zeker niet aardig! Nee, dat is _____ zo. Nederlanders w_____ in het buitenland graag op bezoek gevraagd, maar buitenlanders moeten ook in Nederland Nederlanders op bezoek vragen.

meevallen +ve
tegenvallen −ve
bevallen

177

# 37

## De *regering*

1 Er zijn ongeveer vijftien miljoen Nederlanders. De *meesten* van hen wonen in Nederland. Maar een heel klein deel van het Nederlandse *volk* woont in het buitenland, bijvoorbeeld in *België* of in Duitsland. Het Nederlandse volk heeft een eigen land: Nederland. Er zijn ook *volken* die geen eigen
5 land hebben of landen waar verschillende *volkeren* samenwonen.

Nederland is in grote *lijnen* als volgt georganiseerd. Aan het *hoofd* staat de *koningin* die samen met de *ministers* de regering vormt. De regering vormt het *bestuur* van het land.

– Hoe *komt* de regering *tot stand?*

10 Dat gaat als volgt. Alle Nederlanders *vanaf* achttien jaar *kiezen* de *leden* van de Tweede Kamer (= het *Parlement*). Er zijn *honderdvijftig* (150) leden. De leden van de Tweede Kamer kiezen de regering.

– Wordt de regering direct door hen gekozen?

Nee, dat gebeurt via de *politieke partij waartoe* de leden van de Tweede Ka-
15 mer behoren. De politieke partij die de *meerderheid* van de leden heeft, vormt in principe de regering. In Nederland heeft geen *enkele* partij de meerderheid, *zodat* altijd een paar partijen samen de regering vormen.

Nederland telt veel politieke partijen. De meeste zijn erg klein. Er zijn drie grotere partijen: *CDA, PvdA* en *VVD*. De verschillen in opvatting tus-
20 sen deze partijen zijn overigens heel erg klein. We zien dan ook dat het CDA nu eens samen met de PvdA en dan weer met de VVD de regering vormt.

Weet je welke partijen op dit ogenblik *deel uitmaken* van de regering? Heb je misschien een persoonlijke voorkeur voor een bepaalde partij of
25 geef je liever niet je mening?

| 1694 | regering | government | gouvernement | hükümet | pemerintah | حكومة |
| 1695 | meesten | most | plupart (d'eux) | çoğu | kebanyakan | لأكثريّة |
| 1696 | volk | people | peuple | halk | rakyat | شعب |
| 1697 | België | Belgium | Belgique | Belçika | negeri Belgia | لجيكا |
| 1698 | volken | peoples | peuples | uluslar | bangsa-bangsa | شعوب |
| 1699 | volkeren | peoples | peuples | halklar | berbagai bangsa | شعوب |
| 1700 | lijnen | (in grote -) in broad outline | lignes | kaba hatlarıyla | (in grote -) (dalam) garis-garis (besar) | خطوط |
| 1701 | hoofd | (aan het - van) at the head of | tête | başında | (aan het -) (pada) pimpi-nan | رأس |
| 1702 | koningin | queen | reine | kraliçe | ratu | ملكة |
| 1703 | ministers | ministers | ministres | bakanlar | menteri-menteri | وزراء |
| 1704 | bestuur | administration | direction | yönetim | pengurus | إدارة |
| 1705 | komt ... tot stand | is formed | se réalise | oluşur | terbentuk | كيان – وجدد |
| 1706 | vanaf | from | à partir de | -den büyük | sejak | من |
| 1707 | kiezen | elect | choisissent | seçerler | memilih | يختارون |
| 1708 | leden | members | membres | üyeler(ini) | anggota-anggota | أعضاء |
| 1709 | parlement | parliament | parlement | parlamento | Parlemen | مجلس النوّاب |
| 1710 | honderdvijftig | a hundred and fifty | 150 | yüzelli | seratuslimapuluh | مئة وخمسون |
| 1711 | politieke | political | politique | siyasi | -politik | سياسي |
| 1712 | partij | party | parti | parti | partai | حزب |
| 1713 | waartoe | to which | auquel | -e, -a | dimana | لتي . . . إليها |
| 1714 | meerderheid | majority | majorité | çoğunluk | mayoritas | لأكثريّة السّاحقة |
| 1715 | enkele | one | un seul | tek, hiçbir | yang tunggal | يّ واحد |
| 1716 | zodat | so that | de sorte que | o nedenle | sehingga | مكذا |
| 1717 | CDA | Christian Democrats | parti chrétien | Hıristiyan Demokrat Partisi | Partai Kristen Demokrat | لحزب الديمقراطي المسيحي |
| 1718 | PvdA | Labour Party | parti socialiste | İşçi Partisi | Partai Buruh | حزب العمّال |
| 1719 | VVD | Liberal Party | parti libéral | Özgürlük ve Demo-krasi Partisi | Partai Liberal | حزب الأحرار |
| 1720 | deel uitmaken van | form part of | font partie de | oluşturuyorlar | mengambil bagian | شكلون قسما من |

## De regering

Er zijn _____ vijftien miljoen Nederlanders. De meesten van hen _____ in Nederland. Maar een heel klein deel _____ het Nederlandse volk woont in het buitenland, _____ in België of in Duitsland. Het Nederlandse _____ heeft een eigen land: Nederland. Er zijn _____ volken die geen eigen land hebben of _____ waar verschillende volkeren samenwonen.

Nederland is in _____ lijnen als volgt georganiseerd. Aan het hoofd _____ de koningin die samen met de ministers _____ regering vormt. De regering vormt het bestuur _____ het land.

– Hoe komt de regering tot _____?

Dat gaat als volgt. Alle Nederlanders vanaf _____ jaar kiezen de leden van de Tweede _____. Er zijn honderdvijftig leden. De leden van _____ Tweede Kamer kiezen de regering.

– Wordt de _____ direct door hen gekozen?

Nee, dat gebeurt _____ de politieke partij waartoe de leden van _____ Tweede Kamer behoren. De politieke partij die _____ meerderheid van de leden heeft, vormt in _____ de regering. In   Nederland heeft geen enkele _____ de meerderheid, zodat altijd een paar partijen _____ de regering vormen. Nederland telt veel politieke _____. De meeste zijn erg klein. Er zijn _____ grotere partijen: CDA, PvdA en VVD. De _____ in opvatting tussen deze partijen zijn overigens _____ erg klein. We zien dan ook dat _____ CDA nu eens samen met de PvdA _____ dan weer met de VVD de regering _____.

Weet je welke partijen op dit ogenblik _____ uitmaken van de regering? Heb je misschien _____ persoonlijke voorkeur voor een bepaalde partij of _____ je liever niet je mening?

## Geef antwoord:

a. Noem eens een volk dat geen eigen land bezit.
b. Ken je ook een land waar verschillende volkeren samenwonen?
c. Wat zijn de drie grootste politieke partijen in Nederland?
d. Hoe heet de belangrijkste partij in jouw land?

## Vul in of aan:

Mag iedereen in Nederland de leden van de Tweede Kamer kiezen? Nee,
_____ iedereen. Wie j_____ is dan 18 jaar, mag niet kiezen. Mensen
_____ 18 jaar zijn of ouder mogen kiezen, tenminste als ze _____ buitenlander zijn. Wanneer w_____ de leden van de Tweede Kamer gekozen?
Een keer per vier jaar (= om de vier jaar). Een lid van de Tweede Kamer
_____ dus gekozen voor een periode _____ vier jaar. Na vier jaar kan hij
of zij weer worden gekozen. Maar dat is niet zeker. Als je niet meer wordt
gekozen, heb je _____ baan! Meestal is dat geen probleem. Mensen
_____ lid zijn geweest van de Tweede Kamer v_____ meestal snel weer
een baan. De regering wordt gekozen _____ de leden van het Parlement.
De regering bestaat gemiddeld _____ vijftien personen. We noemen
d_____ personen ministers. En aan het hoofd van de ministers staat de
minister-president.

# 38

## De *buitenlander*

1  Er wonen en werken in Nederland veel buitenlanders, zoals in de meeste Westeuropese landen trouwens. Tussen de buitenlanders en de Nederlanders ontstaan soms problemen (*treden* soms problemen *op*). Sommige Nederlanders *weigeren* te aanvaarden dat in Nederland ook (= tevens,

5  eveneens) buitenlanders mogen wonen, vooral als ze geen werk hebben. Vaak hebben buitenlanders weinig contact met de Nederlandse bevolking. Ze kennen alleen mensen uit hun eigen kring: ze komen alleen *onderling* in contact. Ze vormen een *aparte groep*. De oorzaak (= reden) van deze *situatie* ligt o.a. in het verschil in cultuur tussen buitenlanders en Neder-

10  landers. Mensen verschillen niet alleen in taal, maar ook in *gedrag* en in allerlei *gebruiken*. Veel buitenlanders eten bij voorbeeld anders, terwijl ook de positie (de *rol*) van de vrouw vaak sterk *verschilt* van die in Nederland. *Hieruit ontstaat* helaas soms een *negatieve houding* van de *kant* van Nederlanders. Het is dan ook de taak van de *overheid* informatie te geven over de

15  cultuur van andere volken. Het systeem of de *structuur waarin* buitenlanders gewoond en gewerkt hebben, kan sterk verschillen van het Nederlandse systeem. Ook de buitenlanders moeten informatie ontvangen ((*be*)*horen* informatie te ontvangen) over de gebruiken in Nederland. Wanneer men *bekend* is met *elkaars* gebruiken en cultuur kan men elkaar

20  beter begrijpen. De negatieve houding *ten opzichte van* (= ten aanzien van) elkaar kan dan *veranderen*. De *verandering* van een dergelijke houding is vooral een kwestie van opvoeding en daardoor een langzaam proces. Gelukkig is het *beleid* van de overheid *erop gericht* dat buitenlanders dezelfde rechten hebben als Nederlanders en evenals deze *laatsten* onder *menselijke*

25  omstandigheden kunnen wonen en werken.

| | | | | | |
|---|---|---|---|---|---|---|
| 1721 | buitenlander | foreigner | étranger | yabancı | orang asing | أجنبي |
| 1722 | treden op | occur | se produisent | ortaya çıkıyor | terjadi | يحصلون |
| 1723 | weigeren | refuse | refusent | reddediyorlar | menolak | يرفضون |
| 1724 | onderling | among themselves | entre eux-mêmes | kendi aralarında | dalam kelompok | بين بعضهم البعض |
| 1725 | aparte | separate | à part | ayrı | tersendiri | منفرد |
| 1726 | groep | group | groupe | küme, grup | kelompok | مجموعة |
| 1727 | situatie | situation | situation | durum | keadaan | حالة |
| 1728 | gedrag | behaviour | comportement | davranış | tingkah laku | تصرف |
| 1729 | gebruiken | customs | coutumes | gelenekler | kebiasaan-kebiasaan | عادات |
| 1730 | rol | role | rôle | durum(u) | peranan | دور |
| 1731 | verschilt | differs | diffère | değişiklik gösteriyor | berbeda | يختلف |
| 1732 | hieruit | from this | de cela | bundan dalayı | dari sini | من هذا |
| 1733 | ontstaat | arises | naît,se produit | oluşuyor | terjadi | ينشأ |
| 1734 | negatieve | negative | négative | olumsuz | yang negatif | سلبي |
| 1735 | houding | attitude | attitude | tavır | sikap | تصرف |
| 1736 | kant | side | côté | taraf(ından) | pihak | جانب |
| 1737 | overheid | government | autorités | devlet | pemerintah | السلطات |
| 1738 | structuur | system | structure | yapı | struktur | بنية |
| 1739 | waarin | in which | dans laquelle | içinde | dimana | التي . . . فيها |
| 1740 | (be)horen | should | doivent,il faut | -meli, -malı | seharusnya | يجب عليهم |
| 1741 | bekend | familiar | au courant | bilindiğinde | mengetahui | معروف |
| 1742 | elkaars | each other's | les uns des autres | birbirlerinin | -masing-masing | بعضهم البعض |
| 1743 | ten opzichte van | with regard to | à l'égard de | ....ile ilgili | terhadap | بالنسبة |
| 1744 | veranderen | change | changer | değişebilir | berubah | تغيّر |
| 1745 | verandering | change | changement | değişim | perubahan | التغيّر |
| 1746 | beleid | policy | politique à suivre | tutum, yaklaşım | kebijaksanaan | سياسة |
| 1747 | erop | at | à | -e, -a | -terhadap | — |
| 1748 | gericht | aimed | visé | yönelik | ditujukan | تشير إلى . . . |
| 1749 | laatsten | latter | derniers | son adı geçenler | yang terakhir | الأخيرون |
| 1750 | menselijke | human | humaines | insani | manusiawi | بشرية |

183

## De buitenlander

Er wonen _____ werken in Nederland veel buitenlanders, zoals in _____ meeste Westeuropese landen trouwens. Tussen de buitenlanders _____ de Nederlanders ontstaan soms problemen. Sommige Nederlanders _____ te aanvaarden dat in Nederland ook buitenlanders _____ wonen, vooral als ze geen werk hebben. _____ hebben buitenlanders weinig contact met de Nederlandse _____. Ze kennen alleen mensen uit hun eigen _____: ze komen alleen onderling in contact. Ze _____ een aparte groep. De oorzaak van deze _____ ligt o.a. in het verschil in _____ tussen buitenlanders en Nederlanders. Mensen verschillen niet _____ in taal, maar ook in gedrag en _____ allerlei gebruiken. Veel buitenlanders eten bij voorbeeld anders, _____ ook de positie van de vrouw vaak _____ verschilt van die in Nederland. Hieruit ontstaat _____ soms een negatieve houding van de kant _____ Nederlanders. Het is dan ook de taak _____ de overheid informatie te geven over de _____ van andere volken. Het systeem of de _____ waarin buitenlanders gewoond en gewerkt hebben kan _____ verschillen van het Nederlandse systeem. Ook de _____ moeten informatie ontvangen _____ de gebruiken in Nederland. Wanneer men bekend _____ met elkaars gebruiken en cultuur kan men _____ beter begrijpen. De negatieve houding ten opzichte _____ elkaar kan dan veranderen. De verandering van _____ dergelijke houding is vooral een kwestie van _____ en daardoor een langzaam proces. Gelukkig is _____ beleid van de overheid erop gericht dat _____ dezelfde rechten hebben als Nederlanders en evenals _____ laatsten onder menselijke omstandigheden kunnen wonen en _____.

## Geef antwoord:

a. Noem een paar belangrijke verschillen tussen jouw land en Nederland.
b. Wat vind je beter in jouw land en wat in Nederland?

## Vul in of aan:

■ Wonen er veel buitenlanders in Nederland? Sommige mensen vinden van wel, anderen vinden _____ _____. In Nederland is ongeveer 7 _____ (%) van de bevolking buitenlander. Dit aantal is veel l_____ dan in Zwitserland waar bijna 20 % van de bevolking buitenlander is. Ook in Frankrijk en Engeland wonen veel meer buitenlanders _____ in Nederland. Als we Nederland echter vergelijken met Noorwegen, Spanje of Zweden dan wonen er in Nederland veel buitenlanders.

■ Er zijn mensen _____ zich afvragen waarom er zoveel buitenlanders wonen in West-Europa. We kunnen hiervoor een paar oorz_____ aan-wijzen. Na de tweede wereldoorlog _____ de industrie behoefte aan heel veel mensen. Er _____ meer banen dan mensen. In andere landen waren er juist meer mensen _____ banen. De regeringen van de West-europese landen hebben _____ gevraagd naar West-Europa te komen. Aanvankelijk k_____ alleen jonge mannen. Daarna kwamen ook jonge vrouwen: niet alleen Nederlandse mannen, _____ ook buitenlandse mannen trouwen! En ook jonge gezinnen van buitenlanders krijgen natuurlijk _____. Meestal leven de ouders van jonge mensen nog, ook buitenlandse ouders willen graag _____ kinderen zien. Soms worden ze ook _____ hun kinderen financieel geholpen. Op _____ manier zijn heel wat buitenlanders naar West-Europa _____. Eigenlijk is dat heel normaal.

# 39

## De school

1 – Gaat iedereen naar school in Nederland? Volgt iedereen *onderwijs*?
Ja, tot zestien jaar moet iedereen naar school, dat wil zeggen (= d.w.z.)
vanaf vijf tot zestien jaar. Dat is verplicht.
– En als de ouders de school niet kunnen betalen of niet willen betalen?
5 Dat is van geen *belang*, omdat de school gratis is *zolang* men nog geen zestien is. De *staat* betaalt de school, zodat iedereen zonder financiële problemen naar school kan.
– Gaat iedereen naar dezelfde school?
Eerst (= In het begin) wel, later niet meer. Eerst gaan de kinderen naar
10 de *basisschool*. Die duurt zeven of acht jaar. Je kunt namelijk al met vier
jaar naar de basisschool, maar dat is niet verplicht. De basisschool is voor
iedereen gelijk. Dat is ook *begrijpelijk*, aangezien (= omdat) iedereen moet
leren lezen en schrijven. Ook moet iedereen een beetje leren rekenen en
weten waar belangrijke steden *liggen*. En elk kind is *in staat* dat soort din-
15 gen te leren. Dat soort dingen dient (= hoort) iedereen te weten. Daarna
zijn er allerlei verschillende *scholen*. Veel kinderen gaan meteen (= onmiddellijk, direct) een *vak* leren. Die gaan bij voorbeeld (= b.v./bijv.) naar
de *lagere technische* school. Andere kinderen leren nog geen vak, maar willen eerst nog meer leren over taal, *wiskunde*, *geschiedenis*, economie, enzo-
20 voort (= enz.). Ze leren pas later een vak. Zulke scholen duren 4 tot 6
jaar. Heel wat *jongeren besluiten* daarna zelfs nog verder te leren, bij voorbeeld op de *universiteit*. Ze zijn pas klaar wanneer ze tussen de 22 en 25 jaar
zijn. Jongens moeten meestal nog in *militaire dienst*: ze worden *soldaat*. Ook
dat is verplicht en bijna niemand vindt het leuk.

| | | | | | |
|---|---|---|---|---|---|
| 1751 | onderwijs | schooling | enseignement | eğitim | pendidikan | تعليم |
| 1752 | belang | importance | importance, intérêt | önemli değil | penting | أهمّية |
| 1753 | zolang | as long as | tant que | sürece | selama | ما دام |
| 1754 | staat | state | Etat | devlet | negara | الدوّلة |
| 1755 | basisschool | primary school | école primaire | ilk okul | sekolah dasar | حضانة |
| 1756 | begrijpelijk | understandable | compréhensible | makul | dapat dimengerti | مفهوم |
| 1757 | liggen | are | sont,se trouvent | olduğunu | terletak | يقعون |
| 1758 | in staat | able | capable, à même | -bilmek | mampu/dapat | في وضع |
| 1759 | scholen | schools | écoles | okullar | sekolah-sekolah | مدارس |
| 1760 | vak | profession | metier | meslek | ketrampilan | مهنة |
| 1761 | b.v. | for example (e.g.) | par exemple | örneğin | (singkatan bijvoorbeeld) | مثلاً |
| 1762 | bijv. | for example | par exemple | örneğin | (singkatan bijvoor-beeld)= misalnya | مثلاً |
| 1763 | lagere | lower | primaire | ilk | -yang rendah | ابتدائي |
| 1764 | technische | technical | technique | teknik | teknik | تقني |
| 1765 | wiskunde | mathematics | mathématiques | matematik | matematika | رياضيّات |
| 1766 | geschiedenis | history | histoire | tarih | sejarah | تاريخ |
| 1767 | jongeren | young people | jeunes gens | gençler | remaja-remaja | شباب |
| 1768 | besluiten | decide | décident | karar verirler | memutuskan | يقرّرون |
| 1769 | universiteit | university | université | üniversite | universitas | جامعة |
| 1770 | militaire | military | militaire | askeri | -militer | عسكري |
| 1771 | dienst | service | service | hizmet | dinas | خدمة |
| 1772 | soldaat | soldier | soldat | asker | prajurit | جندي |

## De school

– Gaat iedereen naar school in Nederland? Volgt _____ onderwijs?

Ja, tot zestien jaar moet iedereen _____ school, dat wil zeggen vanaf vijf tot _____ jaar. Dat is verplicht.

– En als de _____ de school niet kunnen betalen of niet _____ betalen?

Dat is van geen belang, omdat _____ school gratis is zolang men nog geen _____ is. De staat betaalt de school, zodat _____ zonder financiële problemen naar school kan.

– Gaat _____ naar dezelfde school?

Eerst wel, later niet _____. Eerst gaan de kinderen naar de basisschool. _____ duurt zeven of acht jaar. Je kunt _____ al met vier jaar naar de basisschool, _____ dat is niet verplicht. De basisschool is _____ iedereen gelijk. Dat is ook begrijpelijk, aangezien _____ moet leren lezen en schrijven. Ook moet _____ een beetje leren rekenen en weten waar _____ steden liggen. En elk kind is in _____ dat soort dingen te leren. Dat soort _____ dient iedereen te weten. Daarna zijn er allerlei _____ scholen. Veel kinderen gaan meteen een vak _____. Die gaan bij voorbeeld naar de lagere technische _____. Andere kinderen leren nog geen vak, maar _____ eerst nog meer leren over taal, wiskunde, _____, economie, enzovoort. Ze leren pas later een _____. Zulke scholen duren 4 tot 6 jaar. _____ wat jongeren besluiten daarna zelfs nog verder _____ leren, bij voorbeeld op de universiteit. Ze zijn _____ klaar wanneer ze tussen de 22 en _____ jaar zijn. Jongens moeten meestal nog in _____ dienst: ze worden soldaat. Ook dat is _____ en bijna niemand vindt het leuk.

## Geef antwoord:

a. Gaat iedereen in uw land naar school?

b. Is dat verplicht?

c. Op welke leeftijd gaat men gewoonlijk naar school?

d. Van hoe laat tot hoe laat duurt de school?

e. Wat leren de kinderen op school?

f. Moet men in uw land betalen voor de school? Hoeveel?

## Vul in of aan:

Iedereen in Nederland _____ naar de basisschool. De belangrijkste din-gen _____ je er leert, zijn: l _____, sch _____ en r _____. Kinderen l _____ snel lezen en schrijven. _____ kennen immers al goed Nederlands! Meestal kunnen ze al _na_ vier tot zes maanden eenvoudige teksten le-zen. Leren ze net zo snel schrijven? Nee, dat duurt l_____. Schrijven is m _____ dan lezen. Na ongeveer één jaar kunnen ze een kl _____ beetje schrijven. Ze maken nog veel fouten, o _____ we in veel Nederlandse woorden verschillende letters gebruiken _____ we op dezelfde manier uit-spreken. Dit zijn een paar voorbeelden: d**e**, d**u**s, wein**i**g. De **e**, **u**, en **i** in deze woorden _____ op dezelfde manier uitgesproken. Hetzelfde geldt voor de l _____ **ch** en **g** in li**ch**t en li**g**t, voor **t** en **d** in da**t** en bla**d**, enz. enz. Kinderen hebben heel veel tijd _____ om dit soort dingen te leren. Ze ver-liezen hier _____ erg veel tijd. Dat is jammer, w_aat_ in al die verloren tijd zouden ze bij voorbeeld beter kunnen _leren_ rekenen.

... ♥ dag meneer De Boon..

# 40

## De koningin

1 Veel buitenlanders staan (= zijn) verbaasd als ze horen dat Nederland
een koningin heeft. Ze vinden dat een beetje vreemd (= merkwaardig).
Ze vragen zich af: hoe is dat nou mogelijk, hoe kan dat in een *democratisch*
land? Een *koning* of koningin wordt immers niet door het volk gekozen!
5 Waarom heeft Nederland geen *president* zoals Duitsland, Frankrijk of
*Amerika (= Verenigde Staten)*?

Op deze vraag kunnen we op verschillende *manieren reageren*. In de eerste plaats is de *functie* (= rol) van de koningin tegenwoordig anders dan
vroeger. Officieel staat zij aan het hoofd van de regering, maar in feite (=
10 in de *praktijk*) *beslissen* de ministers wat er moet *gebeuren*. Onze koningin
heeft (= bezit) dus heel weinig *macht*.

In de tweede plaats is de meerderheid van de Nederlandse bevolking
vóór de koningin. Dat is meer dan eens *vastgesteld*. Als we *mochten* kiezen,
dan zou de *huidige* koningin zeker (= in elk *geval*) worden gekozen.
15 In de derde plaats zijn landen als Nederland, Engeland, *Denemarken*,
België en *Zweden* met een koning of koningin heel wat *vrijer* dan veel andere landen met een president. *Opvallend* is trouwens dat sinds in Spanje de
koning weer *regeert* dat land veel *democratischer* is geworden. Kennelijk gaat
het niet om koning of president, maar om de invloed die hij kan *uitoefenen*.
20 De *conclusie* die we kunnen *trekken* is: het doet er niet toe hoe men mensen
noemt, zolang ze maar niet teveel macht hebben. Veel macht is *gevaarlijk*.
Dat geldt overigens niet alleen voor *individuele* personen, maar ook voor
een groep personen of voor een heel land.
Waarschijnlijk kan iedereen wel een paar voorbeelden noemen.

| 1773 | democratisch | democratic | démocratique | demokratik | demokratis | ديموقراطي |
| 1774 | koning | king | roi | kral | raja | ملك |
| 1775 | president | president | président | başkan | presiden | رئيس |
| 1776 | Amerika | America | Amérique | Amerika | Amerika | أمريكا |
| 1777 | Verenigde Staten | United States | Etats-Unis | Birleşik Devletler | Amerika Serikat | الولايات المتحدة |
| 1778 | manieren | ways | manières | şekilde | cara-cara | طرق |
| 1779 | reageren | react | réagir | cevap verilebilir | menanggapi | ردّ الفعل |
| 1780 | functie | function | fonction | görev, işlev | peranan | دور |
| 1781 | praktijk | practice | pratique | aslında | kenyataan | الواقع |
| 1782 | beslissen | decide | décident | kararlaştırırlar | memutuskan | يقرّرون |
| 1783 | gebeuren | happen | se passer, se faire | yapılacağını | terjadi | يحصل |
| 1784 | macht | power | pouvoir | yetki | kekuasaan | قوّة |
| 1785 | vastgesteld | established | établi | tespit edildi | ditentukan | أُثبت |
| 1786 | mochten | should | pouvions | -bilseydik | boleh | يسمح لنا |
| 1787 | huidige | present | actuelle | şimdiki | -yang sekerang | حاليّة |
| 1788 | geval | case | cas | her halukarda | kejadian | حال |
| 1789 | Denemarken | Denmark | Danemark | Danimarka | negeri Denmark | دانيماركيون |
| 1790 | Zweden | Sweden | Suède | İsveç | negeri Swedia | سويديّون |
| 1791 | vrijer | freeer | plus libre | daha özgür | lebih bebas | أكثر أحراراً |
| 1792 | opvallend | striking | remarquable | göze çarpıyor ki | menarik perhatian | ملحوظ |
| 1793 | regeert | is governing | gouverne | yönettiğinden (beri) | memerintah | يحكم |
| 1794 | democratischer | more democratic | plus démocratique | daha demokratik | lebih demokratis | أكثر ديموقراطيّاً |
| 1795 | uitoefenen | exert | exercer | uyguladığı | menjalankan | (أن) يمارس (ضغط) |
| 1796 | conclusie | conclusion | conclusion | sonuç | -kesimpulan | خلاصة |
| 1797 | trekken | draw | tirer | çıkartabileceğimiz | menarik | نستنتج |
| 1798 | gevaarlijk | dangerous | dangereux | tehlikeli | berbahaya | خطير |
| 1799 | individuele | individual | individuelles | bireysel | -seseorang | أفراد |

"leden
van de
staten
generaal"

## De koningin

Veel _____ staan verbaasd als ze horen dat Nederland _____ koningin heeft. Ze vinden dat een beetje _____. Ze vragen zich af: hoe is dat _____ mogelijk, hoe kan dat in een democratisch _____? Een koning of koningin wordt immers niet _____ het volk gekozen! Waarom heeft Nederland geen _____ zoals Duitsland, Frankrijk of Amerika?

Op deze _____ kunnen we op verschillende manieren reageren. In _____ eerste plaats is de functie van de _____ tegenwoordig anders dan vroeger. Officieel staat zij _____ het hoofd van de regering, maar in _____ beslissen de ministers wat er moet gebeuren. _____ koningin heeft dus heel weinig macht.

In _____ tweede plaats is de meerderheid van de _____ bevolking vóór de koningin. Dat is meer _____ eens vastgesteld. Als we mochten kiezen, dan _____ de huidige koningin zeker worden gekozen.

In _____ derde plaats zijn landen als Nederland, Engeland, _____, België en Zweden met een koning of _____ heel wat vrijer dan veel andere landen _____ een president. Opvallend is trouwens dat sinds _____ Spanje de koning weer regeert dat land _____ democratischer is geworden. Kennelijk gaat het niet _____ koning of president, maar om de invloed _____ hij kan uitoefenen. De conclusie die we _____ trekken is: het doet er niet toe _____ men mensen noemt, zolang ze maar niet _____ macht hebben. Veel macht is gevaarlijk. Dat _____ overigens niet alleen voor individuele personen, maar _____ voor een groep personen of voor een _____ land.
Waarschijnlijk kan iedereen wel een paar _____ noemen.

## Geef antwoord:

a. Wordt een president altijd door het volk gekozen?
b. Noem een paar landen waar de president veel macht heeft.
c. Noem een paar landen waar de president weinig macht heeft.
d. Noem enkele landen waar de koning veel macht heeft.

## Vul in of aan:

Er zijn mensen _____ denken dat een koning altijd veel macht heeft. Zulke mensen komen vaak uit een land _____ de koning veel macht heeft, zoals Marokko of Jordanië. Er zijn ook veel mensen die denken _____ een president altijd door het volk wordt _____, zoals in de Verenigde Staten of in Frankrijk. Zulke mensen komen meestal uit een land waar het volk de president _____. Ze denken ook vaak dat een president de m _____ macht heeft in een land. De werkelijkheid is soms heel anders. Frankrijk is bij voorbeeld een land _____ een president heeft met veel macht. Hij (of zij) wordt ook door het volk gekozen. Duitsland, Italië en Zwitserland zijn landen _____ een president hebben met weinig macht. H _____ macht is ongeveer gelijk aan de macht van de koning of koningin in België, Engeland of Nederland. Ze worden wel gekozen, maar _____ door het volk. Zwitserland is een speciaal geval: één van de ministers is tegelijk p _____. Elk jaar wordt een a_nder ministerpresident en hij wordt gekozen door het parlement.

# 41

## Wie werkt?

1 – Werkt iedereen in Nederland?
O nee, lang niet iedereen, tenminste (= althans) wanneer je onder werken *verstaat* dat je er geld voor krijgt (= *ontvangt*). Tot zestien jaar gaat iedereen bij ons naar school. Dat is verplicht. Vanaf *vijfenzestig* jaar, maar
5 dikwijls al een paar jaar eerder, werkt men ook niet meer. Dit betekent dat alleen mensen tussen 16 en ongeveer 60 jaar kunnen werken. Vervolgens zijn er veel vrouwen die niet werken en ook geen werk zoeken. In Nederland werken *in verhouding tot* andere landen maar weinig (= een *gering* aantal) vrouwen. Het *resultaat* is dat slechts een derde (1/3) deel van de
10 Nederlandse bevolking werkt of naar werk *zoekt*!
Nog niet zo lang geleden vond iedereen gemakkelijk een baan (= werk). Die *gunstige* situatie (= *toestand*) is helaas voorbij. Veel mensen die willen werken, zijn zonder werk (= *werkloos*). Verder zijn er ook steeds meer *zieke* mensen; ze kunnen niet meer werken.
15 Als we *daarmee* rekening houden, werkt nog slechts een kwart (1/4) van Nederland. De *rest* mag, kan of wil niet werken.
– Wat gebeurt er als je geen werk hebt? Waarvan moet je dan leven?
Je krijgt dan geld van de overheid (de regering of de gemeente).
– Hoeveel krijg je?
20 Dat weet ik niet precies. Soms krijgt iemand *tachtig* procent van het bedrag dat hij *verdiende*, toen hij werkte. Het kan ook zeventig procent zijn. Ik heb het wel *geweten*, maar ik ben het weer vergeten. Bovendien *verandert* het *percentage* in de loop van de tijd.

| 1800 | verstaat | mean | entend (par) | kastediyosan | dimaksudkan | تفهم |
| 1801 | ontvangt | receives | reçoit | kazanmayı | menerima | تستلم |
| 1802 | vijfenzestig | sixty-five | 65 | altmışbeş | enampuluhlima | خمسة وستون |
| 1803 | in verhouding tot | in proportion to | par rapport à | -e, -a nazaran | dibandingkan | بالمقارنة مع |
| 1804 | gering | small | petit | az | sedikit | قليل |
| 1805 | resultaat | result | résultat | sonuç | akibat | نتيجة |
| 1806 | zoekt | is looking for | cherche | arıyor | mencari | تبحث |
| 1807 | gunstige | advantageous | favorable | uygun | -yang baik | إيجابية |
| 1808 | toestand | situation | situation | durum | keadaan | حالة |
| 1809 | werkloos | unemployed | sans travail | işsiz | menganggur | عاطلون عن العمل |
| 1810 | zieke | ill | malades | hasta | yang sakit | مريضون |
| 1811 | daarmee | with this | avec cela | ile | dengan itu | مع هذا |
| 1812 | rest | rest | reste | gerisi | lebihnya | البقية |
| 1813 | tachtig | eighty | 80 | seksen | delapanpuluh | ثمانون |
| 1814 | verdiende | earned | gagnait | kazandığı | berpenghasilan | ربح |
| 1815 | geweten | known | su | biliyordum | mengetahui | عرفت |
| 1816 | verandert | changes | change | değişiyor | berubah | تتغير |
| 1817 | percentage | percentage | pourcentage | yüzde oranı | persentase | نسبة |

195

## Wie werkt?

– Werkt iedereen in Nederland?

O nee, _____ niet iedereen, tenminste wanneer je onder werken _____ dat je er geld voor krijgt. Tot _____ jaar gaat iedereen bij ons naar school. _____ is verplicht. Vanaf vijfenzestig jaar, maar dikwijls _____ een paar jaar eerder, werkt men ook _____ meer. Dit betekent dat alleen mensen tussen _____ en ongeveer 60 jaar kunnen werken. Vervolgens _____ er veel vrouwen die niet werken en _____ geen werk zoeken. In Nederland werken in _____ tot andere landen maar weinig vrouwen. Het _____ is dat slechts een derde deel van _____ Nederlandse bevolking werkt of naar werk zoekt!

_____ niet zo lang geleden vond iedereen gemakkelijk _____ baan. Die gunstige situatie is helaas voorbij. _____ mensen die willen werken zijn zonder werk. _____ zijn er ook steeds meer zieke mensen: _____ kunnen niet meer werken. Als we daarmee _____ houden, werkt nog slechts een kwart van _____. De rest mag, kan of wil niet _____.

– Wat gebeurt er als je geen werk _____? Waarvan moet je dan leven?
Je krijgt _____ geld van de overheid.

– Hoeveel krijg je?

_____ weet ik niet precies. Soms krijgt iemand _____ procent van het bedrag dat hij verdiende, _____ hij werkte. Het kan ook zeventig procent _____. Ik heb het wel geweten, maar ik _____ het weer vergeten. Bovendien verandert het percentage _____ de loop van de tijd.

## Geef antwoord:

a. Op welke leeftijd mag men werken in jouw land?
b. Vanaf welke leeftijd houdt men meestal op met werken?
c. Hoeveel uur werkt men per week en hoeveel dagen?
d. Hoeveel dagen of weken heeft iemand die werkt vakantie?

## Vul in of aan:

■ Volgens sommige mensen zijn er in Nederland veel vrouwen die niet werken en ook _____ werk zoeken. Mijn moeder is het daar _____ niet eens. Volgens _____ werken vrouwen die thuis zijn ook. Het verschil met mensen _____ buitenshuis werken, is dat zij er niet voor worden _____. Vrouwen die thuis werken, maken bij voorbeeld het eten _____. In een restaurant wordt ook eten _____, maar dan moet je ervoor betalen. Vaak maken vrouwen ook kleren, voor zichzelf of voor _____ kinderen. In een winkel moet je daarvoor veel geld betalen. Volgens mijn moeder verdient ze het geld _____ andere vrouwen voor kleren en eten buitenshuis betalen!

■ Nog niet zo lang geleden w _____ in Nederland heel weinig vrouwen buitenshuis. Zodra vrouwen _____ getrouwd, hielden ze _____ met werken. Dat wil zeggen: ze werkten dan thuis. Ze deden allemaal hetzelfde werk. Gelukkig is die situatie nu _____. Ook vrouwen moeten werk kunnen kiezen _____ ze leuk vinden.

# 42

## Zonder werk

1 Veel mensen zijn zonder werk. Vooral jonge en oudere mensen hebben moeite om een baan (= om werk) te vinden. Het *komt* ook *voor* (Het gebeurt ook) dat mensen die wel een baan hebben hun baan verliezen. Soms moet een bedrijf of een *fabriek* sluiten. Er *verdwijnen* dan veel *banen*. Soms
5 hoeft slechts een deel (= gedeelte) van een bedrijf te sluiten, omdat bepaalde produkten niet meer worden *verkocht*. Over de oorzaak *hiervan* bestaan verschillende *meningen* (= *opvattingen*).

De *werkgevers beweren* (= zeggen) dat de *arbeiders* (= *werknemers*) teveel verdienen. In hun ogen zijn de kosten van *arbeid* te *hoog*. Als mensen ziek
10 zijn of vakantie hebben, worden ze immers ook *betaald*. Alles *bij elkaar geteld* (= genomen), wordt een uur arbeid duur betaald. In andere landen is arbeid veel goedkoper: de mensen verdienen minder, hebben minder vakantie en bij ziekte ontvangt men geen of minder *loon*. Het *gevolg* is dat dezelfde produkten – denk bijvoorbeeld aan kleren – in die landen goedko-
15 per zijn. Wij kopen die *goedkopere* kleren. Het gevolg is dat onze *fabrieken* moeten sluiten.

De werknemers zeggen (= beweren) dat ze te weinig verdienen. Ze hebben daardoor niet voldoende geld om allerlei produkten (dingen) te kopen. Hoe minder je *verdient*, hoe minder je kunt kopen; steeds meer fa-
20 brieken zijn *gedwongen* te sluiten.

Weer andere mensen stellen (= beweren) dat veel mensen te eenvoudige arbeid *verrichten*. In plaats van mensen kun je dan *machines* gebruiken. Het beleid van de regering is er dan ook op gericht de mensen langer en steeds *opnieuw* te laten leren. Ook bedrijven *ontwikkelen plannen* om hun
25 werknemers meer te laten leren.

Ten slotte wordt in sommige landen nog als oorzaak *genoemd* dat er steeds minder mensen worden geboren. *Hierdoor* zijn o.a. minder scholen

| 1818 | komt voor | happens | arrive, se passe | görülür | ada kalanya | يحصل |
| 1819 | fabriek | factory | usine | fabrika | pabrik | مصنع |
| 1820 | verdwijnen | disappear | disparaissent | kaybolur | lenyap | يختفون |
| 1821 | banen | jobs | emplois | iş yerleri | pekerjaan-pekerjaan | أعمال |
| 1822 | verkocht | sold | vendu | satılmadığından | dijual | مُباعة |
| 1823 | hiervan | of this | de cela | bunun | hal ini | من هذا |
| 1824 | meningen | opinions | opinions | görüşler | pendapat-pendapat | آراء |
| 1825 | opvattingen | views | interprétations | düşünceler | pendapat-pendapat | تفسيرات |
| 1826 | werkgevers | employers | patrons | işverenler | kaum majikan | أرباب العمل |
| 1827 | beweren | contend | affirment | iddia ediyorlar | mengatakan | يدّعون |
| 1828 | arbeiders | workers | ouvriers | işçiler | kaum buruh | عمّال |
| 1829 | werknemers | employees | salariés | işçiler | kaum buruh | عمّال |
| 1830 | arbeid | labour | travail | iş | kerja | عمل |
| 1831 | hoog | high | élevé | yüksek | -tinggi | مرتفع |
| 1832 | betaald | paid | payé | para alırlar | dibayar | يُدْفع لـهُم |
| 1833 | bij elkaar | all together | ensemble | beraber | bersama-sama | مجموعة |
| 1834 | geteld | taken | compté | hesaplandığında | dihitung | - |
| 1835 | loon | wages | salaire | ücret | gaji | معاش |
| 1836 | gevolg | result | effet, résultat | sonuç | akibat | نتيجة |
| 1837 | goedkopere | cheaper | à meilleur marché | daha ucuz | yang lebih murah | أرخص |
| 1838 | fabrieken | factories | usines | fabrikalar(ımız) | pabrik-pabrik | مصانع |
| 1839 | verdient | earn | gagnes | kazanırsan | berpenghasilan | تربح |
| 1840 | gedwongen | forced | obligées | zorunlu kalıyorlar | terpaksa | مجبرون |
| 1841 | verrichten | carry out | font | yapıyorlar | mengerjakan | يقومون بـ |
| 1842 | machines | machines | machines | makinalar | mesin-mesin | آلات |
| 1843 | opnieuw | again | de nouveau | yeniden | sekali lagi | من جديد |
| 1844 | ontwikkelen | develop | développent | geliştiriyorlar | mengembangkan | ينمون |
| 1845 | plannen | plans | projets | planlar | rencana-rencana | مشاريع |
| 1846 | genoemd | mentioned | nommé | sayılıyor | disebut | مسمى |
| 1847 | hierdoor | as a result | par cela | böylece | karena ini | بسبب هذا |
| 1848 | leraren | teachers | professeurs | öğretmenler | guru-guru | معلمون |
| 1849 | in tegenstelling tot | in contrast to | contrairement à | -e, -a karşıt olarak | bertentanggan | يعكس |
| 1850 | hoge | high | élevée | yüksek | yang tinggi | مرتفعة |
| 1851 | werkloosheid | unemployment | chômage | işsizlik | pengangguran | بطالة |

en dus minder *leraren* nodig. In zulke (= dergelijke) landen zegt men: we hebben meer kinderen nodig! Dit *in tegenstelling tot* landen waar veel kinderen worden geboren.

30

Wat is jullie opvatting hierover? Zijn er nog andere oorzaken voor de *hoge werkloosheid*?

## Zonder werk

Veel mensen _____ zonder werk. Vooral jonge en oudere mensen _____ moeite om een baan te vinden. Het _____ ook voor dat mensen die wel een _____ hebben hun baan verliezen. Soms moet een _____ of een fabriek sluiten. Er verdwijnen dan _____ banen. Soms hoeft slechts een deel van _____ bedrijf te sluiten, omdat bepaalde produkten niet _____ worden verkocht. Over de oorzaak hiervan bestaan _____ meningen.

De werkgevers beweren dat de arbeiders _____ verdienen. In hun ogen zijn de kosten _____ arbeid te hoog. Als mensen ziek zijn _____ vakantie hebben worden ze immers ook betaald. _____ bij elkaar geteld, wordt een uur arbeid _____ betaald. In andere landen is arbeid veel _____: de mensen verdienen minder, hebben minder vakantie _____ bij ziekte ontvangt men geen of minder _____. Het gevolg is dat dezelfde produkten – denk _____ aan kleren – in die landen goedkoper zijn. _____ kopen die goedkopere kleren. Het gevolg is _____ onze fabrieken moeten sluiten.

De werknemers zeggen dat ze te _____ verdienen. Ze hebben daardoor niet voldoende geld _____ allerlei produkten te kopen. Hoe minder je _____ hoe minder je kunt kopen: steeds meer _____ zijn gedwongen te sluiten.

Weer andere mensen _____ dat veel mensen te eenvoudige arbeid verrichten. _____ plaats van mensen kun je dan machines _____. Het beleid van de regering _____ er dan ook op gericht de mensen _____ en steeds opnieuw te laten leren. Ook _____ ontwikkelen plannen om hun werknemers meer te _____ leren.

Ten slotte wordt in sommige landen nog _____ oorzaak genoemd dat er steeds minder mensen _____ geboren. Hierdoor zijn o.a. minder scholen _____ dus minder leraren nodig. In zulke landen _____ men: we hebben meer kinderen nodig! Dit _____ tegenstelling tot landen waar veel kinderen worden _____.

Wat is jullie opvatting hierover? Zijn er _____ andere oorzaken voor de hoge werkloosheid?

## Geef antwoord:

a. Welke mensen vinden moeilijk een baan?
b. Wat zijn daarvan de oorzaken?
c. Is de werkloosheid in alle landen even hoog? Hoe komt dat?

## Vul in of aan:

■ In periodes van grote werkloosheid vinden jonge en oude mensen moeilijk een baan. Heb je al eens _____ de oorzaken nagedacht? Wie daar goed over _____, vindt al gauw een paar oorzaken. Mensen die voor het eerst in _____ leven werk zoeken, zijn meestal jong. Als er dan bijna _____ werk is, vinden zij dus moeilijk een baan. Bovendien moeten jonge mensen nog veel leren. Ze hebben immers nog nauwelijks of niet _____. Ook oudere mensen hebben een probleem. Ze verdienen vaak _____ dan jonge mensen, _____ ze hetzelfde werk doen. En wie vijftig is of _____ werkt ook dikwijls minder snel _____ iemand van dertig.

■ In bepaalde gevallen geven werkgevers de voorkeur aan jonge mensen. Deze situatie doet zich voor bij zeer eenvoudige arbeid, dus werk _____ iedereen kan doen. Jonge mensen worden immers lager _____ dan oudere mensen. Het gevolg is dan ook dat oude werknemers _____ weinig hebben geleerd, heel m _____ werk vinden. Het is daarom belangrijk _____ jonge mensen die al werken nog verder leren.

# 43

## *Arm* en rijk (1)

1   *Rijke* landen beschikken over een *hoop* (= veel) dingen die in veel *arme* landen bijna geheel (= *volkomen*, volledig) *ontbreken*, behalve voor een kleine
groep rijke mensen. Veel mensen in arme landen hebben *gebrek* aan belangrijke zaken zoals (= als) goed water en voldoende voedsel. Meestal
5   ontbreken goede scholen en ontstaan problemen wanneer men ziek of oud
is. Kleine kinderen moeten vaak al werken.

Nog geen *eeuw* geleden *bestond* deze situatie (= *toestand*) ook in West-
Europa. *Ondertussen* (= *Inmiddels*) is er veel *veranderd*.

Zijn zulke (= dergelijke) *veranderingen* (= *ontwikkelingen*) ook mogelijk in
10   landen die arm zijn *gebleven*?

De toekomst zal het leren. De vraag is van belang hoe zo'n ontwikkeling *tot stand* moet *komen*. Is het *Westen* bij voorbeeld *bereid* haar grenzen te
openen voor produkten uit arme landen? Veel produkten zijn namelijk
duur omdat je aan de grens belasting moet betalen. Als dit plan wordt *uit-*
15   *gevoerd*, *zouden* al veel problemen zijn *opgelost*.

Er zijn natuurlijk allerlei andere *mogelijkheden* om arme landen te helpen (= om hen *hulp* te geven). In de eerste plaats kunnen grote bedrijven
fabrieken *bouwen* in *ontwikkelingslanden*. De *lonen* zijn er veel lager dan bij
ons. Deze *mogelijkheid biedt* voordeel voor beide partijen.
20   In de tweede plaats kan men een land met beter onderwijs *steunen*. Wij
*sturen* studenten en *docenten* naar een arm land en arme landen sturen studenten en docenten naar ons land. Zo kunnen we iets van elkaar leren.

In de derde plaats is hulp nodig op *medisch* gebied. Niemand is graag
ziek. En, als je ziek bent, kun je bovendien niet naar school of naar je
25   werk.

In de *vierde* plaats hebben arme landen produkten die wij hard nodig
hebben, bij voorbeeld *olie*. Vroeger *betaalden* we daarvoor heel weinig, nu

| 1852 | arm | poor | pauvre | fakir | miskin | فقير |
| 1853 | rijke | rich | riches | zengin | yang kaya | غنيّة |
| 1854 | hoop | (een -) a lot | tas de | çok | (een -) banyak | عدد كبير من |
| 1855 | arme | poor | pauvres | fakir | -yang miskin | فقيرة |
| 1856 | volkomen | completely | complètement | tamamen | sepenuhnya | كاملا |
| 1857 | ontbreken | are lacking | manquent | eksik | kurang | يفتقدون |
| 1858 | gebrek | shortage | manque (de) | eksiklik | kekurangan | نقص في |
| 1859 | eeuw | century | siècle | yüzyıl | abad | قرن |
| 1860 | bestond | existed | existait | görülüyordu | ada | كانت توجد |
| 1861 | ondertussen | meanwhile | entre temps | zamanla | sementara itu | خلال هذا الوقت |
| 1862 | inmiddels | in the meantime | entre temps | bu arada | sementara itu | خلال هذا الوقت |
| 1863 | veranderd | changed | changé | değişti | berubah | تغيّر |
| 1864 | veranderingen | changes | changements | değişiklikler | perubahan-perubahan | تغيّرات |
| 1865 | ontwikkelingen | developments | développements | gelişmeler | perkembangan-perkembangan | تطوّرات |
| 1866 | gebleven | remained | restés | kalmış | masih tetap | بقوا |
| 1867 | tot stand komen | be effected | se réaliser | oluşmak | terjadi | يحدث |
| 1868 | Westen | West | l'Ouest | Batı | negara-negara Barat | الغرب |
| 1869 | bereid | prepared | prêt | hazır, razı | bersedia | جاهز |
| 1870 | uitgevoerd | carried out | exécuté | uygulanırsa | dilaksanakan | نفّذ |
| 1871 | zouden | would | - zijn=seraient | (çözülecek)tir | akan | سوف |
| 1872 | opgelost | solved | résolus | çözülecek(tir) | terpecahkan | تحل |
| 1873 | mogelijkheden | possibilities | possibilités | olanaklar | kemungkinan-kemungkinan | إمكانيّات |
| 1874 | hulp | aid | aide | yardım | bantuan | مساعدة |
| 1875 | bouwen | build | construire | kurmak | membangun | يبنوا |
| 1876 | ontwikkelingslanden | developing countries | pays en voie de développement | az gelişmiş ülkeler | negara-negara berkembang | البلدان النامية |
| 1877 | lonen | wages | salaires | ücretler | gaji-gaji | جور العمّال، معاشات |
| 1878 | mogelijkheid | possibility | possibilité | olanak | kemungkinan | إمكانيّة |
| 1879 | biedt | offers | offre | sağlar | memberi | يوفّر |
| 1880 | steunen | support | aider | desteklemek | menunjang | يساند |
| 1881 | sturen | send | envoyons | yollarız | mengirim | نرسل |
| 1882 | docenten | teachers | professeurs | doçentler | dosen-dosen | معلّمين |
| 1883 | medisch | medical | médical | tıbbi | medis | طبّي |
| 1884 | vierde | fourth | quatrième | dördüncü | keempat | رابع |
| 1885 | olie | oil | pétrole | petrol | minyak | بترول |
| 1886 | betaalden | paid | payions | öderdik | membayar | كنّا ندفع |
| 1887 | middel | means | moyen | araç | sarana | وسيلة |
| 1888 | katoen | cotton | coton | pamuk | kapas | قطن |
| 1889 | rubber | rubber | caoutchouc | kauçuk | karet | كاوتشوك |
| 1890 | per slot van rekening | after all | en fin de compte | aslına bakılırsa | karena sesungguhnya | في نهاية الحساب |

30    veel meer. Alle landen vragen immers ongeveer dezelfde prijs. Dat is dus een goed *middel* om rijker te worden. Ook voor andere produkten, zoals koffie, *katoen* of *rubber* zouden wij meer moeten betalen. Voor onze produkten betalen arme landen *per slot van rekening* ook veel geld.

## Arm en rijk (1)

Rijke landen _____ over een hoop dingen die in veel _____ landen bijna geheel ontbreken, behalve voor een _____ groep rijke mensen. Veel mensen in arme _____ hebben gebrek aan belangrijke zaken zoals goed _____ en voldoende voedsel. Meestal ontbreken goede scholen _____ ontstaan problemen wanneer men ziek is of _____ is. Kleine kinderen moeten vaak al _____.

Nog geen eeuw geleden bestond deze situatie _____ in West-Europa. Ondertussen is er veel _____. Zijn zulke veranderingen ook mogelijk in landen _____ arm zijn gebleven?

De toekomst zal het _____. De vraag is van belang hoe _____ ontwikkeling tot stand moet komen. Is het _____ bij voorbeeld bereid haar grenzen te openen voor _____ uit arme landen? Veel produkten worden namelijk _____ omdat je aan de grens belasting moet _____. Als dit plan wordt uitgevoerd, zouden al _____ problemen zijn opgelost.

Er zijn natuurlijk allerlei _____ mogelijkheden om arme landen te helpen. In _____ eerste plaats kunnen grote bedrijven fabrieken bouwen _____ ontwikkelingslanden. De lonen zijn er veel lager _____ bij ons. Deze mogelijkheid biedt voordeel voor _____ partijen.

In de tweede plaats kan men _____ land met beter onderwijs steunen. Wij sturen _____ en docenten naar een arm land en arme landen _____ studenten en docenten naar ons land. Zo _____ we iets van elkaar leren.

In de _____ plaats is hulp nodig op medisch gebied. _____ is graag ziek. En als je _____ bent, kun je bovendien niet naar school _____ naar je werk.

In de vierde _____ hebben arme landen produkten die wij hard nodig _____, bij voorbeeld olie. Vroeger betaalden we daarvoor heel _____, nu veel meer. Alle landen vragen immers _____ dezelfde prijs. Dat is dus een goed _____ om rijker te worden. Ook voor andere _____, zoals koffie, katoen of rubber zouden wij _____ moeten betalen. Voor onze produkten betalen arme landen _____ slot van rekening ook veel geld.

## Geef antwoord:

a. Waar op aarde bevinden zich de zgn. rijke landen?
b. Zijn die landen altijd rijk geweest? Vertel hierover.
c. Is iedereen in die landen rijk? Leg uit.

## Vul in of aan:

■ De meeste rijke landen l ____ in West-Europa. De landen ____ in Oost-Europa liggen, zijn veel ____. Wat is d _aarva_ de oorzaak? Dit is een vraag die veel mensen z ____ hebben gesteld. Een bekend antwoord is: omdat de westeuropese landen democratisch zijn. Als dat waar is, vraag je ____ af waarom bij voorbeeld India of Mexico nog steeds arme landen zijn. Mexico is zelfs een land ____ veel olie bezit. Een ander antwoord is: de westeuropese landen b_ehoren_ tot de EG . Landen buiten de EG moeten _aan_ de grens belasting betalen, waardoor h ____ produkten duurder worden. Maar hoe zit het dan met Noorwegen of met Zwitserland? Dit l ____ land wordt door velen als het _rijkste_ ter wereld beschouwd.

■ Een belangrijk verschil ____ arme en rijke landen is dat er per persoon in een ____ land veel minder wordt geproduceerd dan in een ____ land. Het gevolg is dat mensen in ____ landen minder verdienen dan in ____ landen en dus a ____ zijn! Een goed middel om rijker te worden, is per hoofd van de bevolking meer te produceren. De vraag is natuurlijk hoe je dat kunt ber ____ . Dat moet je maar eens vragen aan iemand die economie heeft ____ .

# 44

## Arm en rijk (2)

1   Is het *terecht* (= juist) dat een klein (= gering) aantal mensen heel erg rijk is, terwijl de meerderheid bijna niets bezit?

    De meeste mensen in het westen weigeren *zoiets* normaal te vinden.

Ook in het westen zijn er mensen die rijker zijn dan anderen. Zolang de
5   verschillen *beperkt* (= klein) zijn, wordt dat *aanvaard*.

Wie veel meer verdient dan gemiddeld moet echter een groot deel terug-betalen aan de overheid. We noemen dat belasting. De regering gebruikt dat geld voor mensen die minder hebben, voor onderwijs, voor goede *we-gen*, enz.

10   Als we zoiets normaal vinden in het westen, zou dat dan niet ook voor de rest van de wereld moeten *gelden*? De wereld wordt tenslotte steeds klei-ner, wordt steeds meer één groot land! We moeten *hopen* dat steeds meer landen tot het *inzicht* komen dat het niet terecht is dat een klein (=gering) aantal landen bijna alles bezit en de rest bijna niets. We moeten ons *ervan*
15   *bewust* worden dat zoiets niet *past* in een moderne samenleving (= maat-schappij). Men moet *inzien* dat er ook *internationaal* niet te grote verschil-len mogen bestaan. *In verband* (= *In relatie*) *hiermee* nemen steeds meer lan-den de *beslissing* een deel van hun geld te gebruiken voor de ontwikkeling van andere landen. Men moet begrijpen dat hun *wensen* en *eisen* eigenlijk
20   heel normaal zijn.

| 1891 | terecht | right, justifiable | juste, correct | doğru | dibenarkan | عادل |
| 1892 | zoiets | something like this | pareille chose | böyle bir şey | hal yang demikian itu | شيء كهذا |
| 1893 | beperkt | limited | restreintes | küçük, az | terbatas | مخفضة |
| 1894 | aanvaard | accepted | admis | kabul edilir | diterima | مقبول |
| 1895 | wegen | roads | routes | yollar | jalan-jalan | طرقات |
| 1896 | gelden | apply | valoir | geçerli olmak | berlaku | يصلح |
| 1897 | hopen | hope | espérer | umut etmeliyiz | berharap | نأمل |
| 1898 | inzicht | insight | vue, opinion | idrak | insyaf | نظرة |
| 1899 | ervan | of it | de | -onun | -daripada hal itu | منه |
| 1900 | bewust | aware | conscients | bilincinde | sadar | على وعي ( من ) |
| 1901 | past | fit | convient | uymaz | sepatutnya | يطابق |
| 1902 | inzien | realize | comprendre | idrak etmeli | menginsyafi | يرى أنّ . . . |
| 1903 | internationaal | internationally | international | uluslararası | secara internasional | دوليًا |
| 1904 | in verband hiermee | in connection with this | en rapport avec cela | ...ile ilgili olarak | berhubungan dengan ini | بعلاقة مع |
| 1905 | in relatie hiermee | in relation to this | en relation avec cela | ...ile ilgili olarak | berhubungan dengan ini | علاقة |
| 1906 | hiermee | with this | avec cela | ile | dengan ini | مع هذا |
| 1907 | beslissing | decision | décision | karar | keputusan | قرار |
| 1908 | wensen | wishes | souhaits | arzuları | keinginan-keinginan | تمنّيّات |
| 1909 | eisen | demands | exigences | istekleri | tuntutan-tuntutan | مطالب |

## Arm en rijk (2)

Is _____ terecht dat een klein aantal mensen heel _____ rijk is, terwijl de meerderheid bijna niets _____?

De meeste mensen in het westen weigeren _____ normaal te vinden. Ook in het westen _____ er mensen die rijker zijn dan anderen. _____ de verschillen beperkt zijn, wordt dat aanvaard. _____ veel meer verdient dan gemiddeld moet echter _____ groot deel terugbetalen aan de overheid. We noemen dat _____. De regering gebruikt dat geld voor mensen minder hebben, voor onderwijs, voor goede wegen, _____.

Als we zoiets normaal vinden in het _____, zou dat dan niet ook voor de _____ van de wereld moeten gelden? De wereld _____ tenslotte steeds kleiner, wordt steeds meer één _____ land! We moeten hopen dat steeds meer _____ tot het inzicht komen dat het niet _____ is dat een klein aantal landen bijna _____ bezit en de rest bijna niets. We _____ ons ervan bewust worden dat zoiets niet _____ in een moderne samenleving. Men moet inzien _____ er ook internationaal niet te grote verschillen _____ bestaan. In verband hiermee nemen steeds meer _____ de beslissing een deel van hun geld _____ gebruiken voor de ontwikkeling van andere landen. _____ moet begrijpen dat hun wensen en eisen _____ heel normaal zijn.

## Geef antwoord:

a. Wat zijn de vier of vijf rijkste landen ter wereld?

b. Is iedereen in die landen ongeveer even rijk?

c. Hoe bereikt de regering van een rijk land dat de verschillen tussen mensen niet te groot zijn?

## Vul in of aan:

■ Wie betaalt in Nederland belasting? Iedereen. Iedereen? U bedoelt iedereen _____ veel geld verdient! Nee, ook mensen die weinig _____, betalen meestal belasting, maar m_____ dan mensen die veel verdienen. We noemen deze belasting inkomsten-belasting of loonbelasting. Maar ook _____ je niets verdient, _____ je belasting. Wie bij voorbeeld brood, melk, vlees of groente koopt, b_____ 6% belasting. Dit bedrag zit al in de prijs. In een restaurant betaal je voor dezelfde produkten in _____ van 6% achttien en een _____ (18$^{1}/_{2}$) procent. Deze belasting noemen we **BTW**. Ten slotte zijn er produkten w_____ we extra veel belasting betalen: auto's, benzine, sigaretten en wijn. Deze belasting noemen we **accijns**.

■ Waarvoor wordt al dat geld _____? Voor heel veel z_____. O.a. voor het onderwijs. Je herinnert _____ dat tot zestien jaar je niet voor de school _____ te betalen. Daarna betaal je slechts een klein b_____. Ook _____ de trein en _____ de bus betalen we maar een deel. De rest wordt _____ met het geld van de belasting. Iedereen betaalt wel belasting, maar krijgt ook weer veel terug van het geld _____ hij heeft betaald.

# 45

## De laatste les

1  *Eindelijk!* Het is *zover*. Vandaag hebben we onze laatste les.
*Herinneren* jullie je (*Herinner* je je, Herinnert u zich) nog dat de leraar (lerares) zei dat Nederlands gemakkelijk was?
– Ja, dat herinneren we ons (herinner ik me) nog goed.
5  En had hij (zij) gelijk?
– Dat ligt eraan hoe je het *bekijkt*. Echt moeilijk is het natuurlijk niet. Het lukt tenslotte iedereen (om) een taal te leren. Aan de andere kant: het kost wel veel tijd. Je moet er *met andere woorden* (= *m.a.w.*) veel moeite voor doen, en er veel tijd aan *besteden*.
10  We hebben een speciale methode gebruikt. De belangrijkste *elementen* daarin waren:

- teksten met veel verschillende woorden
- teksten met *gaten* om te zien of we de tekst *begrepen*
15  - oefeningen met verschillende *grammaticale* problemen

Voor losse woorden of *zinnen* had de docent(e) nooit *belangstelling*. Verder vond hij of zij *kennis* van woorden belangrijker dan kennis van grammaticale regels. De grammatica was trouwens ook maar heel erg klein. Die
20  hoefde je niet te leren. Je moest er alleen maar af en toe 'een blik in *werpen*'. Een gekke (= *vreemde*) uitdrukking eigenlijk. Wie weet wat 'een blik werpen in' betekent? Iedereen *denkt diep na*, maar niemand weet het antwoord. Het betekent (De betekenis is): *eventjes* (= vlug) kijken naar.
Vertel eens, hebben jullie deze methode leuk *gevonden*?
25  – Nou, leuk is, geloof ik, niet het goede (= *juiste*) woord. Er waren natuurlijk leuke lessen waarin we samen *flink* hebben moeten lachen. Maar op sommige *momenten* was u *behoorlijk* (= flink, nogal) *kwaad*, omdat we de

| | Dutch | English | French | Turkish | Indonesian | Arabic |
|---|---|---|---|---|---|---|
| 1910 | eindelijk | at last | enfin | nihayet | pada akhirnya | أخيراً |
| 1911 | zover | (het is -) the time has come | le moment est là | sonuna geldik | (het is -) sampai di sini | لقد حان الوقت |
| 1912 | herinneren | remember | vous souvenez | hatırlıyor musunuz | ingat | تتذكرون |
| 1913 | herinner | remember | te souviens | hatırlıyor musun | ingat | تتذكّر |
| 1914 | bekijkt | look (at it) | regardes | baktığına | melihat | تنظر إلى |
| 1915 | met andere woorden | in other words | en d'autres mots | diğer bir değişle | dengan kata lain | بكلمات أخرى |
| 1916 | m.a.w. | in other words | en d'autres mots | diğer bir değişle | d.k.l. | بكلمات أخرى |
| 1917 | besteden | spend | dépenser | harcamak | menggunakan | صرف |
| 1918 | elementen | elements | éléments | ögeler | unsur-unsur | عناصر |
| 1919 | gaten | blanks | trous | boşluklar | lubang-lubang | فراغ |
| 1920 | begrepen | understood | comprenions | anladığımızı | mengerti | تفهّم |
| 1921 | grammaticale | grammatical | grammaticaux | dilbilgisine ait | tatabahasa | متعلّقة بالقواعد |
| 1922 | zinnen | sentences | phrases | cümleler | kalimat-kalimat | جمل |
| 1923 | belangstelling | interest | intérêt | ilgi | perhatian | إهتمام |
| 1924 | kennis | knowledge | connaissance | bilgi | pengetahuan | معرفة |
| 1925 | werpen | throw, cast | jeter | atmak | melemparkan | تلقي ( نظرة ) |
| 1926 | vreemde | strange | étrange | acaip | aneh | غريبة |
| 1927 | denkt na | thinks | réfléchit | düşünüyor | berpikir | يفكّر |
| 1928 | diep | deeply | profondément | derin | dalam-dalam | عميقاً |
| 1929 | eventjes | quickly | un instant | çabucak | sebentar | للحظات قصيرة |
| 1930 | gevonden | liked | trouvé | hoşunuza gitti mi | merasa | وجدتم |
| 1931 | flink | (- lachen) have a good laugh | beaucoup | çok | sangat | بجدّ |
| 1932 | momenten | moments | moments | anlar(da) | saat-saat | لحظات |
| 1933 | behoorlijk | rather | assez | oldukça | sangat | لابأس، جدّ |
| 1934 | kwaad | angry | fâché | kızgın | marah | غضبان، غاضباً |
| 1935 | vonden | liked | trouvions | hoşumuza gitmedi | merasa | وجدنا |
| 1936 | toonde | showed | montriez | gösterdiniz | menunjukkan | أظهرت |
| 1937 | begrip | understanding | compréhension | anlayış | pergertian | فهم |
| 1938 | beheersen | command | maîtrisez, connaissez | hakimsiniz | menguasai | تتحكمون بـ |
| 1939 | doel | objective | but | amaç | -tujuan | هدف |
| 1940 | bereikt | achieved | atteint | ulaştık | mencapai | حقّقنا |
| 1941 | bevallen | given satisfaction | plu | beğendik | menyenangkan | أعجبنا |
| 1942 | leidt | leads (to) | conduit | götürür | menghasilkan | يوصل |
| 1943 | succes | success | succès | başarı | keberhasilan | توفيق |

tekst niet goed geleerd hadden. Dat *vonden* we niet zo leuk. U *toonde* dan maar weinig *begrip* voor onze problemen.

30  Maar jullie *beheersen* het Nederlands nu al wel heel aardig. We hebben ons *doel bereikt*: we kunnen over veel dingen al goed met elkaar praten.
– Dat is waar. Dat vormt volgens ons de grote waarde van deze methode. Hij is ons om die reden goed *bevallen*. Je moet bereid zijn hard te werken, maar dat *leidt* wel tot resultaat (*succes*). En wat hebben we hard gewerkt!

## De laatste les

Eindelijk! Het is zover. _____ hebben we onze laatste les.
Herinneren jullie _____ nog dat de leraar zei dat Nederlands _____ was?
– Ja, dat herinneren we ons nog _____.
En had hij gelijk?
– Dat ligt eraan _____ je het bekijkt.
Echt moeilijk is het _____ niet. Het lukt ten slotte iedereen een taal _____
leren. Aan de andere kant: het kost _____ veel tijd. Je moet er met andere
_____ veel moeite voor doen, en er veel _____ aan besteden.
   We hebben een speciale methode _____. De belangrijkste elementen
daarin waren:

- teksten met _____ verschillende woorden
- teksten met gaten om te _____ of we de tekst begrepen
- oefeningen met _____ grammaticale problemen.

Voor losse woorden of zinnen _____ de docent nooit belangstelling. Verder vond hij _____ zij kennis van woorden belangrijker dan kennis
_____ grammaticale regels. De grammatica was trouwens ook _____ heel
erg klein. Die hoefde je niet _____ leren. Je moest er alleen maar af _____
toe 'een blik in werpen'. Een gekke _____ eigenlijk. Wie weet wat 'een blik
werpen _____' betekent? Iedereen denkt diep na, maar niemand _____
het antwoord. Het betekent: eventjes kijken naar.
   _____ eens, hebben jullie deze methode leuk gevonden?
– _____, leuk is, geloof ik, niet het goede _____. Er waren natuurlijk leuke
lessen waarin we _____ flink hebben moeten lachen. Maar op sommige
_____ was u behoorlijk kwaad, omdat we de _____ niet goed geleerd hadden. Dat vonden we _____ zo leuk. U toonde dan maar weinig _____ voor
onze problemen.
Maar jullie beheersen het _____ nu al wel heel aardig. We hebben _____
doel bereikt: we kunnen over veel dingen _____ goed met elkaar praten.
– Dat is waar. _____ vormt volgens ons de grote waarde van _____ methode. Hij is ons om die reden _____ bevallen. Je moet bereid zijn hard te
_____, maar dat leidt wel tot resultaat.
En _____ hebben we hard gewerkt!

## Vul in of aan:

Ik ken nu Nederlands. Ik heb wel hard _____ werken. Het heeft _____ wel veel tijd gekost. Eerst dacht ik _____ Nederlands moeilijk was. De lerares vertelde echter dat een taal leren gemakkelijk was. Volgens _____ was rekenen moeilijk. Kleine kinderen kunnen immers eerder spreken _____ rekenen. Bovendien krijgen ze _____ les in Nederlands.

Ik herinner _____ nog goed dat we allemaal een beetje verbaasd waren, _____ ze ons dat vertelde. Maar in mijn hart dacht ik: eigenlijk heeft ze wel g_____! We m_____ wel op een speciale manier studeren. We mochten bij voorbeeld _____ woorden uit ons hoofd leren. Ze zei: daarmee v_____ je alleen maar tijd. We moesten vooral de _____ heel goed leren. Daarin stonden namelijk alle bel_____ woorden en woorden waren volgens _____ erg bel_____. Via de teksten l_____ we ook de grammatica. Die teksten g_____ over onderwerpen waarover we met _____ konden praten. Op _____ manier hebben we niet _____ Nederlands geleerd, maar ook veel over Nederland. En wij hebben de lerares veel over ons land _____. Ze zei ons een paar keer: ik heb vandaag weer veel van jullie _____. Nou, dat gaf _____ een prettig gevoel. Het is fijn als Nederlanders interesse voor _____land en _____ cultuur hebben.

# Index

| Woord | Nr. |
|---|---|
| betalen | 582 |
| betekenis | 206 |
| betekent | 240 |
| beter | 703 |
| betere | 762 |
| betreft (wat - ) | 1445 |
| betrekking (met - tot) | 1446 |
| beurt | 282 |
| bevallen | 1941 |
| bevalt | 1119 |
| bevat | 168 |
| bevatten | 695 |
| bevestigt | 946 |
| bevolking | 549 |
| bevonden | 1649 |
| bewegen | 992 |
| beweging | 993 |
| beweren | 1827 |
| bewijst | 944 |
| bewust | 1900 |
| bezat | 1195 |
| bezig | 1573 |
| bezit | 506 |
| bezitten | 1552 |
| bezoek | 955 |
| bezoeken | 380 |
| bezwaar | 1685 |
| biedt | 1879 |
| bier | 1385 |
| biertje | 1504 |
| bij | 390 |
| bij | 1076 |
| bij (vlak - ) | 115 |
| bij elkaar | 1833 |
| bijna | 439 |
| bijv. | 1762 |
| bij voorbeeld | 188 |
| bijzonder | 575 |
| bijzondere | 879 |
| binnen | 1093 |
| binnen | 1227 |
| binnen (kom - ) | 1567 |
| bladeren | 678 |
| bladzijde | 210 |
| bladzijden | 171 |
| blauw | 1482 |
| bleek | 700 |
| blij | 1154 |
| blijf | 1639 |
| blijft | 972 |
| blijken | 1158 |
| blijkt | 564 |
| blijven | 651 |
| blijven | 751 |
| blik (werpt een - ) | 1488 |
| bloemen | 668 |
| boek | 30 |
| boeken | 189 |
| bomen | 675 |
| bood ... aan | 1113 |
| boodschappen (doet - ) | 1591 |
| boodschappen doen | 377 |
| bouwen | 1875 |
| boven | 617 |
| bovendien | 360 |
| Breda | 1246 |
| brede | 851 |
| brengen | 1574 |
| brengt ... in orde | 1521 |
| brief | 1133 |
| broers | 833 |
| brood | 1366 |
| bruin | 683 |
| buiten | 539 |
| buitenland | 801 |
| buitenlander | 1721 |
| buitenlanders | 163 |
| buitenshuis | 540 |
| bus | 450 |
| buurt | 517 |
| b.v. | 1761 |
| café | 1350 |
| Canada | 1197 |
| cassette | 289 |
| CDA | 1717 |
| centrum | 514 |
| China | 743 |
| Chinees | 1202 |
| christenen | 916 |
| cola | 1503 |
| conclusie | 1796 |
| conducteur | 1283 |
| contact | 1131 |
| cultuur | 1679 |
| cursisten | 33 |
| d.w.z. | 816 |
| daar | 196 |
| daaraan | 626 |
| daarbij | 1383 |
| daardoor | 727 |
| daarin | 1137 |
| daarmee | 1811 |
| daarna | 278 |
| daarnaast | 903 |
| daarom | 109 |
| daarop | 919 |
| daarover | 1104 |
| daarvan | 949 |
| daarvoor | 716 |
| dacht | 1514 |
| dag | 47 |
| dag | 202 |
| dagelijks | 1471 |
| dagen | 338 |
| dan | 220 |
| dan | 536 |
| dan (nu eens - weer) | 1451 |
| dan (nu en - ) | 694 |
| dan ook | 1058 |
| dan wel | 1443 |
| dank u wel | 1244 |
| dankzij | 767 |
| dat | 192 |
| dat | 242 |
| dat | 715 |
| dat | 1198 |
| dat (hoe komt - ) | 753 |
| dat wil zeggen | 690 |
| de | 8 |
| december | 403 |
| deel | 1009 |
| deel uitmaken van | 1720 |
| delen | 573 |
| democratisch | 1773 |
| democratischer | 1794 |
| Denemarken | 1789 |
| denk | 1179 |
| denkt | 556 |
| denkt na | 1927 |
| der | 1018 |
| derde | 774 |
| dergelijk | 943 |
| dergelijke | 1599 |
| dertig | 638 |
| des te | 964 |
| deur | 1491 |
| deze | 198 |
| dezelfde | 1101 |
| dicht | 1160 |
| dicht (doet - ) | 1553 |
| dichtbij | 114 |
| dichte | 548 |
| dichtere | 560 |
| die | 329 |
| die | 352 |
| die | 1272 |
| dienen | 1584 |
| dienst | 1771 |
| dient | 1281 |
| diep | 1928 |
| dieren | 648 |
| dik | 174 |
| dikwijls | 357 |
| diner | 1378 |
| ding | 1468 |
| dingen | 384 |
| dinsdag | 365 |
| direct | 659 |
| directe | 472 |
| discotheek | 1619 |
| discussie | 1578 |
| dit | 154 |
| dit | 899 |
| diverse | 654 |
| docent | 226 |
| docente | 226 |
| docenten | 1882 |
| dochter | 844 |
| dochters | 848 |
| doden | 1550 |
| doe | 702 |
| doe | 1364 |
| doe ... aan | 812 |
| doel | 1939 |
| doen | 295 |
| doen (aan sport - ) | 381 |
| doen (boodschappen - ) | 377 |
| doen een poging | 229 |
| doet | 1630 |
| doet boodschappen | 1591 |
| doet dicht | 1553 |
| doet er toe | 1610 |
| doet open | 1492 |
| doet over | 470 |
| dokter | 984 |
| dokters | 760 |
| donderdag | 371 |
| donderdagmiddag | 1438 |
| donker | 1656 |
| dood (gaan - ) | 746 |

| | | | | | | |
|---|---|---|---|---|---|---|---|
| dood (gingen - ) | 764 | eerder | 740 | eventueel | 1112 | gebracht | 1632 |
| door | 983 | eerlijk | 1430 | extra | 1286 | gebrek | 1858 |
| door | 1218 | eerst | 604 | fabriek | 1819 | gebruik | 1360 |
| door | 1609 | eerste | 369 | fabrieken | 1838 | gebruik | 1683 |
| door | | eerste | | factoren | 1207 | gebruiken | 161 |
| (ga zomaar - ) | 1592 | (in de - plaats) | 755 | familie | 379 | gebruiken | 1729 |
| doordat | 749 | eet | 1372 | februari | 393 | gebruikt | 640 |
| dorp | 577 | eeuw | 1859 | feest | 876 | gebruikte | 1473 |
| dorpen | 1450 | EG | 1215 | feestdag | 910 | gedaan | 783 |
| dorst | 1347 | Egypte | 570 | feestdagen | 906 | gedachte | 1107 |
| draagt | 1484 | eigen | 531 | feesten | 900 | gedeelte | 1010 |
| draait | 1512 | eigenlijk | 795 | feestje | 1626 | gedeelten | 1307 |
| drie | 330 | eind | 645 | feite (in - ) | 868 | gedraaid | 1036 |
| driehonderd | 593 | einde | 1180 | fiets | 119 | gedrag | 1728 |
| drieënzeventig | 841 | eindelijk | 1910 | fietsen | 631 | gedrukt | 205 |
| drijven | 1226 | Eindhoven | 1241 | fietsen | 1614 | gedurende | 1266 |
| drinken | 1348 | eindigt | 326 | fijn | 302 | geduurd | 499 |
| droog | 1023 | eisen | 1909 | film | 957 | gedwongen | 1840 |
| druk | 501 | elementen | 1918 | financiële | 1083 | geef | 11 |
| drukke | 513 | elf | 1041 | fl | 1243 | geeft de | |
| duidelijk | 1444 | elk | 218 | flink | 1931 | voorkeur | 1336 |
| Duits | 1190 | elkaar | 221 | flinke | 664 | geeft les | 222 |
| Duitsland | 555 | elkaar (bij - ) | 1833 | foto's | 1060 | geeft niet | 273 |
| duizend | 594 | elkaars | 1742 | fouten | 265 | geen | 84 |
| dure | 864 | elke | 201 | Frankrijk | 554 | geen (lang - ) | 587 |
| duren | 680 | en | 25 | Frans | 1189 | gegaan | 1096 |
| durven | 267 | ene | 1467 | fruit | 1371 | gegeten | 1402 |
| dus | 172 | Engeland | 789 | functie | 1780 | gegevens | 431 |
| duur | 581 | Engels | 707 | functioneert | 996 | gehaald | 1633 |
| duurde | 1406 | enige | 258 | ga | 85 | gehad | 1389 |
| duurder | 1069 | enkele | 257 | ga zomaar door | 1592 | geheel | 1162 |
| duurt | 323 | enkele | 1715 | gaan | 133 | gek | 796 |
| dwingt | 1173 | enorm | 873 | gaan ... open | 1434 | gekeken | 784 |
| echt | 584 | enz | 59 | gaan dood | 746 | gekke | 1509 |
| echte | 424 | enzovoort | 194 | gaat | 863 | gekomen | 1086 |
| echter | 1273 | er | 35 | gaat | 1140 | gekozen | 1037 |
| echtgenoot | 1576 | er | 444 | gaat uit | 1476 | gekregen | 507 |
| economie | 1221 | er (doet - toe) | 1610 | gang | 629 | gelachen | 1507 |
| economisch | 1204 | eraan | 272 | gaten | 1919 | geld | 613 |
| een | 23 | eraan (ligt - ) | 693 | gauw | 455 | gelden | 1896 |
| één | 325 | erg | 500 | geantwoord | 1428 | geldt | 777 |
| een paar | 89 | ergens | 519 | gebeld | 1490 | gele | 670 |
| eenendertig | 483 | ernstig | 979 | gebeurd | 1388 | geleden | 1568 |
| eenentwintig | 422 | erop | 1747 | gebeuren | 1783 | geleerd | 492 |
| éénmaal | 1638 | erover | 1580 | gebeurt | 709 | gelegen | 1666 |
| eens | 433 | ervan | 1899 | gebeurtenis | 885 | gelegenheid | 880 |
| eens | 967 | eten | 533 | gebied | 1205 | gelijk | 937 |
| eens | 1043 | Europa | 557 | gebied | 1644 | gelijk | 1260 |
| eens | | Europese | 1216 | gebieden | 572 | gelijke | 1581 |
| (nu - | | even | 442 | gebleven | 1866 | geloof | 453 |
| dan weer) | 1451 | evenals | 918 | geboorte | 889 | geluid | 1645 |
| eenvoudig | 293 | eveneens | 908 | geboren | 101 | gelukkig | 836 |
| eenvoudige | 1141 | eventjes | 1929 | gebouw | 1353 | gelukt | 505 |

| Word | № | Word | № | Word | № | Word | № |
|---|---|---|---|---|---|---|---|
| gemaakt | 1481 | geworden | 1224 | half | 464 | hiervoor | 958 |
| gemakkelijk | 123 | gezegd | 1398 | hallo | 435 | hij | 232 |
| gemakkelijke | 138 | gezellig | 875 | halve | 649 | hoe | 43 |
| Gemeenschap | 1217 | gezicht | 1024 | handel | 1225 | hoe ... hoe | 961 |
| gemeente | 1339 | gezien | 859 | handen | 1004 | hoe komt dat | 753 |
| gemeentehuis | 1319 | gezin | 849 | hangen | 632 | hoe laat | 308 |
| gemerkt | 1423 | gezinnen | 741 | hard | 1506 | hoef | 508 |
| gemiddeld | 544 | gezond | 837 | harder | 1526 | hoefde | 1115 |
| gemiddelde | 1072 | ging | 1391 | hart | 1016 | hoeft | 1049 |
| gemist | 451 | gingen ... weg | 803 | heb | 349 | hoek | 644 |
| genoeg | 775 | gingen dood | 764 | heb (nodig - ) | 1142 | hoeveel | 31 |
| genoemd | 1846 | gisteren | 367 | hebben | 211 | hoewel | 1231 |
| genomen | 1413 | glas | 1358 | hebt | 642 | hoge | 1850 |
| geopend | 1455 | God | 1412 | heeft | 28 | hoger | 1461 |
| georganiseerd | 1054 | goed | 148 | heel | 125 | hond | 646 |
| geproduceerd | 773 | goede | 579 | heel | 523 | honderd | 170 |
| gereden | 1669 | goedemiddag | 437 | heen | 520 | honderdvijftig | 1710 |
| gereisd | 1291 | goedemorgen | 436 | heen en weer | 1259 | honger | .665 |
| gericht | 1748 | goedenavond | 438 | heerlijk | 1429 | hoofd | 1028 |
| gering | 1804 | goedkoop | 772 | heet | 2 | hoofd | 1701 |
| geschiedenis | 1766 | goedkoper | 535 | heilig | 1316 | hoofdpijn | 1027 |
| geschreven | 1102 | goedkopere | 1837 | helaas | 776 | hoog | 1831 |
| gesloten | 1159 | graag | 810 | hele | 498 | hoogstens | 359 |
| gesprek | 299 | graden | 418 | helemaal | 948 | hoogte | 1651 |
| gesprekje | 306 | grammatica | 176 | helft | 1269 | hoop | 1854 |
| gesproken | 1188 | grammaticale | 1921 | help | 1596 | hoopt | 920 |
| gestegen | 1608 | gratis | 1048 | helpen | 846 | hoor | 1569 |
| gestudeerd | 854 | grens | 1228 | hem | 821 | hoort | 254 |
| geteld | 1834 | grenzen | 1238 | hen | 799 | hopen | 1897 |
| getrouwd | 847 | Greta | 1330 | Henk | 829 | horen | 1000 |
| getrouwde | 1337 | Griekenland | 1090 | herfst | 409 | horen | 1585 |
| gevaar | 698 | grijs | 1007 | herhaalt | 268 | houd | 1422 |
| gevaarlijk | 1798 | groeit | 724 | herhalen | 719 | houden | |
| geval | 1788 | groen | 166 | herinner | 1913 | (rekening - ) | 1449 |
| gevallen | 1078 | groene | 160 | herinneren | 1912 | houden ... op | 1617 |
| geven | 737 | groente | 677 | herinnering | | houden hun | |
| gevierd | 914 | groep | 1726 | (ter - ) | 891 | mond | 1594 |
| gevlogen | 1094 | grond | 686 | herinnert (zich - ) | 893 | houden van | 647 |
| gevoel | 304 | groot | 624 | het | 159 | houding | 1735 |
| gevolg | 1836 | grootste | 586 | het | 692 | houdt op | 331 |
| gevonden | 1930 | grote | 578 | hetzelfde | 895 | huid | 1022 |
| gevraagd | 1415 | groter | 726 | hield | 1417 | huidige | 1787 |
| gewaarschuwd | 1287 | grotere | 1081 | hier | 452 | huis | 524 |
| gewacht | 502 | gulden | 1065 | hierdoor | 1847 | huisarts | 1056 |
| gewandeld | 1642 | gunstig | 1604 | hiermee | 1906 | huisje | 850 |
| geweest | 494 | gunstige | 1807 | hiermee | | huizen | 1611 |
| geweldig | 874 | haar | 845 | (in relatie - ) | 1905 | hulp | 1874 |
| gewerkt | 986 | haar | 1006 | hiermee | | hun | 214 |
| geweten | 1815 | haar | 1114 | (in verband - ) | 1904 | huwelijk | 1311 |
| gewonnen | 790 | had | 935 | hierop | 1343 | idee | 563 |
| gewoon | 1495 | hadden | 1414 | hierover | 950 | ieder | 219 |
| gewoond | 605 | halen | 822 | hieruit | 1732 | iedere | 340 |
| gewoonlijk | 1381 | halen | 1487 | hiervan | 1823 | iedereen | 29 |

| | | | | | | | |
|---|---|---|---|---|---|---|---|
| iemand | 280 | jaren | 1019 | kinderboeken | 1635 | krant | 1529 |
| iets | 1067 | jarig | 897 | kinderen | 145 | kranten | 1537 |
| ik | 1 | jassen | 634 | klaar | 283 | kreeg | 1315 |
| immers | 147 | Java | 576 | klaar (maakt - ) | 1167 | krijg | 1182 |
| in | 19 | je | 54 | klaar maken | 534 | krijgen | 14 |
| in (brengt - orde) | 1521 | je | 95 | klaargemaakt | 1419 | krijgt | 279 |
| in bedrijf | 991 | je | 493 | klas | 20 | kring | 1678 |
| in de eerste | | jeugd | 1279 | klein | 305 | kun | 427 |
| plaats | 755 | jij | 44 | kleine | 144 | kunnen | 151 |
| in feite | 868 | jonge | 1278 | kleiner | 589 | kunt | 428 |
| in het algemeen | 1066 | jongens | 38 | kleren | 1472 | kwaad | 1934 |
| in het begin | 1121 | jongeren | 1767 | kleur | 164 | kwalijk (neemt u | |
| in orde | 497 | jongste | 1631 | kleuren | 674 | mij niet - ) | 1038 |
| in plaats van | 828 | jouw | 94 | klimaat | 1171 | kwamen ... voor | 1508 |
| in principe | 1466 | juffrouw | 1636 | klinkt | 1522 | kwart | 461 |
| in relatie | | juist | 566 | klinkt | 1588 | kwartier | 459 |
| hiermee | 1905 | juiste | 183 | km | 490 | kwestie | 952 |
| in staat | 1758 | juli | 398 | km2 | 545 | laat (hoe - ) | 308 |
| in tegenstelling | | jullie | 12 | koffie | 1354 | laatst | 699 |
| tot | 1849 | juni | 397 | kom | 53 | laatste | 374 |
| in totaal | 335 | kaart | 1301 | kom binnen | 1567 | laatsten | 1749 |
| in verband | | kaarten | 1277 | komen | 61 | lachen | 1493 |
| hiermee | 1904 | kaartje | 1262 | komen | | lager | 1459 |
| in verhouding tot | 1803 | kaas | 1367 | (tot stand - ) | 1867 | lagere | 1763 |
| inderdaad | 1257 | kamer | 525 | komen ... te kort | 1618 | land | 52 |
| indien | 1452 | kamers | 526 | komt | 55 | landen | 574 |
| individuele | 1799 | kan | 532 | komt (hoe - dat) | 753 | lang | 105 |
| Indonesië | 568 | kans (lopen de - ) | 696 | komt (langs - ) | 1033 | lang geen | 587 |
| indruk | 1601 | kansen | 1583 | komt ... aan | 484 | lange | 1397 |
| industrie | 771 | kant | 1736 | komt ... tot stand | 1705 | langer | 750 |
| ineens | 1500 | kantine | 1349 | komt ... uit | 1515 | langs komt | 1033 |
| informatie | 1251 | katoen | 1888 | komt voor | 1818 | langskomt | 1299 |
| inmiddels | 1862 | keer | 333 | kon | 607 | langzaam | 124 |
| instantie | 1057 | ken | 82 | koning | 1774 | last | 1015 |
| instappen | 1297 | kenden | 932 | koningin | 1702 | laten | 980 |
| intercity | 474 | kennelijk | 1175 | koninginnedag | 911 | later | 1380 |
| interessant | 785 | kennen | 132 | koopavond | 1454 | leden | 1708 |
| internationaal | 1903 | kennen (leren - ) | 862 | koopt | 1256 | leefde | 1691 |
| invloed | 1176 | kennis | 1924 | kop | 1357 | leeftijd | 102 |
| inwoners | 543 | kennis | | kopen | 1149 | leeg | 1165 |
| inzicht | 1898 | (maken - ) | 1689 | kort | 870 | leer | 71 |
| inzien | 1902 | kennissen | 956 | kort (komen te - ) | 1618 | leerde | 1394 |
| Iran | 58 | kent | 87 | kort (sinds - ) | 1085 | leerlingen | 32 |
| is | 6 | kerk | 1320 | kort (tot voor - ) | 1314 | leert | 193 |
| is van plan | 855 | Kerstmis | 915 | korte | 1290 | leest | 251 |
| Israël | 1532 | keuken | 530 | korting | 1267 | leger | 1557 |
| Israëliers | 1545 | keuze | 1344 | kortingkaart | 1264 | legt uit | 239 |
| Italië | 807 | kiezen | 1707 | kortingkaarten | 1274 | leidt | 1942 |
| ja | 467 | kijk | 195 | kost | 637 | lekker | 954 |
| jaar | 104 | kijken | 722 | kosten | 1075 | lente | 406 |
| jammer | 1517 | kijkt | 666 | koud | 416 | leraar | 9 |
| Jan | 3 | kilometer | 488 | kouder | 1655 | leraren | 1848 |
| januari | 392 | kind | 890 | krachtig | 1020 | lerares | 10 |

| leren | 74 | maanden | 107 | merk | 1680 | mond (houden hun - ) | 1594 |
|---|---|---|---|---|---|---|---|
| leren kennen | 862 | maar | 91 | merken | 1424 | mooi | 673 |
| les | 13 | maar | 358 | merkt op | 1577 | morgen | 336 |
| les (geeft - ) | 222 | maar | 432 | merkwaardig | 797 | morgens ('s - ) | 1373 |
| lessen | 362 | maart | 394 | met | 118 | muziek | 1523 |
| let op | 1295 | maatschappij | 1602 | met (tot en - ) | 343 | na | 256 |
| leuk | 385 | machine | 971 | met andere woorden | 1915 | na (denkt - ) | 1927 |
| leuke | 815 | machines | 1842 | met betrekking tot | 1446 | naam | 5 |
| leven | 752 | macht | 1784 | meteen | 660 | naar (luisteren - ) | 135 |
| leven | 887 | mag | 1276 | meter | 1652 | naar toe | 521 |
| levert op | 1082 | maken | 266 | methode | 704 | naast | 209 |
| lezen | 261 | maken (klaar - ) | 534 | metro | 1294 | nacht | 1658 |
| lichaam | 969 | maken kennis | 1689 | mevrouw | 49 | nadat | 1661 |
| licht | 1659 | makkelijk | 1110 | middag (tussen de - ) | 650 | nagedacht | 1106 |
| lid | 1214 | man | 853 | middags ('s - ) | 327 | najaar | 410 |
| lief | 1496 | man | 1605 | middel | 1887 | namelijk | 244 |
| liefde | 1322 | manier | 705 | midden | 625 | nationale | 905 |
| lieve | 1134 | manieren | 1778 | mij | 731 | natuur | 1647 |
| liever | 641 | mannen | 39 | mij (neemt u - niet kwalijk) | 1038 | natuurlijk | 246 |
| lig | 1071 | markt | 1457 | mijn | 4 | nauwelijks | 778 |
| liggen | 1757 | Marokko | 56 | militaire | 1770 | Nederland | 60 |
| liggen vast | 1464 | mate | 976 | miljard | 1201 | Nederlander | 1682 |
| ligt | 1208 | materiaal | 1474 | miljoen | 542 | Nederlanders | 1166 |
| ligt eraan | 693 | me | 732 | minder | 592 | Nederlands | 72 |
| lijden | 781 | medicijnen | 763 | ministers | 1703 | Nederlandse | 16 |
| lijkt | 867 | medisch | 1883 | minstens | 1300 | nee | 81 |
| lijnen | 1700 | medische | 756 | minuten | 476 | neem | 567 |
| lijst | 180 | mee | 1039 | minuut | 481 | neemt | 1263 |
| links | 1352 | mee (valt - ) | 1648 | mis | 1250 | neemt toe | 747 |
| lonen | 1877 | meegebracht | 1572 | misschien | 448 | neemt u mij niet kwalijk | 1038 |
| loon | 1835 | meegegaan | 1405 | mocht | 1416 | negatieve | 1734 |
| loop | 1017 | meeneemt | 1497 | mochten | 1786 | negen | 310 |
| loopt | 426 | meenemen | 1668 | moderne | 1575 | nemen | 1092 |
| loopt | 826 | meer | 739 | moeder | 842 | nergens | 1289 |
| lopen de kans | 696 | meer (niet - ) | 679 | moederdag | 926 | net | 1410 |
| lopend | 116 | meerderheid | 1714 | moeders | 940 | net als | 974 |
| los | 1261 | meestal | 241 | moeilijk | 150 | niemand | 88 |
| losse | 723 | meeste | 375 | moeilijke | 136 | niet | 62 |
| lucht | 1665 | meesten | 1695 | moeite | 1122 | niet (geeft - ) | 273 |
| luisteren naar | 135 | mei | 396 | moest | 495 | niet (neemt u mij - kwalijk) | 1038 |
| lukt | 691 | meisje | 835 | moet | 185 | niet ... meer | 679 |
| lunch | 1376 | meisjes | 41 | moeten | 134 | niets | 1050 |
| lunchen | 1377 | melden | 1138 | mogelijk | 866 | nieuw | 207 |
| lust | 1363 | melk | 1356 | mogelijkheden | 1873 | nieuwe | 203 |
| m.a.w. | 1916 | men | 77 | mogelijkheid | 1878 | nieuwjaar | 923 |
| maakt | 275 | meneer | 48 | mogen | 1625 | nieuws | 1433 |
| maakt ... klaar | 1167 | menen | 1321 | moment | 155 | niks | 1051 |
| maakt open | 1566 | mening | 562 | momenten | 1932 | nodig | 243 |
| maakt schoon | 1590 | meningen | 1824 | mond | 1480 | nodig heb | 1142 |
| maal | 334 | mens | 1674 | | | nodigen uit | 1627 |
| maand | 1181 | menselijk | 970 | | | | |
| maandag | 342 | menselijke | 1750 | | | | |
| maandags ('s - ) | 1436 | mensen | 351 | | | | |

| | | | | | | |
|---|---|---|---|---|---|---|---|
| noem | 1302 | ontbijt | 1374 | opzicht | 596 | (in de eerste - ) | 755 |
| noemen | 167 | ontbijten | 1375 | opzichte | | plaats (vinden - ) | 361 |
| noemt | 420 | ontbreekt | 447 | (ten van) | 1743 | plan (is van - ) | 855 |
| nog | 83 | ontbreken | 1857 | orde (brengt in - ) | 1521 | plannen | 1845 |
| nogal | 316 | onthouden | 294 | orde (in - ) | 497 | plezier | 965 |
| noodzakelijk | 1200 | ontmoeten | 861 | oren | 999 | plotseling | 1499 |
| nooit | 321 | ontmoette | 1328 | organiseren | 1621 | poging | |
| normaal | 276 | ontstaan | 728 | oud | 98 | (doen een - ) | 229 |
| normale | 1270 | ontstaat | 1733 | oude | 1011 | politie | 491 |
| nou | 933 | ontvangen | 1136 | ouder | 994 | politiek | 1222 |
| november | 402 | ontvangt | 1801 | oudere | 1616 | politieke | 1711 |
| nu | 15 | ontving | 1390 | ouders | 522 | positie | 1579 |
| nu eens ... | | ontwikkelen | 1844 | oudste | 831 | postkantoor | 1305 |
| dan weer | 1451 | ontwikkeling | 1637 | over | 157 | praat | 297 |
| nu en dan | 694 | ontwikkelingen | 1865 | over | 463 | prachtig | 672 |
| nummer | 212 | ontwikkelings- | | over | | praktijk | 1781 |
| nummers | 215 | landen | 1876 | (beschikken - ) | 761 | praktisch | 515 |
| o | 108 | onze | 633 | over (beschikt - ) | 614 | praktisch | 610 |
| o.a. | 1128 | ooit | 1044 | over (doet - ) | 470 | praten | 153 |
| ochtend | 312 | ook | 66 | overal | 516 | precies | 318 |
| ochtends ('s - ) | 311 | ook (dan - ) | 1058 | overheid | 1737 | president | 1775 |
| oefeningen | 178 | ook al | 1562 | overigens | 583 | prettig | 303 |
| of | 120 | ooms | 871 | overmorgen | 337 | prijs | 1271 |
| of | 681 | oorbellen | 1483 | overstappen | 1249 | prijzen | 1458 |
| of | 1151 | oorlog | 780 | overtuigen | 1598 | principe (in - ) | 1466 |
| officieel | 1318 | oorzaak | 744 | paar (een - ) | 89 | probeer | 320 |
| ogen | 997 | oorzaken | 754 | pakken | 1146 | proberen | 228 |
| ogenblik | 156 | Oost-Europa | 1212 | pakt | 1528 | probleem | 688 |
| oktober | 401 | op | 22 | Palestijnen | 1546 | problemen | 729 |
| oké | 440 | op (houden - ) | 1617 | Palestina | 1533 | procent | 1255 |
| olie | 1885 | op (houdt - ) | 331 | papier | 247 | proces | 718 |
| om | 249 | op (let - ) | 1295 | parlement | 1709 | produkt | 1469 |
| om | 309 | op (levert - ) | 1082 | partij | 1712 | produkten | 1230 |
| omdat | 75 | op (merkt - ) | 1577 | partijen | 1541 | programma | 786 |
| omgeving | 1501 | op (treden - ) | 1722 | pas | 423 | punt | 595 |
| omhoog | 621 | op tijd | 319 | past | 1901 | PvdA | 1718 |
| omstandig- | | opeens | 1498 | patiënt | 1073 | raak | 1080 |
| heden | 1690 | open | 387 | pen | 248 | raam | 667 |
| onbekend | 824 | open (doet - ) | 1492 | per | 117 | radio | 1524 |
| ondanks | 1236 | open (gaan - ) | 1434 | per slot van | | reageren | 1779 |
| onder andere | 1127 | open (maakt - ) | 1566 | rekening | 1890 | recent | 1313 |
| onderling | 1724 | openen | 1435 | percentage | 1817 | rechten | 1582 |
| ondertussen | 1861 | opgegeten | 1425 | perioden | 405 | redelijk | 623 |
| onderwerp | 951 | opgelost | 1872 | perron | 1248 | reden | 504 |
| onderwijs | 1751 | opgestaan | 1409 | pers | 1536 | regeert | 1793 |
| onderzoek | 769 | ophalen | 1487 | personen | 1324 | regelmatig | 287 |
| ongeveer | 324 | oplossing | 1059 | persoonlijke | 901 | regels | 259 |
| onlangs | 1327 | opmerken | 1052 | Peter | 1486 | regent | 779 |
| onmiddellijk | 661 | opnieuw | 1843 | pijn | 1012 | regering | 1694 |
| onmogelijk | 612 | opvallend | 1792 | pilsje | 1505 | reis | 858 |
| ons | 635 | opvatting | 561 | plaats | 1456 | reist | 1245 |
| ons | 981 | opvattingen | 1825 | plaats (in - van) | 828 | reizen | 1088 |
| ons | 1650 | opvoeding | 1587 | plaats | | reizen | 1254 |

| | | | |
|---|---|---|---|
| rekenen | 149 | september | 400 |
| rekening | | sfeer | 902 |
| (per slot van - ) | 1890 | Sheila | 1084 |
| rekening houden | 1449 | sinds kort | 1085 |
| relatie | | situatie | 1727 |
| (in - hiermee) | 1905 | situaties | 1510 |
| rest | 1812 | slaap | 529 |
| restaurant | 541 | slaapkamers | 618 |
| restaurants | 1164 | slaat | 820 |
| resultaat | 1805 | slachtoffers | 1565 |
| retour | 1239 | slapen | 990 |
| richting | 460 | slecht | 1516 |
| rijden | 1673 | slechts | 446 |
| rijk | 809 | sloot | 1317 |
| rijke | 1853 | slot (per - | |
| rijker | 1223 | van rekening) | 1890 |
| rode | 669 | sluiten | 1157 |
| roepen | 1029 | sluiten | 1312 |
| roept | 1525 | snel | 127 |
| roken | 1306 | sneller | 730 |
| rol | 1730 | sociaal | 1675 |
| rond | 662 | soep | 1369 |
| rood | 1040 | soldaat | 1772 |
| rubber | 1889 | soldaten | 1564 |
| rug | 1013 | sommige | 468 |
| ruim | 169 | soms | 235 |
| ruime | 608 | soort | 1233 |
| ruimte | 628 | Spanje | 808 |
| rust | 988 | speciale | 892 |
| rustige | 511 | specialist | 1062 |
| samen | 528 | specialisten | 1063 |
| samenleving | 1603 | speelt | 800 |
| samenwerking | 1219 | spelen | 655 |
| samenwonen | 1335 | speler | 823 |
| samenwoont | 1341 | spelers | 794 |
| schaduw | 1654 | spelletjes | 1634 |
| schept | 1333 | spiegel | 1489 |
| schieten | 1548 | spoedig | 685 |
| schijnt | 804 | sport | 813 |
| schijnt | 1664 | sport | |
| schip | 1089 | (aan - doen) | 381 |
| scholen | 1759 | sport- | |
| school | 643 | programma's | 811 |
| schoon | | sprak | 1196 |
| (maakt - ) | 1590 | spreek | 78 |
| schoondochter | 860 | spreekt | 76 |
| schouder | 1014 | spreken | 146 |
| schreef | 1109 | staan | 630 |
| schreven | 1099 | staat | 181 |
| schrijven | 250 | staat | 973 |
| schuin | 204 | staat | 1754 |
| seizoen | 415 | staat (in - ) | 1758 |
| seizoenen | 413 | stad | 69 |

| | | | |
|---|---|---|---|
| stand | | te | 322 |
| (komt tot - ) | 1705 | te (des - ) | 964 |
| stand | | te (komen - kort) | 1618 |
| (tot - komen) | 1867 | technische | 1764 |
| standpunt | 966 | tegelijk | 1672 |
| Staten | | tegen | 656 |
| (Verenigde - ) | 1777 | tegen | 788 |
| station | 469 | tegenover | 1677 |
| stations | 480 | tegenstander | 1559 |
| steden | 585 | tegenstanders | 1547 |
| steeds | 537 | tegenstelling | |
| stellen | 599 | (in - tot) | 1849 |
| stelt | 284 | tegenwoordig | 708 |
| sterk | 1021 | tekst | 253 |
| sterke | 792 | teksten | 177 |
| sterker | 1558 | telefoneren | 1031 |
| sterven | 745 | telefoon | 1034 |
| steunen | 1880 | televisie | 1168 |
| stijgen | 1463 | telkens | 538 |
| stijgt | 748 | telt | 372 |
| stille | 606 | ten aanzien van | 1447 |
| stoel | 24 | ten opzichte van | 1743 |
| stop | 1184 | tenminste | 419 |
| stoppen | 457 | tennis | 814 |
| stopt | 465 | ten slotte | 411 |
| stoptrein | 477 | ter herinnering | 891 |
| straat | 70 | terecht | 1891 |
| straks (tot - ) | 1042 | terrein | 1220 |
| straten | 1161 | terug | 509 |
| strijd | 1538 | terug- | |
| strippenkaart | 1303 | geschreven | 1395 |
| structuur | 1738 | terwijl | 766 |
| studeerde | 1393 | teveel | 710 |
| studenten | 34 | tevens | 907 |
| stuk | 588 | tevoren | 1282 |
| stukje | 252 | tevreden | 301 |
| sturen | 1881 | thee | 1355 |
| stuurt | 1061 | thuis | 601 |
| succes | 1943 | tien | 37 |
| suiker | 1362 | tijd (op - ) | 319 |
| systeem | 1053 | tijdens | 968 |
| t/m | 344 | tijdje | 1105 |
| taak | 1586 | toch | 1126 |
| taal | 137 | toe (af en - ) | 236 |
| tachtig | 1813 | toe (doet er - ) | 1610 |
| tafel | 27 | toe (naar - ) | 521 |
| tafels | 190 | toe (neemt - ) | 747 |
| talen | 141 | toe (voegt - ) | 271 |
| talloze | 882 | toegenomen | 1607 |
| tamelijk | 315 | toegestaan | 1309 |
| tantes | 872 | toekomst | 1332 |
| tas | 1485 | toen | 927 |
| te | 230 | toen | 1400 |

221

| | | | | | | | |
|---|---|---|---|---|---|---|---|
| toestand | 1808 | uit (komt - ) | 1515 | vaststellen | 430 | verschil | 1342 |
| toonde | 1936 | uit (legt - ) | 239 | veel | 92 | verschillen | 912 |
| toont | 1560 | uit (nodigen - ) | 1627 | veertien | 486 | verschillen | 1681 |
| toont aan | 945 | uitdrukking | 960 | vele | 1539 | verschillend | 953 |
| Tooropstraat | 510 | uiteraard | 622 | ver | 112 | verschillende | 652 |
| tot | | uiterst | 547 | veranderd | 1863 | verschilt | 1731 |
| (in tegen- | | uitgebreid | 1365 | veranderen | 1744 | versta | 111 |
| stelling - ) | 1849 | uitgelegd | 1570 | verandering | 1745 | verstaan | 131 |
| tot | | uitgevoerd | 1870 | veranderingen | 1864 | verstaat | 1800 |
| (in verhouding | 1803 | uitleggen | 733 | verandert | 1816 | vertaling | 245 |
| - ) | | uitmaken | | verbaasd | 1331 | vertel | 1687 |
| tot (komt - stand) | 1705 | (deel - van) | 1720 | verbaasde | 934 | verteld | 936 |
| tot | | uitoefenen | 1795 | verband | | vertelde | 925 |
| (met betrek- | | uitsluitend | 939 | (in - hiermee) | 1904 | vertellen | 1139 |
| king - ) | 1446 | uitspraak | 1600 | verboden | 1308 | vertoond | 1513 |
| tot en met | 343 | uitspreken | 255 | verbonden | 1035 | vertoont | 1560 |
| tot stand komen | 1867 | universiteit | 1769 | verdeeld | 1211 | vertrek | 1098 |
| tot straks | 1042 | uren | 985 | verdelen | 404 | vertrekken | 458 |
| tot voor kort | 1314 | Utrecht | 590 | verder | 627 | vertrekt | 434 |
| tot ziens | 1252 | uur | 290 | verdiende | 1814 | vertrokken | 802 |
| totaal (in - ) | 335 | uw | 96 | verdienen | 805 | vervolgens | 1169 |
| totale | 1670 | vaak | 356 | verdient | 1839 | verwacht | 1310 |
| totdat | 443 | vader | 840 | verdieping | 1351 | verwachten | 1518 |
| trachten | 1448 | vaderdag | 929 | verdwijnen | 1820 | verzekerd | 1074 |
| tram | 1125 | vak | 1760 | verdwijnt | 1008 | via | 619 |
| trap | 620 | vakantie | 865 | Verenigd | 1234 | vier | 332 |
| treden op | 1722 | vaker | 1025 | Verenigde | | vierde | 1884 |
| trein | 122 | vallen | 687 | Staten | 1777 | vierden | 930 |
| treinen | 456 | valt | 917 | vergat | 1177 | vieren | 877 |
| trekken | 1797 | valt mee | 1648 | vergeet | 296 | vierkante | 546 |
| trok ... aan | 1108 | van | 165 | vergelijken | 597 | viert | 888 |
| trouwen | 886 | van | | vergeten | 697 | vijf | 40 |
| trouwens | 143 | (deel uit- | | verhaal | 1531 | vijfentwintig | 894 |
| trouwt | 884 | maken - ) | 1720 | verhouding | | vijfenzestig | 1802 |
| tuin | 609 | van (houden - ) | 647 | (in - tot) | 1803 | vijftien | 36 |
| Turkije | 57 | van (in plaats - ) | 828 | verjaardag | 1624 | vijftig | 485 |
| tussen | 466 | van (is - plan) | 855 | verkeer | 852 | vind | 139 |
| tussen | | van (per slot | | verkeerd | 565 | vinden | 292 |
| de middag | 650 | - rekening) | 1890 | verklaren | 734 | vinden plaats | 361 |
| tv | 782 | van | | verklaring | 736 | vindt | 191 |
| twaalf | 391 | (ten | | verkocht | 1822 | vingers | 1005 |
| twaalven | 1401 | aanzien - ) | 1447 | verlaten | 1163 | visum | 496 |
| twee | 106 | van | | verleden | 1194 | vlak bij | 115 |
| tweede | 366 | (ten | | verlies | 518 | vlees | 1368 |
| tweeëntwintig | 479 | opzichte - ) | 1743 | verliezen | 1551 | vliegt | 1667 |
| twintig | 103 | vanaf | 1706 | verloren | 1563 | vliegtuig | 1087 |
| u | 45 | vanavond | 1477 | veroorzaakt | 1334 | vlug | 128 |
| u (dank - wel) | 1244 | vandaag | 363 | verplicht | 1079 | voedsel | 975 |
| u (neemt - mij | | vandaar | 1091 | verre | 857 | voegt toe | 271 |
| niet kwalijk) | 1038 | vanwege | 922 | verrichten | 1841 | voel | 1026 |
| uit | 50 | vanzelf | 1693 | verscheidene | 653 | voelde | 1123 |
| uit (bestaat - ) | 175 | vast (liggen - ) | 1464 | verschijnen | 1534 | voeren | 307 |
| uit (gaat - ) | 1476 | vastgesteld | 1785 | verschijnsel | 735 | voert | 298 |

| | | | | | | |
|---|---|---|---|---|---|---|---|
| voetbal | 791 | vragen | 1032 | was | 368 | weten | 1340 |
| voetbalwedstrijd | 787 | vrede | 1542 | wat | 93 | wetenschap | 770 |
| voeten | 1002 | vreemd | 1692 | wat | 231 | wetenschap- | |
| vogels | 1646 | vreemde | 1926 | wat | 676 | pelijk | 768 |
| vol | 1280 | vreugd | 963 | wat betreft | 1445 | wezen | 1676 |
| voldoende | 989 | vriend | 1326 | wat een | 1494 | wie | 86 |
| volgend | 856 | vriendelijk | 1432 | wat voor | 364 | wij | 17 |
| volgende | 1070 | vrienden | 378 | water | 1384 | wijn | 1386 |
| volgens | 947 | vriendin | 1097 | we | 21 | wijze | 1420 |
| volgt (als - ) | 712 | vriendinnen | 1620 | week | 339 | wil | 260 |
| volk | 1696 | vriendinnetjes | 1629 | weekend | 341 | wil (dat - zeggen) | 690 |
| volken | 1698 | vriendjes | 1628 | weer | 328 | wilde | 1147 |
| volkeren | 1699 | vrij | 173 | weer | 414 | wilden | 1662 |
| volkomen | 1856 | vrij | 376 | weer (heen en - ) | 1259 | willen (zou - ) | 818 |
| volle | 1612 | vrijdag | 345 | weer | | wilt | 1502 |
| volledig | 1155 | vrijdagavond | 1453 | (nu eens | | wind | 1172 |
| volwassenen | 1623 | vrije | 909 | dan - ) | 1451 | winkel | 388 |
| vond | 1427 | vrijer | 1791 | weet | 217 | winkels | 386 |
| vonden | 1935 | vrijheid | 1543 | weg | 113 | winnen | 1556 |
| voor | 162 | vrijwel | 611 | weg | 1671 | winter | 412 |
| voor | 462 | vroeg | 317 | weg (gingen - ) | 803 | wintermaanden | 421 |
| vóór | 1296 | vroeg | 928 | wegen | 1895 | wiskunde | 1765 |
| voor (komt - ) | 1818 | vroegen | 1426 | wegens | 921 | witte | 671 |
| voor (kwamen - ) | 1508 | vroeger | 603 | weigeren | 1723 | woensdag | 370 |
| voor (tot - kort) | 1314 | vroeger | 1440 | weinig | 354 | woensdag- | |
| voor (wat - ) | 364 | vrouw | 639 | weken | 158 | middag | 1437 |
| vooral | 742 | vrouwen | 42 | wel | 152 | wonen | 65 |
| voorbeeld | 881 | vruchten | 1370 | wel (dan - ) | 1443 | woning | 580 |
| voorbeelden | 883 | VVD | 1719 | wel (dank u - ) | 1244 | woon | 63 |
| voorbij | 1150 | waar | 64 | weliswaar | 1465 | woonde | 602 |
| voordat | 503 | waar | 1258 | welk | 51 | woonkamer | 616 |
| voordeel | 942 | waarde | 1460 | welke | 68 | woont | 67 |
| voordeliger | 1253 | waarin | 1739 | wellicht | 598 | woord | 182 |
| voordoet (zich - ) | 878 | waarmee | 1275 | wensen | 1908 | woorden | 90 |
| voorjaar | 407 | waarom | 73 | werd | 1657 | woorden | |
| voorkeur | | waarop | 898 | wereld | 551 | (met | |
| (geeft de - ) | 1336 | waarover | 1387 | werk | 350 | andere - ) | 1915 |
| voorkomen | 1047 | waarschijnlijk | 706 | werk | 1111 | woordenlijst | 208 |
| voorlopig | 1178 | waarschuw | 1293 | werkelijk | 600 | worden | 682 |
| voornamelijk | 1470 | waarschuwen | 1284 | werkelijkheid | 869 | worden | 738 |
| voorstel | 1117 | waartoe | 1713 | werken | 353 | wordt | 725 |
| voorstelde | 1329 | waarvan | 1421 | werkgevers | 1826 | wordt | 913 |
| voortdurend | 827 | wacht | 1298 | werkloos | 1809 | zaak | 1323 |
| voorzichtig | 1595 | wachten | 441 | werkloosheid | 1851 | zacht | 1174 |
| vorige | 1135 | wandelen | 1615 | werknemers | 1829 | zag | 1148 |
| vorm | 184 | wanneer | 100 | werkt | 389 | zaken | 1442 |
| vormen | 199 | want | 129 | werkt | 995 | zal | 454 |
| vormen | 1235 | wapens | 1549 | werkte | 1606 | zat | 924 |
| vormt | 1338 | ware (als het - ) | 1210 | werpen | 1925 | zaten | 1100 |
| vraag | 270 | waren | 1418 | werpt een blik | 1488 | zaterdag | 347 |
| vraag | 1143 | warm | 417 | West-Europa | 1209 | zaterdagavond | 1622 |
| vraagt | 237 | warme | 1359 | Westen | 1868 | zaterdagmiddag | 1439 |
| vragen | 286 | warmer | 1660 | Westeuropese | 1213 | ze | 227 |

223